新股民短线入门一本通

老金◎主编

中国纺织出版社

内 容 提 要

本书针对股市中人数最广的短线投资者所需，深入细致的讲解了短线炒股的基础知识和股票分析方法、短线选股技巧、短线买卖策略及方法、短线追涨技巧和短线跟庄技巧等。这些丰富的短线操作知识与技法，既让投资者掌握了技术理论知识，又能掌握实现短线盈利的各类方法、捕捉短线操作时机的技巧。本书图文并茂、通俗易懂，重点突出，在理论的基础上还列举了大量的近期热点板块、热点题材、热点股票的案例，使实用性更强，从而提高可操作性和短线炒股的操盘水平。

图书在版编目（CIP）数据

新股民短线入门一本通 / 老金主编. —北京：中国纺织出版社，2015.8（2025.1重印）
  ISBN 978 – 7 – 5180 – 1801 – 7

  Ⅰ. ① 新… Ⅱ. ① 老… Ⅲ. ① 股票投资—基本知识 Ⅳ. ①F830.91

中国版本图书馆 CIP 数据核字（2015）第 151921 号

编委会成员：李宝久　刘明涛　刘　平　刘跃娟　潘丽丽
　　　　　　宋莉娟　许继国　杨成刚　张　林　张志宏
　　　　　　周　丽　邹保东　侯忠义　马军红

策划编辑：曹炳镝　　　　　责任印制：储志伟

中国纺织出版社出版发行
地址：北京市朝阳区百子湾东里 A407 号楼　邮政编码：100124
销售电话：010—67004422　传真：010—87155801
http：//www.c-textilep.com
E-mail：faxing@ c-textilep.com
中国纺织出版社天猫旗舰店
官方微博 http：//weibo.com/2119887771
大厂回族自治县益利印刷有限公司印刷　各地新华书店经销
2015年8月第1版　2025年1月第3次印刷
开本：710×1000　1/16　印张：19
字数：232 千字　定价：48.00元

前言

在股市中，短线炒股盈利是无数投资者心驰神往、梦寐以求的。因为短线具有较强的灵活性，一旦短线炒股获得成功，投资者就会得到丰厚的回报。然而，股票市场瞬息万变、涨跌无常，大部分中小投资者由于缺乏正确的炒股知识和经验，往往会犯一些低级的错误，导致资金亏损累累。

对于正准备入市的投资者，要明白只有选择适合自己的交易方式，才能在股市中稳赚利润。投资者要做到理论联系实际，对投资策略与技术理论从根本上加以理解，通过不断地摸索实践，建立起适合自己的投资习惯。只有这样，才能够在市场中抓住机会、为自己赢得丰厚利润。

本书面向短线投资者，介绍了如何实现短线赢利的实用方法。其实投资者在掌握了短线操作的买卖时机后，短线赢利并不是难事。这需要投资者通过技术分析找出其中蕴涵的短线交易信号，而本书就是在介绍技术理论知识的同时，重点指明了短线买卖信号及时机。

本书共分八章，详细介绍了股票的基本知识、短线炒股必备常识、股票分析、短线选股技巧、短线买卖实战策略及方法、短线追涨技巧和短线跟庄技巧。这些丰富的短线操作知识可以让投资者在掌握技术理论知识的基础上捕捉到短线操作时机。此外本书语言通俗易懂，结合大量实例辅助讲解，使初入股市的投资者能看懂，从而提高短线炒股操盘水平。

本书主要有以下特点：

◆通俗易懂：本书理论内涵丰富，表述尽量采用简单的方法，避免使用复杂的计算公式和深奥的专业术语，由表及里，深入浅出，容易理解和方便记忆，力图让每一个读者都能明白每句话的含义。

◆实用性强：本书新介绍的股票短线投资相关知识和分析技巧，都是股民最关心和最想了解的问题，并通过大量的实例进行分析，具有很强的实用性。

◆讲解生动：在讲解理论知识时，采用了大量的实例图片，使内容直观易懂，帮助读者加深理解。

由于股票市场的变化非常快，涉及的相关知识也非常多，尽管编者竭尽全力尽量减少书中的错误，但百密一疏，书中难免有疏漏之处，敬请广大读者朋友批评指正，并多多提出宝贵意见。

编者

2015 年 5 月

目 录

第三章　股票分析/055

第四章　短线选股技巧/137

第五章　短线看盘操盘技巧/155

第七章　短线追涨技巧/225

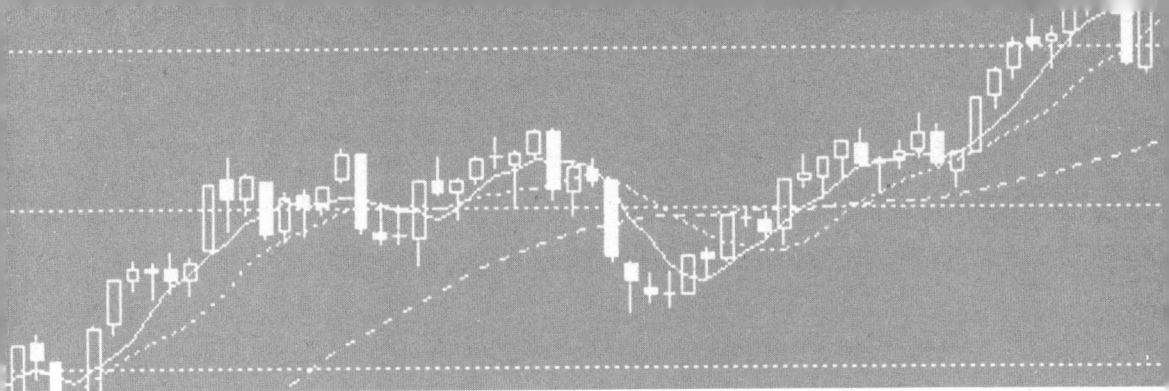

第一章
股票的基础知识

随着 2014 年牛市的启动，大量股民蜂拥进入股市，每天的开户数被刷新，A 股的账户数突破 2 亿人。股市发展到今天，越来越多的投资者将股票作为重要的投资手段。但数量庞大的炒股大军中，真正了解股票基础知识的人并不多。炒股既是科学，又是艺术，首先是科学。只有掌握了最基本的炒股术语、炒股知识和技战术知识，才能为接下来的股票分析和实战操作打下坚实的基础。

第一节　股票的基本概念

股票的概念

股票是一种由股份有限公司签发的用以证明股东所持股份的凭证，它表明股票的持有者对股份公司的部分资本拥有所有权。由于股票包含有经济利益，且可以上市流通转让，因此它也是一种有价证券。

由此可见，股票就是股份公司发给投资者用以证明其在公司的股东权利和投资入股份额，并据以获得股利收入的有价证券。股票像一般的商品一样，有价格，能买卖，可以作抵押品。股份公司借助发行股票来筹集资金。投资者通过购买股票获取一定的股息收入和价差收入。

股票的内容

在我国，现在所有股票的发行都必须征得中国证券监督管理委员会的审核批准。另外，股票在制作程序、记载的内容和记载方式上都必须规范化并符合有关的法律规定和公司章程的规定。一般情况下，股票上应记载以下内容（表1-1）。

表1-1　股票的内容

股票的内容	发行该股票的股份有限公司的全称，该公司依何处法律在何处注册登记及其注册的日期、注册地址
	发行的股票总额、股数和每股金额
	股票的类别。根据股票持有人权利及义务的不同，股票可分为多种类型。目前在我国上海证券交易所及深圳证券交易所流通和转让的股票都是普通股票，一般都不注明类型。但如果是特别股票，在票面上就应当标明其股票种类
	股票的票面金额及其所代表的股份数
	股票的发行日期及股票编号。如果是记名股票，则要写明股票持有者（股东）的姓名
	股票发行公司的董事长或董事签章，主管机关或核定发行登记机构签章
	印有供转让股票时所用的表格
	股票的发行公司认为应当载明的注意事项

由于现代科学技术的发展，我国沪深股市股票的发行和交易都借助电子计算机及高科技通讯系统进行，上市的股票已实现了无纸化，所以现在的股票仅仅只是计算机系统内的一串符号而已。但在法律上，上市挂牌的股票都必须具备上述这些内容。在沪深股市，每股股票的面额都已标准化，股票的发行总额为股份公司的总股本数。上市公司的其它相关信息，都会定期在中国证监会指定的信息披露刊物如《中国证券报》《上海证券报》《证券时报》上刊登。

股票的特点

股票作为一种有价证券，具有如下特征：

一、收益性

股东凭其持有的股票，有权从公司领取股息或红利，获取投资的收益。股息或红利的大小主要取决于公司的盈利水平和公司的盈利分配政策。股票的收益性还表现在股票投资者可以获得价差收入或实现资产保值增值。通过低价买入和高价卖出股票，投资者可以赚取价差利润。在通货膨胀时，股票价格会随着公司原有资产重置价格上升而上涨，从而避免了资产贬值，股票通常被视为在高通货膨胀期间可优先选择的投资对象。图1-1反映了股票的收益性。

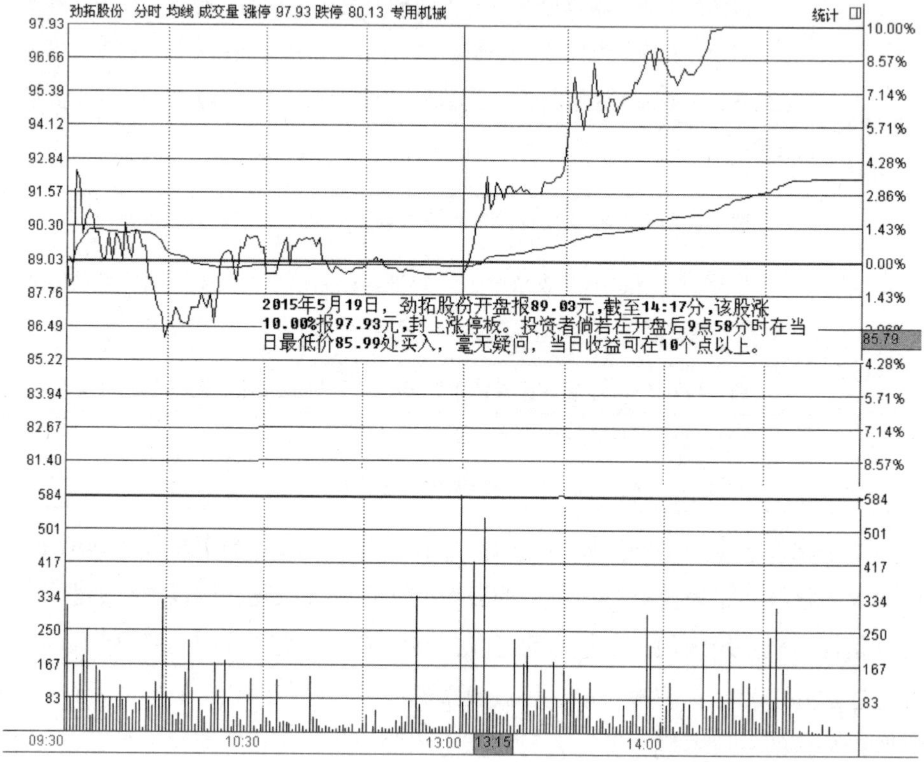

图1-1　股票的收益性

二、稳定性

股票投资是一种没有期限的长期投资。股票一经买入，只要股票发行公司存在，任何股票持有者都不能退股，即不能向股票发行公司要求抽回本金。同样，股票持有者的股东身份和股东权益就不能改变，但可以通过股票交易市场将股票卖出，将股份转让给其他投资者，以收回自己原来的投资。

三、风险性

股票在交易市场上作为交易对象，同商品一样，有自己的市场行情和市场价格。由于股票价格受到诸如公司经营状况、供求关系、银行利率、大众心理等多种因素的影响，其波动有很大的不确定性。正是这种不确定性，有可能使股票投资者遭受损失。价格波动的不确定性越大，投资风险也越大。因此，股票是一种高风险的金融产品。图1-2为东吴证券的走势图，由走势图可看到股价的波动性，有波动就一定有风险。

图1-2 股票的风险性

四、流通性

股票可以在股票市场上随时转让，进行买卖，也可以继承、赠与、抵押，但不能退股。所以，股票也是一种具有颇强流通性的流动资产。无记名股票的转让只要把股票交付会给受让人，即可达到转让的法律效果；记名股票转让则要在卖出人签章背书后才可转让。正是由于股票具有颇强的流通性，才使股票成为一种重要的融资工具而不断发展。

股票的价值

股票是虚拟资本的一种形式，它本身没有价值。从本质上讲，股票仅是一个拥有某一种所有权的凭证。股票所以能够有价，是因为股票的持有人，即股东，不但可以参加股东大会，对股份公司的经营决策施加影响，还享有参与分红与派息的权利，获得相应的经济利益。同理，凭借某一单位数量的股票，其持有人所能获得的经济收益越大，股票的价格相应的也就越高。股票的价值可分为：面值、净值、清算价格、发行价及市价五种。

一、股票的发行价

当股票上市发行时，上市公司从公司自身利益以及确保股票上市成功等角度出发，对上市的股票不按面值发行，而制定一个较为合理的价格来发行，这个价格就称为股票的发行价。

二、股票的面值

股票的面值，是股份公司在所发行的股票上标明的票面金额，它以元为单位，其作用是用来表明每一张股票所包含的资本数额。股票的面值一般都印在股票的正面且基本都是整数，如百元、拾元、壹元等。

K 短线点金

一般来说，股票的发行价都将会高于面值。当股票进入二级市场流通后，股票的价格就与股票的面值相分离了，彼此之间并没有什么直接的联系，股民将它炒多高，它就会有多高。如前些年上海股市有些股票的价格曾达到 80 多元，但其面值仅为 1 元。

三、股票的市价

股票的市价，是指股票在交易过程中交易双方达成的成交价，通常所指的股票价格就是指市价。股票的市价直接反映着股票市场的行情，是股民购买股票的依据。由于受众多因素的影响，股票的市价处于经常性的变化之中。股票价格是股票市场价值的集中体现，因此这一价格又称为股票行市。如图 1-3 所示。

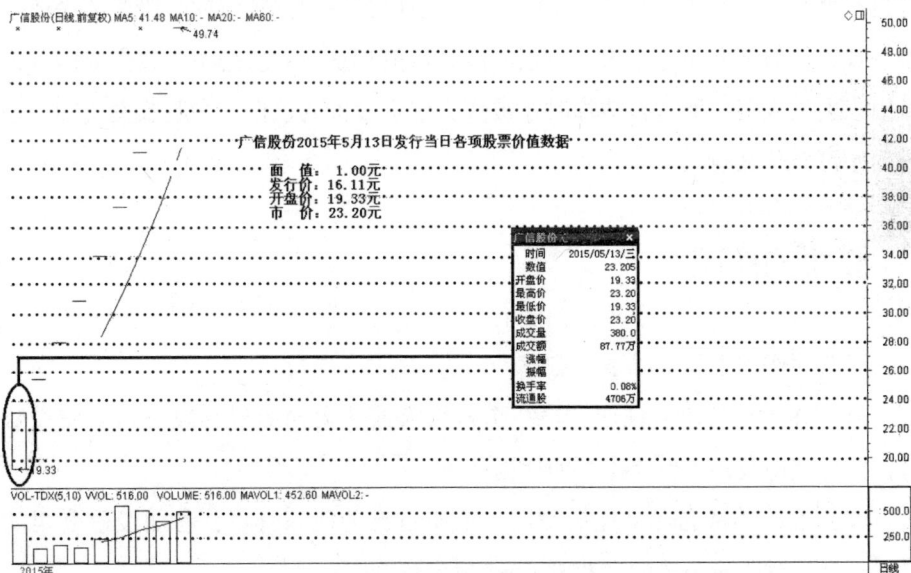

图 1-3 股票的发行价、面值、市价

四、股票的净值

股票的净值又称为账面价值，也称为每股净资产，是用会计统计的方法计算出来的每股股票所包含的资产净值。其计算方法是用公司的净资产（包括注册资金、各种公积金、累积盈余等，不包括债务）除以总股本，得到的就是每股的净值。股份公司的账面价值越高，则股东实际拥有的资产就越多。由于帐面价值是财务统计、计算的结果，数据较精确而且可信度很高，所以它是股票投资者评估和分析上市公司实力的的重要依据之一。股民应注意上市公司的这一数据。

五、股票的清算价值

股票的清算价值是指股份公司破产或倒闭后进行清算之时每股股票所代表的实际价值。从理论上讲，股票的每股清算价值应当与股票的账面价值相一致，但企业在破产清算时，其财产价值是以实际的销售价格来计算的，而在进行财产处置时，其售价都低于实际价值。所以股票的清算值就与股票的净值不相一致，一般都要小于净值。股票的清算价值只是在股份公司因破产或因其他原因丧失法人资格而进行清算时才被作为确定股价的根据，在股票发行和流通过程中没有什么意义。

股票的作用

股票的作用主要有以下三点：

（1）作为一种出资证明，当一个自然人或法人向股份有限公司参股投资时，便可获得股票以作为出资的凭据；

（2）股票的持有者可凭借股票来证明自己的股东身份，参加股份公司的股东大会，对股份公司的经营发表意见；

（3）股票持有人凭借股票可获得一定的经济利益，可以参加股份公司的利润分配，也就是通常所说的分红。

第二节　股票的分类

普通股、优先股

由于股票包含的权益不同，股票的形式也就多种多样。一般来说，股票可分为普通股股票和优先股股票。

一、普通股股票

所谓普通股股票，就是持有这种股票的股东都享有同等的权利，他们都能参加公司的经营决策，其所分取的股息红利随着股份公司经营利润的多寡而变化。目前在上海和深圳证券交易所交易的股票都是普通股。普通股股票持有者按其所持有股份的比例享有以下基本权利，如图 1-14 所示。

图 1-4　普通股股票持有者的权利

普通股股票是股份有限公司发行的标准股票，其有效期限是与股份有限公司相始终的，此类股票的持有者是股份有公司的基本股东。普通股股票是风险最大的股票，持有此类股票的股东获取的经济利益是不稳定的。

二、优先股

优先股是相对于普通股而言的。所谓优先股股票是指持有该种股票股东的权益要受一定的限制。优先股股票的发行一般是股份公司出于某种特定的目的和需要，且在票面上要注明"优先股"字样。优先股股东的特别权利是可优先于普通股股东以固定的股息分取公司收益并在公司破产清算时优先分取剩余资产，但此类股东一般不能参与公司的经营活动，其具体的优先条件必须由公司章程加以明确。

优先股收回的方式有三种，如图1-5所示。

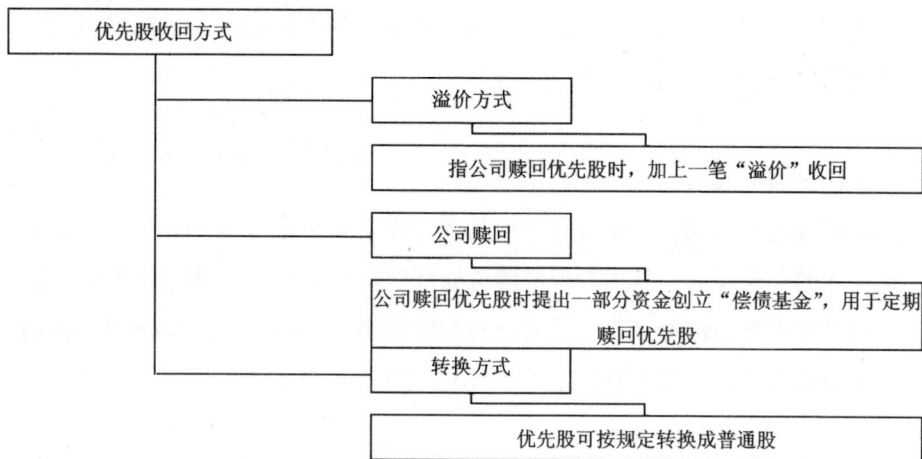

```
优先股收回方式
    │
    ├──────── 溢价方式
    │         ┌─────────────────────────────────────
    │         指公司赎回优先股时，加上一笔"溢价"收回
    │
    ├──────── 公司赎回
    │         ┌─────────────────────────────────────
    │         公司赎回优先股时提出一部分资金创立"偿债基金"，用于定期
    │                      赎回优先股
    │         转换方式
    │         ┌─────────────────────────────────────
    └──────── 优先股可按规定转换成普通股
```

图1-5　优先股收回方式

蓝筹股、红筹股

蓝筹股指的是那些在其所属行业内占有支配性地位、业绩优良、成交活跃、红利丰厚的大公司所发行的股票。"蓝筹"一词起源于西方赌场，蓝色筹码是最值钱的筹码，所以投资者把它套用到股票上便形成了"蓝筹股"这一说法。图1-6为2015年5月25日大盘蓝筹股中国重工的走势图。

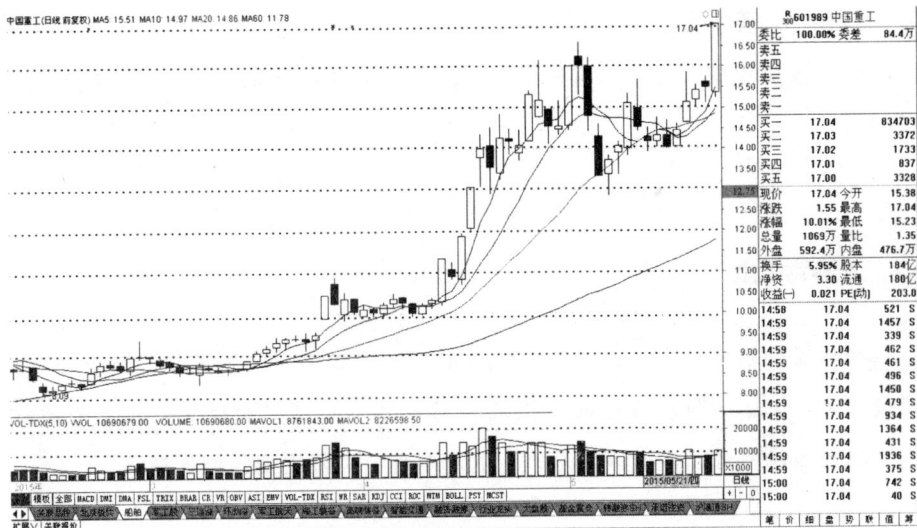

图 1-6 蓝筹股中国重工走势图

红筹股这一概念诞生于 20 世纪 90 年代初期的香港股市。由于我国在国际上有时被称为红色中国，相应的，香港和国际投资者把境外注册、在香港上市的那些带有中国概念的股票称为红筹股。

绩优股、垃圾股

绩优股就是业绩优良公司的股票，但对于绩优股的定义国内外却有所不同。在我国，投资者衡量绩优股的主要指标是每股税后利润和净资产收益率。一般而言，每股税后利润在全体上市公司中处于中上地位，公司上市后净资产收益率连续三年显著超过 10% 的股票当属绩优股之列。

绩优股具有较高的投资回报和投资价值。其公司拥有资金、市场、信誉等方面的优势，对各种市场变化具有较强的随和适应能力，绩优股的股价一般相对稳定且呈长期上升趋势。因此，绩优股总是受到投资者、尤其是从事长期投资的稳健型投资者的青睐。

与绩优股相对应的垃圾股指的是业绩较差的公司的股票。这类上市公司或者由于行业前景不好，或者由于经营不善等，投资回报率较低，有的甚至进入亏损行列。其股票在市场上的表现萎靡不振，股价走低，交投不活跃，年终分红也差。投资者在考虑选择这些股票时，要有比较高的风险意识，切忌盲目跟风投机。

短线点金

绩优股和垃圾股不是天生的和绝对的。绩优股公司决策失误，经营不当，其股票可能沦落为垃圾股；而垃圾股公司经过资产重组和经营管理水平的提高，抓住市场热点，打开市场局面，也有可能将其股票变为绩优股。

国有股、法人股、社会公众股、外资股

根据投资主体的不同，股权设置有四种形式：国家股、法人股、社会公众股、外资股。

一、国有股

国有股指有权代表国家投资的部门或机构以国有资产向公司投资形成的股份，包括以公司现有国有资产折算成的股份。由于我国大部分股份制企业都是由原国有大中型企业改制而来的，因此，国有股在公司股权中占有较大的比重。国有股受国家政策荫护，其走势受国家政策导向的影响较大，所以历来是政策面选股、消息面选股的重点考察对象。图1-7为国有股中国船舶的走势图。

二、法人股

法人股指企业法人或具有法人资格的事业单位和社会团体以其依法可经营的资产向公司非上市流通股权部分投资所形成的股份。目前，在我国上市公司的股权结构中，法人股平均占20%左右。

图1-7　国有股中国船舶走势图

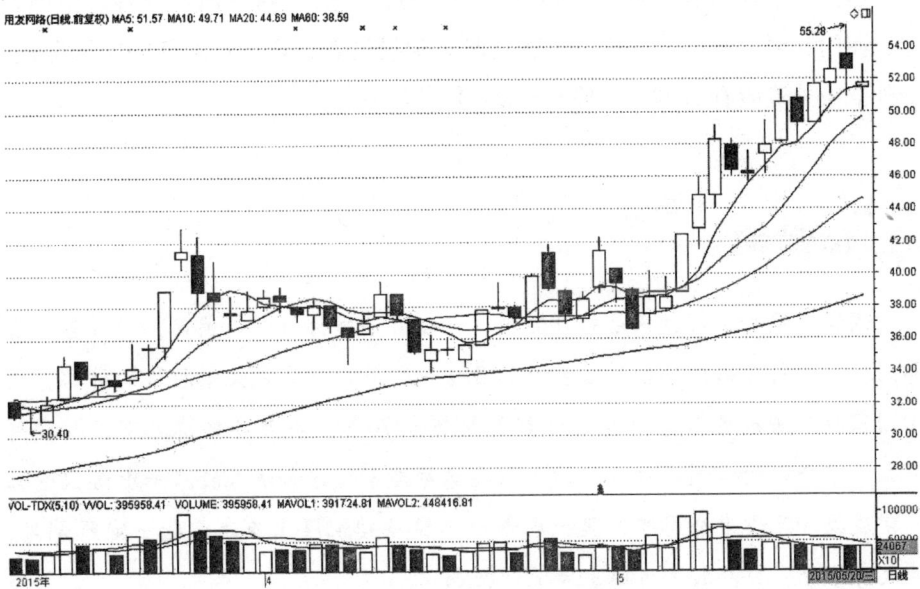

图1-8　法人股用友网络走势图

三、社会公众股

社会公众股是指我国境内个人和机构以其合法财产向公司可上市流通股权部分投资所形成的股份。

在社会募集的情况下，除了发起人认购的股份外，其余股份需要向社会公众公开发行。《中华人民共和国公司法》（以下简称《公司法》）规定，社会募集发起设立的股份有限公司向社会公众发行的股份不得少于总数的25%。公司股本总额在4亿元以上的，这一比例为15%以上。

四、外资股

外资股是指股份公司向外国和我国香港、澳门、台湾地区投资者发行的股票。它是我国股份公司吸收外资的一种方式。外资股按上市地域可以分为境内上市外资股和境外上市外资股。

境内上市外资股投资者包括外国的自然人、法人和其他投资者，中国香港、澳门、台湾地区的自然人、法人和其他投资者，定居在国外的中国公民。境外上市外资股有H股、N股、S股、L股几种。

短线点金

国家股东和法人股东要转让股权，可以在法律许可的范围内，经证券主管部门批准，与合格机构投资者签订转让协议，一次性完成大宗股权的转移。由于国家股和法人股占总股本的比重平均超过70%，在大多数情况下，要取得一家上市公司的控制股权，收购方需要从原国家股东和法人股东手中协议受让大宗股权。除少量公司职工股、内部职工股及转配股上市流通受一定限制外，绝大部分社会公众股都可以上市流通交易。

A 股和 B 股

A 股的正式名称是人民币普通股票。它是由我国境内的公司发行，供境内机构、组织或个人（不含台湾、香港、澳门地区投资者）以人民币认购和交易的普通股股票。图 1－9 是 A 股股票中国中铁走势图。

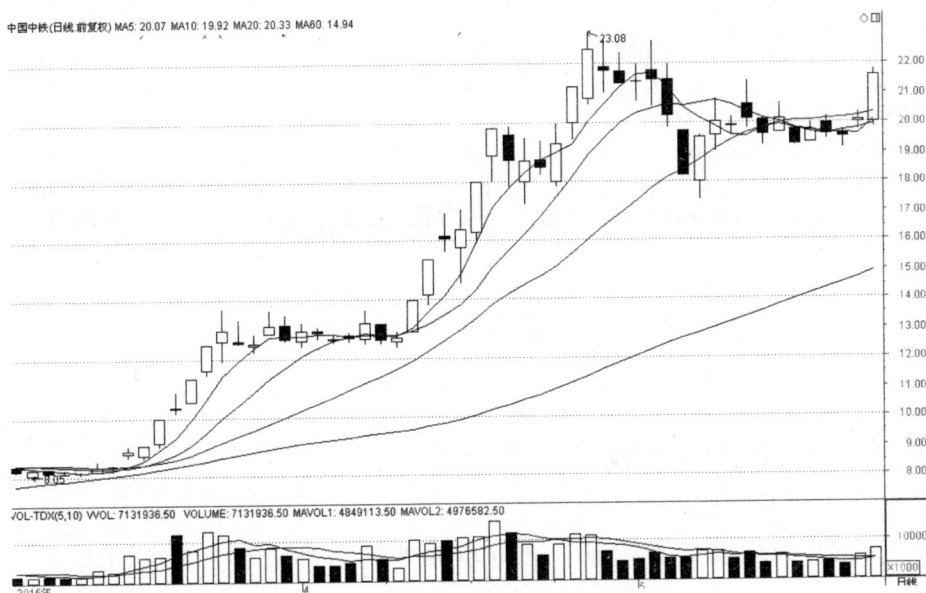

图 1－9　A 股股票中国中铁走势图

B 股的正式名称是人民币特种股票。它是以人民币标明面值，以外币认购和买卖，在境内（上海、深圳）证券交易所上市交易的外资股。

B 股公司的注册地和上市地都在境内（深、沪证券交易所），起初，它的投资人限于外国的自然人、法人和其他组织，香港、澳门、台湾地区的自然人、法人和其他组织，定居在国外的中国公民，中国证监会规定的其他投资人。2001 年，我国开放境内 B 股市场，个人居民可以投资 B 股。图 1－10 为 B 股股票深物业 B 走势图。

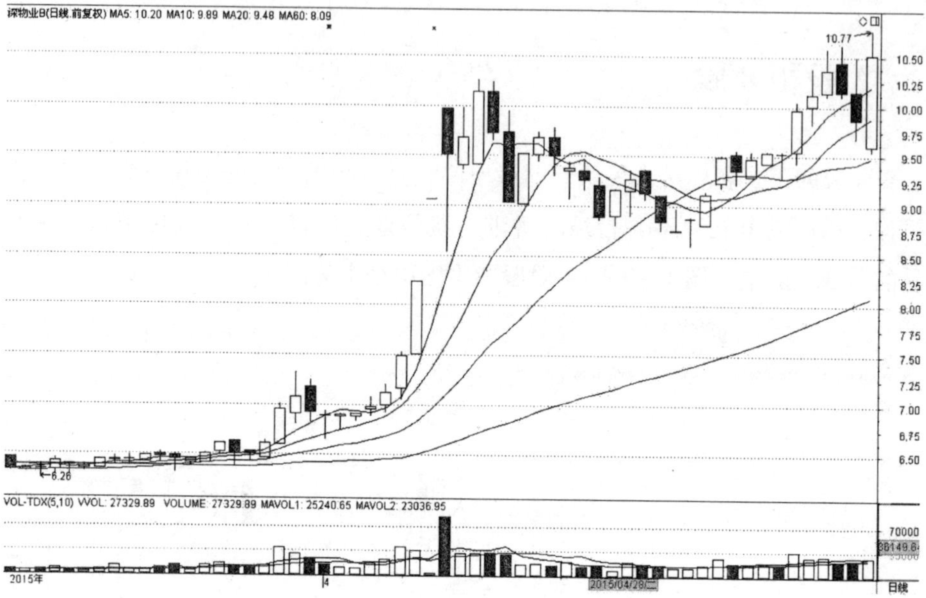

图 1 – 10　B 股股票深物业 B 走势图

H 股、N 股、S 股、L 股

H 股，即注册地在内地、上市地在香港的外资股。香港的英文是
HongKong，取其字首，在港上市外资股就叫做 H 股。1993 年，第一只 H 股青
岛啤酒 H 股在中国香港上市。图 1 – 11 为 H 股股票中国银行走势图。

N 股，是指那些在中国大陆注册、在美国纽约（New York）的证券交易所
上市的外资股票，取纽约字首的第一个字母 N 作为名称。

S 股在我国是指尚未进行股权分置改革或者已进入改革程序但尚未实施股
权分置改革方案的股票，在股名前加 S，此标记从 2006 年 10 月 9 日起启用，
日涨跌幅为上下 10%（ST 股为 5%）。从 2007 年 1 月 8 日起，日涨跌幅调整
为上下 5%。

L 股，指股份公司注册地在我国内地，上市地在伦敦（London）的外资
股票。

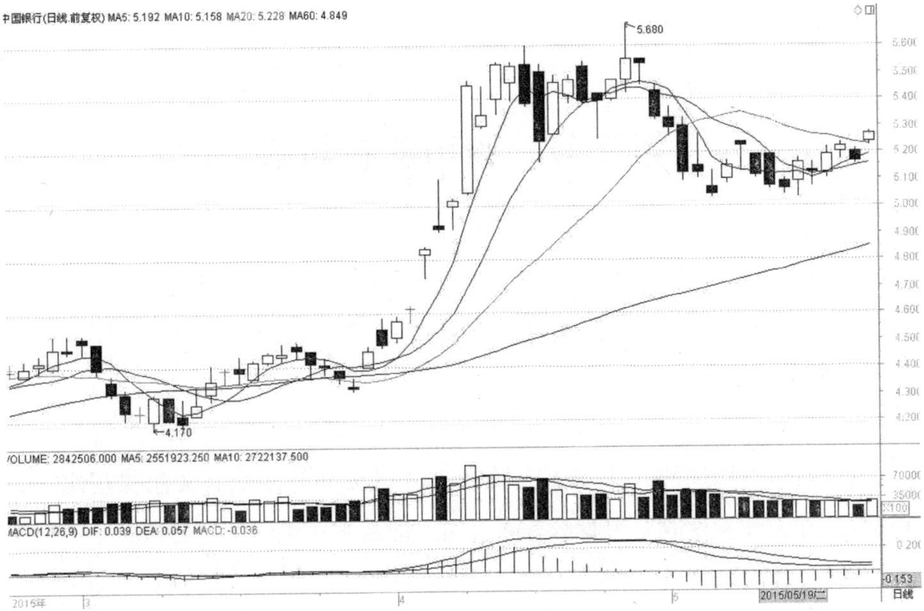
中国银行(日线,前复权) MA5: 5.192 MA10: 5.158 MA20: 5.228 MA60: 4.849
5.680
4.170
VOLUME: 2842506.000 MA5: 2551923.250 MA10: 2722137.500
MACD(12,26,9) DIF: 0.039 DEA: 0.057 MACD: -0.036
2015/05/19/二
日线

图 1-11　H 股股票中国银行走势图

ST 股与 * ST 股

ST 股是指境内上市公司连续两年亏损或每股净资产低于股票面值，而进行特别处理的股票；* ST 是指境内上市公司连续三年亏损的股票。* ST 股赢利但扣除非经常性损益后还是亏损的，变成 ST 股。

如果哪只股票的名字加上 ST 就是给股民一个警告，说明该股票存在投资风险，但这种股票有可能风险大收益也大。如果加上 * ST 那么就是该股票有退市风险，希望警惕的意思。

第三节 股市的参与者

股票发行人

股票发行人指按照《中华人民共和国公司法》等国家有关法律规定，具备发行条件公开发行股票的股份有限公司，即通常所说的上市公司。

股票投资者

股票投资者包括机构投资者和一般投资者，机构投资者主要是证券机构和基金投资者以及普通境外机构投资者（General Foreign Institutional Investors，GFII）与上市公司等。一般投资者以民间大户与中小股民为主。大户指大额投资人，例如拥有庞大资金的集团或个人，散户指买卖股票数量很少的小额投资者，普通股民均在此之列。

证券经营机构

证券经营机构，也称证券商或证券经纪人，是证券市场的中介人，是专门经营证券业务并从中获利的企业法人。它的作用有两点：一是在发行市场上充当证券筹资者与证券投资者的中介人；二是在流通市场上充当证券买卖的中介人。我国主要的证券经营机构是证券公司和信托投资公司，如表1-2所示。

表1-2　主要证券经营机构

分类	分析
证券公司	证券公司是我国直接从事证券发行与交易业务的具有法人资格的证券经营机构，其业务范围主要有：代理证券发行、证券自营，代理证券交易，代理证券还本付息和支付红利，接受客户委托代收证券本息、红利，代办过户等
信托投资公司	信托投资公司是以盈利为目的，并以受托人身份经营信托业务的金融机构。它除了办理信托投资业务外，还可设立证券部办理证券业务，其业务范围主要有：证券的代销及包销，证券的代理买卖及自营，证券的咨询、保管及代理还本付息等

证券交易所

　　证券交易所是依据国家有关法律，经政府证券主管机关批准设立的集中进行证券交易的有形场所。证券交易所主要提供交易场所和服务，同时也兼有管理证券交易的职能，但其本身不能参与证券交易。证券交易所是非金融机构的法人组织，它有两种基本组织形式，一是股份公司制交易所，二是会员制交易所（表1-3）。

表1-3　证券交易所的基本组织形式

分类	分析
股份公司制证券交易所	以股份有限公司的组织形式成立的证券交易所，由股东共同出资，提供交易所的场地、设备、人员等，在政府主管机构的管理与监督下，吸收各类证券在场内自由买卖并集中交割。公司制的证券交易所是一种自负盈亏的营利性机构，它收取证券发行者的上市费并抽取证券成交的手续费和其他服务性费用，并且对场内交易双方违约产生的损失承担赔偿责任

续表

分类	分析
会员制证券交易所	由证券商共同协商、制定章程和管理细则、报请国家证券主管部门批准成立的不以盈利为目的的社团法人组织。参加交易所的会员可以是自然人，也可以是法人。法人会员多为投资银行、证券公司，投资信托公司等，法人会员须有一代表人，其资格与个人会员相同。会员制交易所的收入主要来自会员费、证券上市费，特殊服务费，支出则用于购置或改善必要的交易设备、职员工资和其他开支。会员制证券交易所的证券买卖者一般以该所的会员为限，其他投资人若要在二级市场买卖股票或债券，则必须通过会员进行

证券登记结算机构

　　证券登记结算机构是指为证券的发行和交易活动办理证券登记、存管、结算业务的中介服务机构。证券登记结算机构为证券交易提供集中的登记、托管与结算服务，是不以盈利为目的的法人。设立证券登记结算机构必须经国务院证券监督管理机构批准。证券登记结算机构的职能如图 1-12 所示。

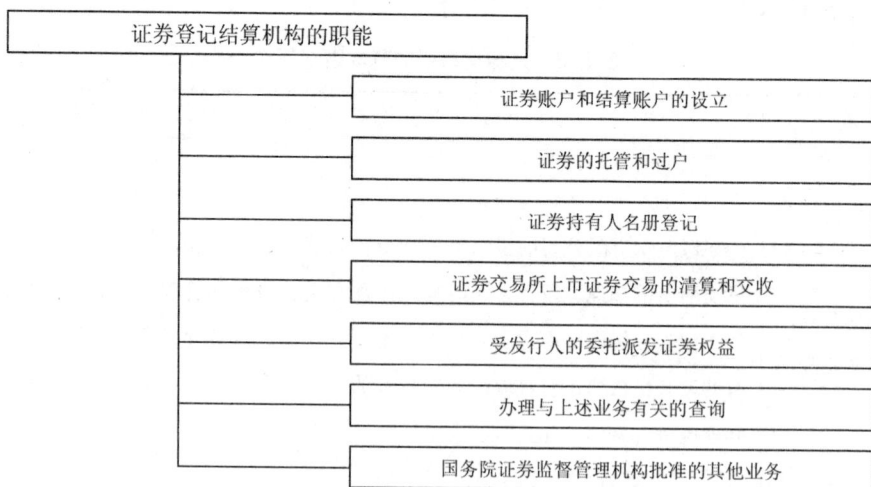

图1-12　证券登记结算机构的职能

证券服务机构

证券服务机构是为证券经营和证券交易服务的机构。我国的证券服务机构主要有证券登记公司和证券评级公司，如表 1-4 所示。

表 1-4　证券服务机构

分类	分析
证券登记公司	证券登记公司是独立的企业性质的证券服务机构，其主要业务是：公开发行与非公开发行的证券登记，上市及未上市的记名证券的转让登记，代理有价证券的保管，代理有价证券的还本付息和分红派息，从事与证券有关的咨询业务及主管机关批准的其他业务
证券评级公司	证券评级公司是专门从事有价证券评级业务的企业法人，一般都是独立的、非官方的，其主要业务是对有价证券的发行公司进行客观、准确、真实、可靠的评级，并负责提供评级结果及有关资料

证券业协会

证券业协会是证券业的自律性组织，是社会团体法人。协会的宗旨是根据我国发展社会主义市场经济的要求，贯彻执行国家有关方针、政策和法规，发挥政府与证券经营机构之间的桥梁和纽带作用，促进证券业的开拓发展。加强证券业的自律管理，维护会员的合法权益，建立和完善具有中国特色的证券市场体系。

《中华人民共和国证券法》（以下简称《证券法》）规定，证券公司应当加入证券业协会。个人会员只限于证券市场管理部门有关领导以及从事证券研究及业务工作的专家，由协会根据需要吸收。

证券监督管理机构

证券监管机构是指依法设置的对证券发行与交易实施监督管理的机构。在我国，证券监管机构是指中国证券监督管理委员会（以下简称"中国证监会"）及其派出机构。

中国证监会的主要职责是：依法制定有关证券市场监督管理的规章、规则，负责监督有关法律法规的执行，负责保护投资者的合法权益，对全国的证券发行、证券交易、中介机构的行为等依法实施全面监管，维持公平而有序的证券市场。

第四节　股市中的主力

保险资金

保险是指投保人根据合同约定，向保险人支付保险费，保险人对于合同约定的可能发生的事故因其发生所造成的财产损失承担赔偿保险金责任。保险通常被用来集中保险费建立保险基金，用于补偿被保险人因自然灾害或意外事故所造成的损失，或对个人因死亡、伤残、疾病或者达到合同约定的年龄期限时，承担给付保险金责任的商业行为。

通常所说的保险即商业保险。商业保险大致可分为：财产保险、人身保险、责任保险、信用保险、津贴型保险、海上保险。

根据中华人民共和国保险监督管理委员会，以下简称"保监会"的规定，保险公司的资金可以直接或间接进入股市。投资股票型基金与股票的比例合计不得超过 20%。保险资金投资的投票，主要包括公开发行并上市交易的股票和上市公司向特定对象非公开发行的股票，而对于投资创业板上市公司股票和以外币认购及交易的股票将由中国保监会另行规定。表 1 – 5 为截至 2015 年 3 月 31 日，平安保险公司持股前 20 位的股票一览表。

表 1–5　平安保险公司持股前 20 位的股票一览表

序号	股票代码	股票名称	原价	现价	涨幅	股东类型	更新日期	股东名称	持股数(万)	比例	类型	增减仓	数量
1	000001	平安银行	15.75	16.6	5.40%	流通股东	2015-3-31	中国平安保险(集团)股份有限公司-集团本级-自有资金	414683.04	42.16	流通A股	未变	0
2	000001	平安银行	15.75	16.6	5.40%	非流通股东	2015-3-31	中国平安保险(集团)股份有限公司-集团本级-自有资金	573489.24	50.2	流通A股,限售流通股	未变	0
3	000001	平安银行	15.75	16.6	5.40%	流通股东	2015-3-31	中国平安人寿保险股份有限公司-传统-普通保险产品	27065	2.75	流通A股	未变	0
4	000001	平安银行	15.75	16.6	5.40%	流通股东	2015-3-31	中国平安人寿保险股份有限公司-自有资金	72879.36	7.41	流通A股	未变	0
5	000418	小天鹅A	18.88	23.76	25.85%	流通股东	2015-3-31	中国平安人寿保险股份有限公司-投连-个险投连	728.28	1.16	流通A股	新进	0
6	000421	南京中北	9.18	13.53	47.39%	流通股东	2015-3-31	中国平安财产保险股份有限公司-传统-普通保险产品	199.99	.57	流通A股	新进	0
7	000421	南京中北	9.18	13.53	47.39%	流通股东	2015-3-31	中国平安人寿保险股份有限公司-分红-个险分红	619.99	1.76	流通A股	新进	0
8	000528	柳工	13.49	15.5	14.90%	流通股东	2015-3-31	中国平安人寿保险股份有限公司-分红-团险分红	342.49	.3	流通A股	新进	0
9	000538	云南白药	66.65	73.16	9.77%	流通股东	2015-3-31	中国平安人寿保险股份有限公司-自有资金	9750	9.36	流通A股	未变	0
10	000545	金浦钛业	14.83	0		非流通股	2015-3-31	中国平安人寿保险股份有限公司-分红-银保分红	963.41	1.95	限售流通股	增加	222.33
11	000601	韶能股份	7.67	10.24	33.51%	流通股东	2015-3-31	中国平安人寿保险股份有限公司-分红-个险分红	1009.32	1.02	流通A股	新进	0
12	000620	新华联	9.54	12.9	35.22%	流通股东	2015-3-31	中国平安人寿保险股份有限公司-传统-高利率保单产品	1061.69	.66	流通A股	新进	0
13	000673	当代东方	24.14	39.98	65.62%	流通股东	2015-3-31	嘉实基金公司-建行-中国平安人寿保险股份有限公司	307.9	1.48	流通A股	增加	88.61
14	000685	中山公用	24.83	34.3	38.14%	流通股东	2015-3-31	中国平安人寿保险股份有限公司-分红-个险分红	251.13	.45	流通A股	未变	0
15	000789	万年青	16.86	12.62	-25.15%	流通股东	2015-3-31	中国平安人寿保险股份有限公司-传统-高利率保单产品	116.06	.28	流通A股	新进	0
16	000921	海信科龙	10.75	14.05	30.70%	流通股东	2015-3-31	中国平安人寿保险股份有限公司-传统-高利率保单产品	165.56	.12	流通A股	未变	0
17	000921	海信科龙	10.75	14.05	30.70%	流通股东	2015-3-31	中国平安人寿保险股份有限公司-分红-个险分红	142.05	.1	流通A股	新进	0
18	000925	众合科技	24.59	31	26.07%	流通股东	2015-3-31	中国平安人寿保险股份有限公司-分红-个险分红	180	.6	流通A股	减少	-184.99
19	001896	豫能控股	14.25	17.65	23.86%	非流通股东	2015-3-31	中国平安财产保险股份有限公司-传统-普通保险产品	1662.97	1.94	限售流通股	未变	0
20	001896	豫能控股	14.25	17.65	23.86%	非流通股东	2015-3-31	中国平安人寿保险股份有限公司-传统-普通保险产品	656.32	.77	限售流通股	未变	0

保险资金现如今是股票市场上比较活跃的资金之一，由于他们的资金量雄厚，在一定程度上会引起波动，一般来说在股票市场上他们有时可以起到风向标的作用，因为他们的专业团队有着高质量的技术，对于市场与政策十分敏感，当他们投资于股票时说明市场已经开始进入回升期。保险资金自身强大，也有能力影响着股市，带动其他资金投资于保险重仓股。他们大部分资金投资于业绩高的公司股票，以求长期资产增值，在他们把大部分资金撤出时，也会引起大量资金出逃，导致股价跟风式的下跌。

社保基金

社会保险是社会保障制度中的核心内容。是国家通过立法强制建立社会保险，对参加劳动关系的劳动者在丧失劳动能力或失业时给予必要的特殊帮助的制度。社会保险不以盈利为目的。社会保险主要是通过筹集社会保险基金，并在一定范围内对社会保险基金实行统筹调剂，在劳动者遭遇劳动风险时给予必要的帮助，对劳动者提供的是基本生活保障，只要劳动者符合享受社会保险的条件，或者与用人单位建立了劳动关系，或者已按规定缴纳各项社会保险费，即可享受社会保险待遇。

我国的社保主要包括养老保险、医疗保险、工伤保险、失业保险和生育保险五种。

按照有关规定，社保基金可以投资于股市，投资股市的比例最高可达40%，所以，历来是股市的大鳄。社保基金作为主力资金投资股市收益颇丰。在社保基金入市的前9年时间，股票投资占社保基金全部资产配置只有20%左右，却贡献了40%左右的利润。表1-6为截至2015年3月31日，社保基金持股的部分股票一览表。

表1-6 社保基金持仓股票一览表（节录）

社保基金名称	报告期	股票名称	股票代码	持股数量（万股）	占流通股比例(%)	仓位变化（万元）	持有该股票的社保基金
全国社保基金零二零组合	2015-03-31	攀钢钒钛	000629	1,567.8633	0.1825	1,567.8633	查询
	2015-03-31	太钢不锈	000825	686.5270	0.1205	686.5270	查询
全国社保基金六零二组合	2015-03-31	国旅联合	600358	787.3574	1.8226	-192.5870	查询
	2015-03-31	好想你	002582	205.4483	1.3919	205.4483	查询
	2015-03-31	金丰投资	600606	566.3934	1.0927	566.3934	查询
	2015-03-31	浪莎股份	600137	75.6860	0.7785	75.6860	查询
	2015-03-31	烽火通信	600498	749.9972	0.7537	54.6170	查询
	2015-03-31	海螺型材	000619	269.9750	0.7499	269.9750	查询
	2015-03-31	闰土股份	002440	556.6256	0.7257	556.6256	查询
	2015-03-31	太龙药业	600222	405.3600	0.7063	405.3600	查询
	2015-03-31	西部材料	002149	88.5077	0.5066	88.5077	查询
	2015-03-31	宝新能源	000690	845.5600	0.4897	845.5600	查询
	2015-03-31	地尔汉宇	300403	59.7221	0.4457	59.7221	查询
	2015-03-31	华菱钢铁	000932	865.0300	0.2868	865.0300	查询
	2015-03-31	亿帆鑫富	002019	125.0819	0.2841	125.0819	查询
	2015-03-31	宏达股份	600331	243.5249	0.1196	243.5249	查询
	2015-03-31	博晖创新	300318	226.2300	1.3808	-13.7700	查询
	2015-03-31	省广股份	002400	822.2546	1.3633	-117.1974	查询
	2015-03-31	西陇化工	002584	260.0000	1.3000	0.0000	查询
	2015-03-31	长方照明	300301	338.3900	1.2451	50.0000	查询
	2015-03-31	长源电力	000966	600.0000	1.0828	-276.3633	查询

社保基金买的不一定都是牛股，但可以肯定的是，社保基金的持仓品种里出现了不少牛股。因此，关注社保基金持仓有助于散户选股。

基金

基金有广义和狭义之分，从广义上说，基金是指为了某种目的而设立的具有一定数量的资金。主要包括信托投资基金、公积金、保险基金、退休基金，各种基金会的基金。狭义的基金，也就是作为股市主力资金的基金，指的是证券投资基金。

基金投资是由理财专业人士操盘的合伙投资活动。如果该活动经过国家证券行业管理部门（中国证券监督管理委员会）的审批，允许这项活动的牵头操作人向社会公开募集吸收投资者加入合伙出资，就是发行公募基金，也就是投资者常见的基金。

基金由于资金规模较大，成为股市中的主力，又由于基金由专业人士操盘，成功率更高。基金持有的都是成长性好、收益率高的股票，所以基金的持股动向成为股市的关注点。表1-7为截至2015年3月31日汇添富基金持仓部分股票一览表。

表1-7 汇添富基金持仓股票一览表（节录）

重仓持股 截止日期：2015-03-31

序号	股票简称	占净资产比	股票代码	持股变动（万元）
1	银之杰	7.27%	300085	40626.48
2	金证股份	7.09%	600446	39645.78
3	广陆数测	6.37%	002175	35607.13
4	上海钢联	5.95%	300226	33276.01
5	博彦科技	5.72%	002649	31954.48
6	广电运通	5.42%	002152	30294.36
7	中科金财	5.37%	002657	30037.05
8	同花顺	4.98%	300033	27849.15
9	航天信息	3.25%	600271	18156.66
10	得润电子	3.11%	002055	17369.61

游资

游资，或叫投机性短期资金，目的在于用尽量少的时间以钱生钱，是只为追求高回报而在市场上迅速流动的短期投机性资金。"游资"如同资本市场的游牧民族，彪悍、敏锐、好战、爆发力强。"短、平、快"是其共性。它们比散户力量大、专业，比基金轻便灵巧，日渐成为市场中极具风向标的力量。

私募资金

私募又称不公开发行或内部发行，是指面向少数特定的投资人发行证券的方式。私募发行的对象大致有两类，一类是个人投资者，例如公司老股东或发行人机构自己的员工（俗称"内部职工股"）；另一类是机构投资者，如大的金融机构或与发行人有密切往来关系的企业等。

私募发行有确定的投资人，发行手续简单，可以节省发行时间和费用。私募发行的不足之处是投资者数量有限，流通性较差，而且不利于提高发行人的社会信誉。目前，我国境内上市外资股（B股）的发行几乎全部采用私募方式进行。

第五节 股市常用术语

股票发行术语

股票发行术语主要有以下几种：

1. 公开发行

公开发行又称公募，是指发行人通过中介机构向不特定的社会公众广泛地发售证券。

2. 溢价发行

溢价发行是指发行人按高于面额的价格发行股票，因此可使公司用较少的股份筹集到较多的资金，同时可降低筹资成本。

3. 私募

私募是指面向少数特定的投资人发行证券的方式。

4. 一级市场

指股票的初级市场即发行市场，在这个市场上，投资者可以认购公司发行的股票。通过一级市场，发行人筹措到了公司所需资金，而投资人则通过购买公司的股票成为公司的股东，实现了把储蓄转化为资本的过程。

5. 二级市场

指流通市场，是已发行股票进行买卖交易的场所。二级市场的主要功能在于有效地集中和分配资金。已发行的股票一经上市，就进入二级市场。投资人根据自己的判断和需要买进和卖出股票，其交易价格由买卖双方来决定，投资人在同一天中买入股票的价格是不同的。

6. 无形市场

无形市场是相对于有形市场而言的，无形市场不设交易大厅作为交易运行的组织中心，投资者利用证券商与交易所的电脑联网系统，可直接将买卖指令输入交易所的撮合系统进行交易。投资者委托买卖、成交回报、股份资金的交割，均通过证券商与交易所的电脑联网系统实现。

股价术语

常用的股价术语包括以下几种：

1. 开盘价

开盘价是指某种证券在证券交易所每个交易日开市后的第一笔买卖成交价格。

2. 收盘价

收盘价是指某种证券在证券交易所每个交易日里的最后一笔买卖成交价格。

3. 最高价

最高价指某种证券在每个交易日从开市到收市的交易过程中所产生的最高价格。

4. 最低价

最低价指某种证券在每个交易日从开市到收市的交易过程中所产生的最低价格。

5. 均价

股票平均价格即从某个时点算起，到现在买卖双方成交的平均价格，股票平均价格反映了个股在一段时间的真实交易成本。

6. 量比

量比是指当天成交总手数与近期成交手数平均的比值，是衡量相对成交量的指标。它是指股市开市后平均每分钟的成交量与过去 5 个交易日平均每分钟成交量之比。

图1-13反映了开盘价、收盘价、最高价、最低价、量比的概念。

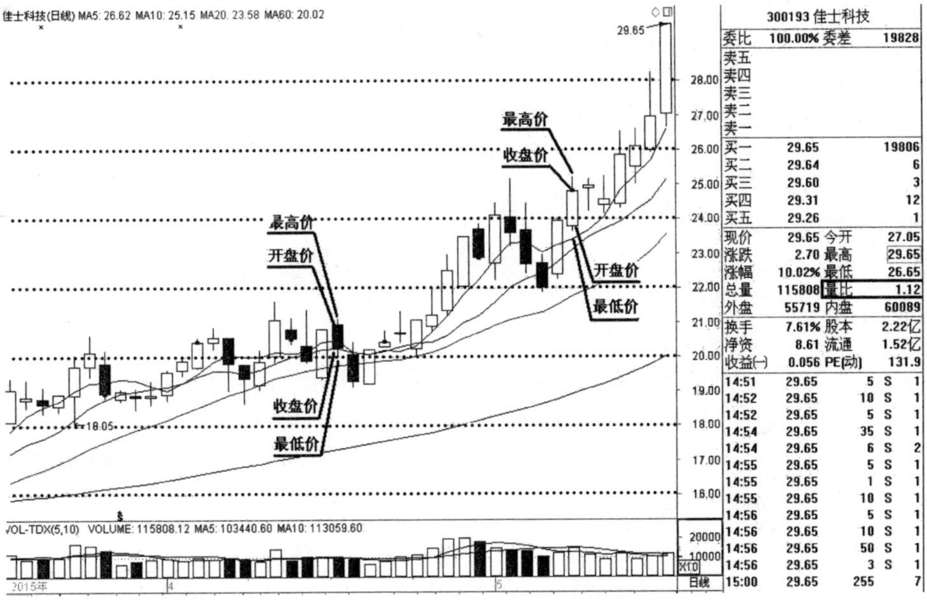

图1-13 开盘价、收盘价、最高价、最低价、量比

盘口术语

常见的盘口术语如表1-8所示。

表1-8 常见的盘口术语

术语	分析
多头	对股票后市看好，先行买进股票，等股价涨至某个价位，卖出股票赚取差价的人
空头	指认为股价已上涨到了最高点，很快便会下跌，或当股票已开始下跌时，认为还会继续下跌，趁高价时卖出的投资者
多翻空	原本看好行情的买方，看法改变，变为卖方
空翻多	原本打算卖出股票的一方，看法改变，变为买方

术语	分析
涨跌	以每天的收盘价与前一天的收盘价相比较，来决定股票价格是涨还是跌。一般在交易台上方的公告牌上用"—"号表示
高开	指开盘价比前一天收盘价高出许多
低开	指开盘价比前一天收盘价低出许多
平开	今日的开盘价与前一营业日的收盘价相同
盘档	指投资者不积极买卖，多采取观望态度，使当天股价的变动幅度很小，这种情况称为盘档
整理	指股价经过一段急剧上涨或下跌后，开始小幅度波动，进入稳定变动阶段，这种现象称为整理，整理是下一次大变动的准备阶段
盘整	股价经过一段快捷上升或下降后，遭遇阻力或支撑而呈小幅涨跌变动，做换手整理
回档	指股价上升过程中，因上涨过速而暂时回跌的现象
反弹	指在下跌的行情中，股价有时由于下跌速度太快，受到买方支撑暂时回升的现象。反弹幅度较下跌幅度小，反弹后恢复下跌趋势

图 1-14 反映了高开、低开与平开的概念。

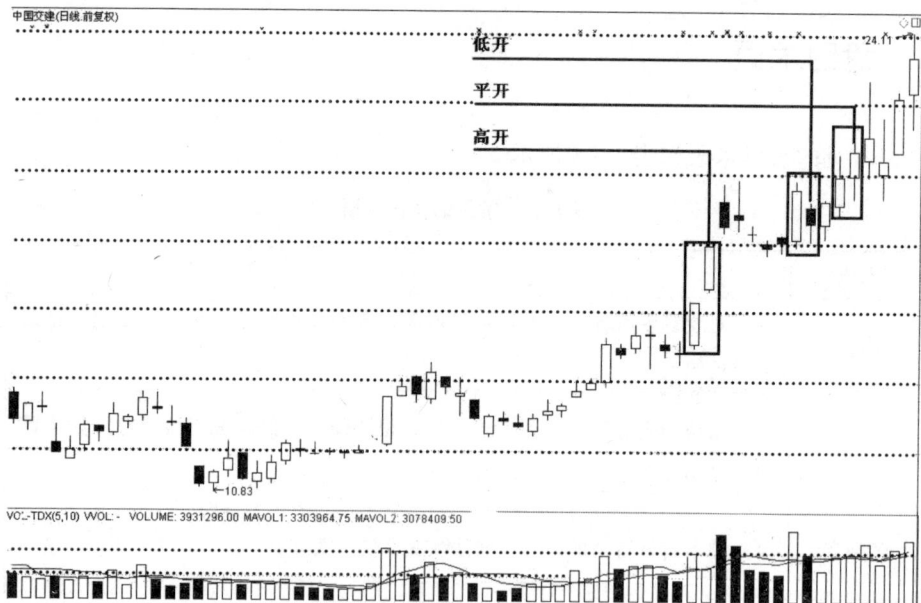

图 1-14 高开、低开与平开

交易术语

常见的股市交易术语如表1-9所示。

表1-9　常见的股市交易术语

术语	分析
抬拉	抬拉是用非常方法将股价大幅度抬起。通常大户在抬拉之后便大量抛出以牟取暴利
打压	是用非常方法将股价大幅度压低。通常大户在打压之后便大量买进以牟取暴利
护盘	股市低落、人气不足时，机构投资大户大量购进股票，防止股市继续下滑行为
洗盘	是主力操纵股市，故意压低股价的一种手段。具体做法是，为了拉高股价获利出货，先有意制造卖压，迫使低价买进者卖股票，以减轻拉长压力，通过这种方法可以使股价容易被拉高
骗线	大户利用股民们迷信技术分析数据、图表的心理，故意抬拉、打压股指，致使技术图表形成一定线型，引诱股民大量买进或卖出，从而达到他们大发其财的目的。这种期骗性造成的技术图表线型称为骗线
买空	预计股价将上涨，因而买入股票，在实际交割前，再将买入的股票卖掉，实际交割时收取差价或补足差价的一种投机行为。我国股市目前没有买空机制，欧美发达国家股市有这种机制
卖空	预计股价将下跌，因而卖出股票，在发生实际交割前，将卖出股票如数补进，交割时，只结清差价的投机行为。我国股市目前没有卖空机制，欧美发达国家股市有这种机制
利空	促使股价下跌，对空头有利的因素和消息
利多	是刺激股价上涨，对多头有利的因素和消息
套牢	是指预期股价上涨，不料买进后股价路下跌；或是预期股价下跌，卖出股票后股价却一路上涨。前者称多头套牢，后者是空头套牢
抢短线	预期股价上涨，先低价买进后再在短期内以高价卖出。预期股价下跌，先高价卖出再伺机在短期内以低价回购

图 1 – 15 反映了拉升的概念。

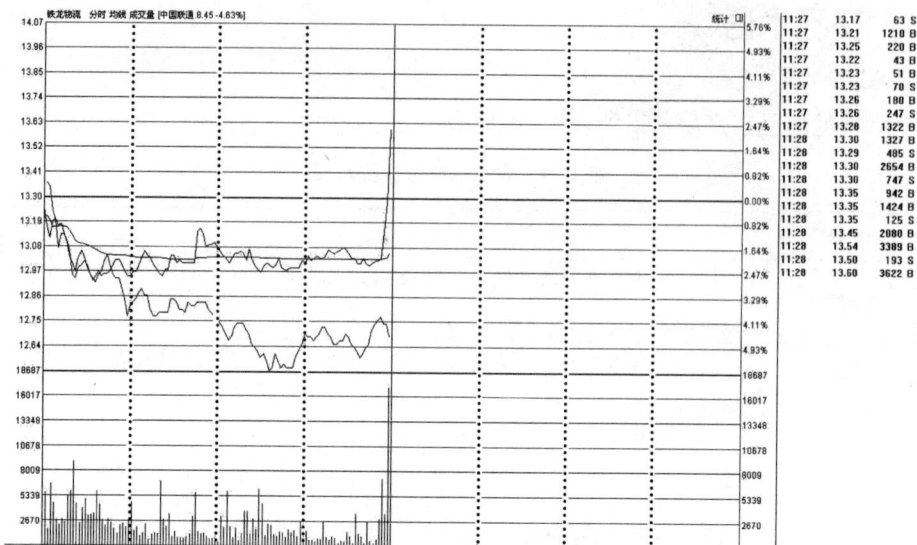

图 1-15　拉升

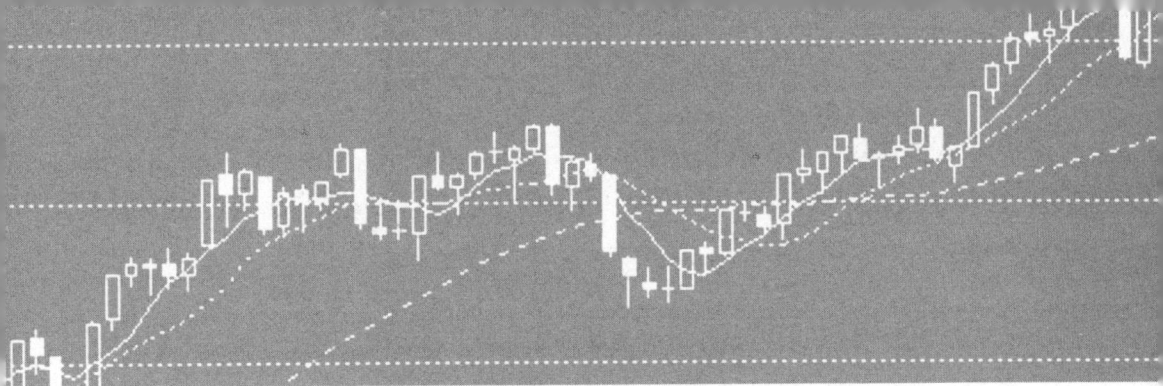

第二章
短线炒股必备常识

短线炒股可以有效地化解时间延长带来的不确定性。另外，相对于中长线炒股，短线炒股还可以提高资金的周转率。但相应地，短线炒股对趋势分析研判的能力要求较高，而且需要投入更多的时间和精力。

第一节　新股民必知的短线理念

股价运行的基本规律

股票价格是按照一定的规律来运行的。股票技术分析就是利用以往交易数据来找出这一运行规律，并利用股价规律来预测未来股价的走势和目标价格。

股价运动具有一定的周期性，这个周期在时间上，可长可短，长则几年短则几天，几小时或者更短。但是不论它的时间长短，每一个股价周期都包括四个阶段。这四部分分别是：底部，上升，顶部和下降。当股票的价格处于不同的周期阶段时，在走势形态、成交量和交易时间上都具有不同的特点。

一、底部

由于股市长时下跌，会在市场中形成沉重的套牢盘，人气也在不断被套中被消耗殆尽，股指的技术形态会出现破位加速下跌，各种各样的技术底、市场底、政策底以及支撑位和关口，都显得弱不禁风，稍事抵抗便纷纷兵败如山倒。此时是市场人气极度低迷的时刻，恰恰也说明股市离真正的低点已经为时不远了。在时间上，底部时间往往比较长。

图 2－1 反映了底部与顶部的概念。

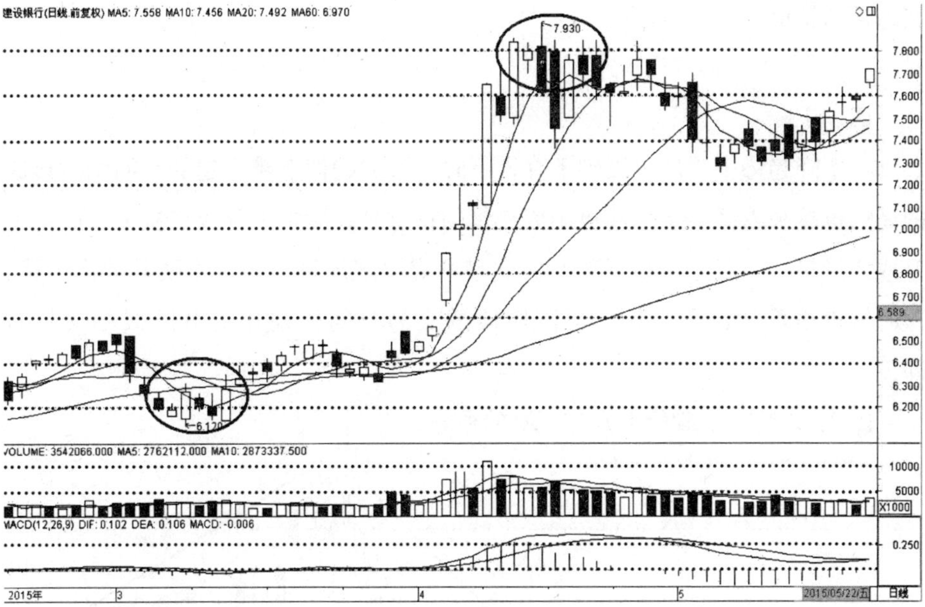

图 2-1　底部与顶部

二、上升

当股票的价格突破底部的横向趋势开始向上拉升的时候，通常伴有明显的交易量增加。股价在上升趋势运行中向上运行时，通常都是波动上升的，上升形成的高点越来越高，回调所形成的低点也越来越高。上升趋势中成交量的特点是，股价上升成交量增加，股价回调成交量萎缩，当股价高达顶部以后，往往出现价格急速上升（天价），成交量极度放大（天量），这是一种回光返照似的股票顶部特征。当价格跌破上升趋势线，就进入了顶部的横向阶段。

三、顶部

在顶部，K线能清晰地反映出市场情绪、交易者意愿。放量是因为交易者对后市分歧加大，滞涨是因为没有人愿意出更高价，震荡是持股者在出逃，宽幅震荡是主力没有出完货，为了稳定市场情绪，主力故意从跌势中拉起，吸引跟风盘，边拉边出，也便于日后能在相对高位派发。放量滞涨＋宽幅震荡是典型的顶部特征。

四、下降

在下降趋势中，股价波动下降，下降时形成的低点越来越低，回调时形成的高点也越来越低。下降趋势中成交量的特点是，股价下降成交量大，股价上升成交量小。当股票价格下降时成交量枯竭出现地量，股价止跌并放出大量，这时候价格可能已经见底。下降阶段的交易时间往往比上升阶段的交易时间短。

图 2-2 反映了股价上升与下降的概念。

图 2-2　上升与下降

了解股价运行的这一周期性有利于帮助我们在选股时看清大势，提高选股的准确性，避免犯错误。

什么是短线

短线交易指投资者在短期中进行买进与卖出，以赚取差价的交易。进行短线交易的投资者只想赚取短期差价收益，而不去关注股票的基本情况，主要依据技术图表分析。短线交易的目的是最大化地利用资金以追求利润。短线从时间上来讲，常常指 1 周到 3 个月的时间周期。国内采用的是 T + 1 的交易规则，因此有些人会采用尾盘买入第二天高点卖出的博超级短线的方式。

短线炒股具体包括以下两个方面的含义：

一是短线炒股不参与股价运动中的调整，这样可以使投资者在最短的时间里达到成功避险、获取最大安全利润的目的。

二是凡是用短周期技术系统，包括图表系统和指标系统所进行的临盘实战分析研判和临盘实战操作行为，通称为短线操作。

短线操作中的"高"和"低"

临盘短线操作就是一个波段的操作，专业高手凭借各短周期技术指标的买、卖信号完全可以做到进场在技术的最低点和出局在最高点。

短线套利所谓的"高"就是将股票在高价位时卖出，"低"就是在股票处于低价位时买进，也就是通常所说的短线技巧中的"高抛低吸"。

短线点金

需要特别指出的是：我们所说的"高"和"低"不是目标股的最高价或最低价，而是指目标股（或大盘）技术状态的高、低点。这是散户投资者最容易混淆的一个概念，也是短线操作为何屡屡遭受挫败的技术根源。

低买高卖的道理大家都懂，但要真正的做起来却非易事。诸多短线套利高手都会在相当长的一段时间内仅做几次大规模的买卖，而用大部分时间来研究宏观经济、股市政策和上市公司的业绩及其前景，这样才能正确地把握股市大势，在阶段性底部区域从容地吸纳绩优价廉的筹码，即使被套，也坚信这只是暂时的，日后必定会有丰厚的回报。原则上，最理想的操作方法就是：一旦进入阶段性头部区域，立刻果断地清仓派发，将纸上富贵变成实际的利润。

短线投资的重点

短线投资与中长线投资相比，重点在于"时"和"势"。

一、重"时"

重时而不重股，就是指股市投资操作首先选择买入的时间，然后再选择股票，或即使选择了股票，也要等待时机买入。短线操作在于对股价走势过程中差价的把握。当大行情来临时，股市沸腾、人气极盛，但市场也是"鱼龙混杂"，会出现许多所谓"鸡犬升天"的个股。因此，只要买入时机选得好，即使买了质地一般的股票，只要有差价，仍然可以赚钱。图2-3为10日均线买入时机，买入后股价大涨。

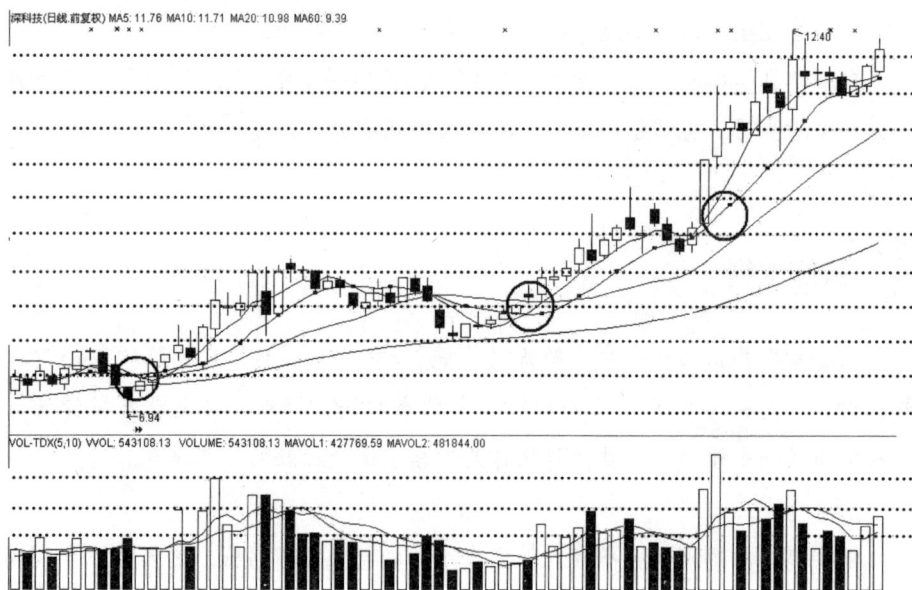

图2-3 选股选"时"

二、重"势"

短线高手炒股，总是时刻在关注着股票的趋势，而不是价格。也就是说，即便是已经涨得很高的股票，只要其走势分析的结果是它还有继续上涨的能力，那么短线买入就仍然是安全的，是有利可图的。相反，如果股价处在下降趋势中，即便价格很低，盲目介入的结果也仍然是亏损，因为股价还会继续下跌。图2-4为上升趋势线，一旦确定了上升趋势，选股问题就变得简单了。

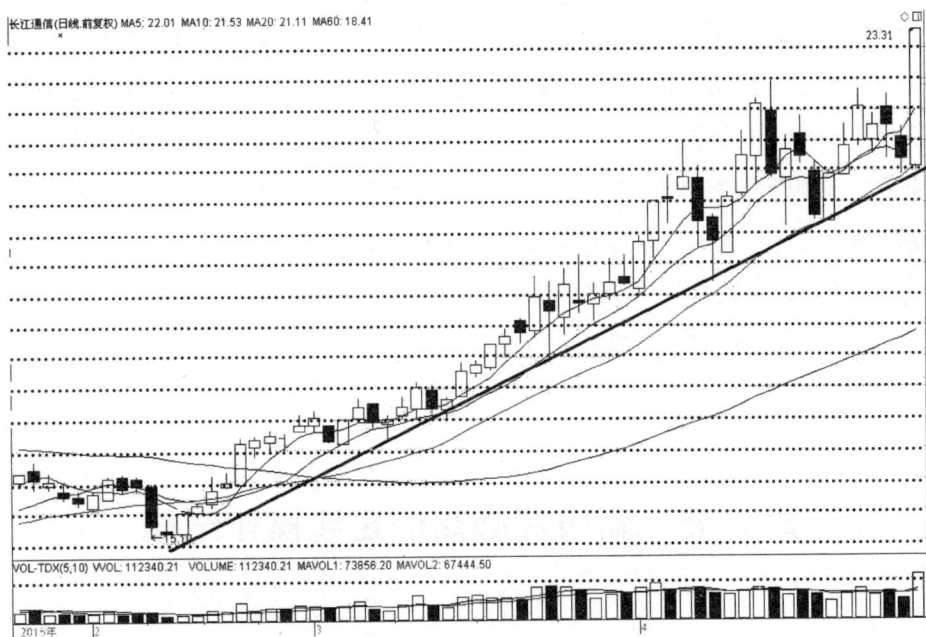

长江通信(日线,前复权) MA5: 22.01 MA10: 21.53 MA20: 21.11 MA60: 18.41

VOL-TDX(5,10) WOL: 112340.21 VOLUME: 112340.21 MAVOL1: 73856.20 MAVOL2: 67444.50

图2-4　选股重"势"

市场中有些股票之所以能够持续上涨，就在于它形成了一种上涨的"势"，只要很小一点力量，股价就可以继续向上；而另一些股票之所以不上涨，恰恰是因为它没有形成上涨的"势"。尤其在一波大行情中，强者恒强的效应是十分明显的。一旦行情来临，第一反应就是赶紧抓住已经形成涨势的领头羊。因为此类股票的主力往往介入很深，而且其操作手法也往往十分凶悍，短期内拉高幅度会非常惊人。

短线操作的进场条件

短线操作是为了不参与个股（大盘）行进过程的调整，同时又能最大限度地获取利润。短线操作是有其明确的进场条件框定的。通常来说，只有在牛市末期、震荡格局以及大幅调整后预见会有反弹等情况下才能实施专业短线战术。

任何股市技巧以及世界上所有风险投机技术中，安全永远是凌驾于获利之上的。大盘处于明确无疑的上升通道，甚至正处在加速上行的主升浪时是绝对不允许展开短线操作的，此时应坚决捂股赢尽。顺势而为的原则，就是对为何要采取该种操作的最好诠释。假定趋势明白无疑地向上发展，那么暂时来说，避险的意义就不大了，获取利润并扩大战果才是当务之急。

反之同理，大盘处于明确无疑的下降通道中时也绝对不允许展开短线操作，此时应实施绝对空仓战术。

第二节　新股民必知的短线操作纪律

趋势原则

短线交易必须密切关注趋势，包括大盘趋势和个股走势，而不要过多地关注股票的价格。即使是已经涨得较高的股票，如果综合分析显示其还有继续上攻的能力，那么其作为短线产品仍然可以买进；反之，即使是价格很便宜的股票，如果没有上涨的趋势也不能介入。自然界和股市都遵循"强者恒强、弱者恒弱"的规律。一些股票之所以能维持上涨，是由于"上涨"本身把它的股性激活了，因此只需要很少一点力就可以使其继续走强；而另一些股票之所以不长期上涨，则是因为股性呆滞，缺乏市场人气。重趋势要特别关注大盘走势，图2-5显示，截至2015年5月6日的上证指数是明显的上升趋势。

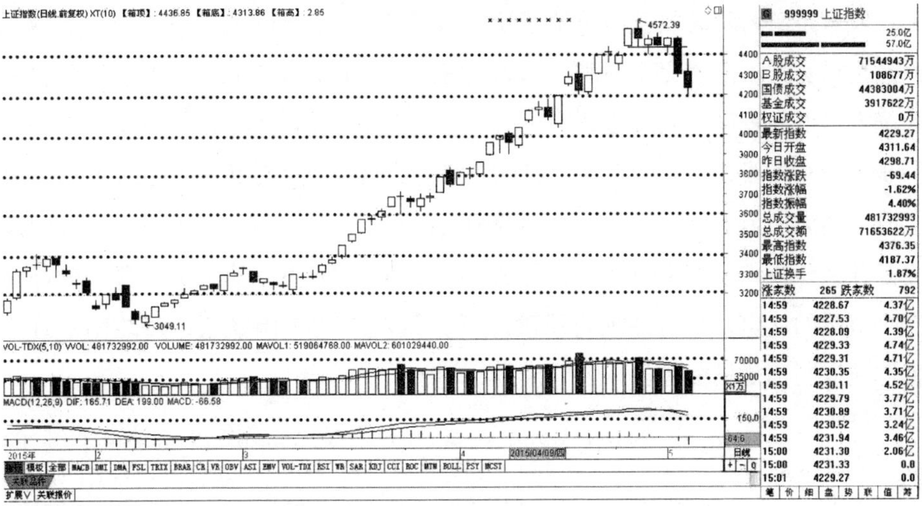

图2-5　上证指数走势的上升趋势

分批原则

在没有十足把握的情况下，可采取分批买入和分散买入的方法，这样可大大降低买入的风险。但买入的股票种类不要太多，一般以在5只以内为宜。此外，分批买入应根据自己的投资策略和资金情况有计划地实施。

实际操作中，投资者可以将可动用的资金分成3份。当对股票走势信心充足时，可以投入两份甚至所有资金来操作。当信心并不充足时，可以动用1/3的资金来操作，从而保证手头有可动用的资金来抓住其余的机会。比如针对2015年的热点分布情况，可以将资金分成三份，一份投资"一带一路"概念股，一份投资国企重组概念股，一份投资军工股。

风险原则

　　股市是高风险高收益的投资场所，可是股市中风险无处不在、无时不在，而且也没有方法能够完全回避。作为投资者，应具有风险意识，尽可能地将风险降至最低的程度，买入股票时机的把握是控制风险的第一步，也是很重要的一步。在买入股票时，除考虑大盘的趋势外，还应重点分析所要买入的股票是上升空间大还是下跌空间大，上档的阻力位与下档的支撑位在哪里，买进的理由是什么，买入后如果不涨反跌怎么办，等等，对这些因素在买入股票时都应有个清醒的认识，尽可能地将风险降低。图 2-6 为中国联通的月线图，月线巨阴或连阴都是投资风险加大的信号。

图 2-6　月线巨阴或连阴，投资风险加大，宜减仓或观望

强势原则

　　"强者恒强，弱者恒弱"，这是股票投资的一条重要规律，这一规律在买

入股票时会对我们有所指导。遵照这一原则，应多参与强势股而少投入或不投入弱势股，在同板块或同价位或已选择买入的股票之间应买入强势股和领涨股，而非弱势股或认为将补涨而价位低的股票。

图2-7是核电龙头股上海电力的走势图。

图2-7 上海电力走势图

题材原则

要想在较短时间内获得更多的收益，关注市场题材的炒作和题材的转换是非常重要的。虽然各种题材层出不穷、转换较快，但仍具有相对的稳定性和一定的规律性，只要把握得当，一定会获得丰厚的回报。应买入有题材的股票而放弃无题材的股票，并且要分清其是主流题材还是短线题材。此外，有些题材是常炒常新的，有的题材则是过眼烟云，炒一次就完了，其炒作时间较短，以后再难有吸引力。图2-8为"一带一路"概念股中国铁建借助题材数度拉升股价。

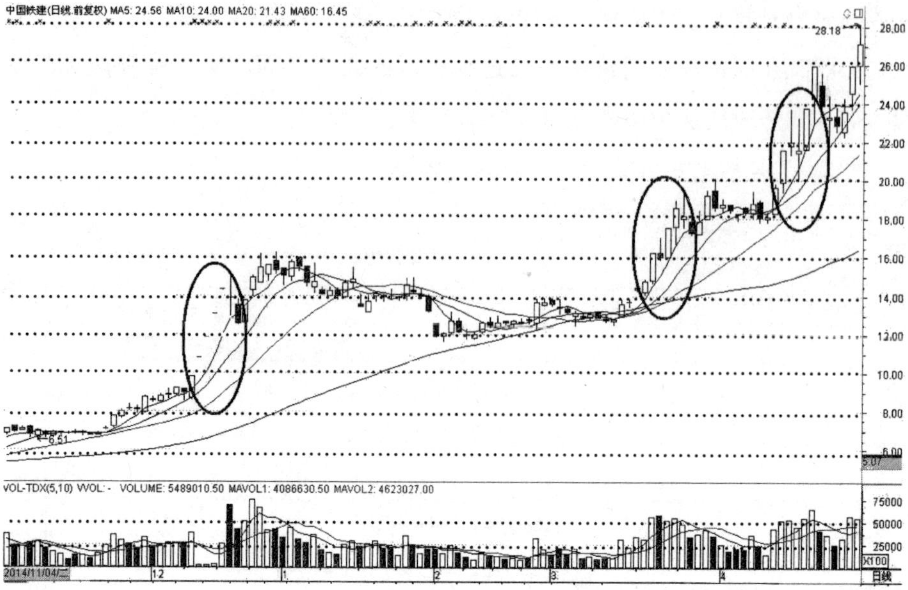

图 2-8 中国铁建借助题材数度拉升

止损原则

短线操作的失误率比中长线要高得多，同时由于操作周期较短，其纠正错误的机会也少得多。当股价走势与预期不符时，要及时止损或止盈，收回资金，等待下次机会。

短线操作中要避免贪念。不甘心止损或不舍得止盈都属于贪念的范畴。理性分析，果断买卖，要严格遵守自己设定的止损或止盈目标。当然，当由于突发事件导致股价动能进一步加强时，可以进一步调整目标价位。比如当有利好消息出现时，可以调高目标价位；当突发利空消息导致股价走势偏离预判时，也要降低目标价位。图 2-9 为个股放量下跌及时止损。

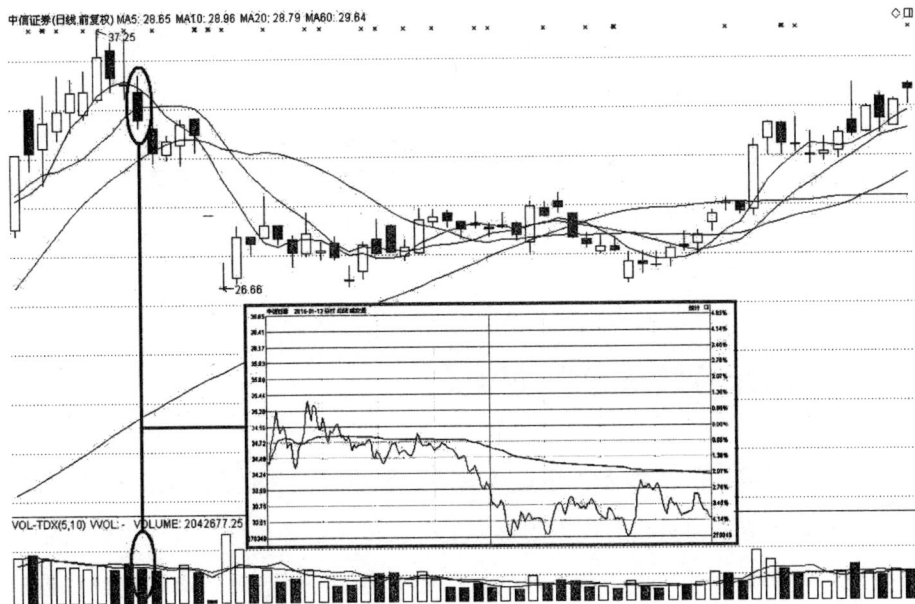

图2-9 个股放量下跌应及时止损

 短线点金

止损可以说是短线操作的法宝，股票投资回避风险的最佳办法就是止损、止损、再止损，别无它法。因此，在买入股票时就应设立好止损位并坚决执行。短线操作的止损位可设在5%左右，中长线投资的止损位可设在10%左右。学会了割肉和止损的股民才是成熟的投资者，才会成为股市中真正的赢家。

第三节 新股民的短线投资心理准备

短线操作应具备的心理素质

作为一个成功的投资者，在短线实战过程中，最大的敌人既不是目标个股，也不是主导股价运动方向的无形力量，而是投资者自身。真正的短线高手只凭技术和原则赚钱，不依靠小道消息。杜绝侥幸心理、反思幸运获利、看淡常规获利、审视每次失败，这并不是在交易市场中磨练自己的心理素质，而是应该在日常生活中将心态调整好，再把它拿到交易市场上去应用。要进行短线操作必须具备良好的心理素质。

一、态度要积极

股市起起伏伏，动荡不定。只有当你内心乐观向上，才会在无形中生出一种积极向上的力量，这种力量往往可以克服诸多困难，直至你看到稳定的赢利成果。在投资市场中，一切良好的心态都来自日常生活中的培养，绝非妙手偶得。

二、心态要平和

所谓心态要平和，就是要轻松地看待股市中的涨和跌。抓住必然的涨，躲避必然的跌，剩余的时间就是放弃无数个陷阱，等待值得介入的机会。懂得放弃，懂得等待，懂得必然，以一颗平常心来应对客观世界，顺势而为，量力而行，就能收获丰收。图2-10为2015年4月27日中国南车的分时图，股价经过8个连续涨停后突然暴跌，很多人心态失衡，犹豫幻想，结果高位被套。

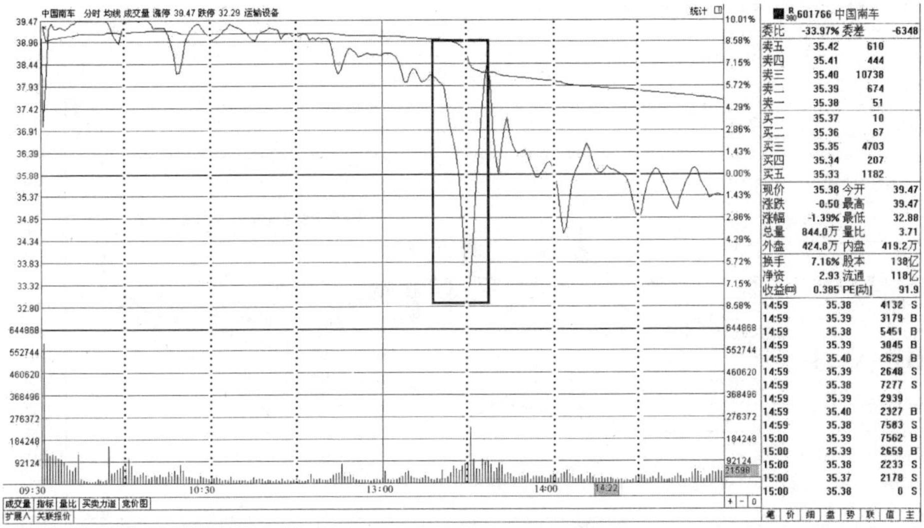

图 2-10　2015 年 4 月 27 日中国南车的分时图

三、决策要果断

证券市场的每一秒钟内，都有无数的投资者在观察、思考、猜测和行动，"羊群效应""蝴蝶效应""多米诺骨牌效应"等常常发生。只有有魄力、有胆识、能果敢决策之人，才能果断地追涨。图 2-11 为庄家制造十字星骗线的假见顶信号，此后经一日的短暂回调，股价连续拉涨停。其实，根据均线、量价线，都能识破庄家的骗局，如果能果断决策，买套追涨，将获得最大的收益。

四、勇于坚持

在超级短线的操作过程中，往往采用以逸待劳的战略，这种战略需要经常性保持空仓的坚强耐性。这种宁可错过百只也不错买一只的心理素质，有时可以使投资者在几个交易日内顺利完成全年的投资使命。这需要投资者在此起彼伏的机遇和挑衅面前保持冷静与克制，而长时间的空仓凝聚起来的力量必将在目标个股极端炒作的主升浪中爆发出来。

图 2-12 为中国一重经过一个月的高位盘整再度涨停。

图 2-11　庄家制造假见顶信号

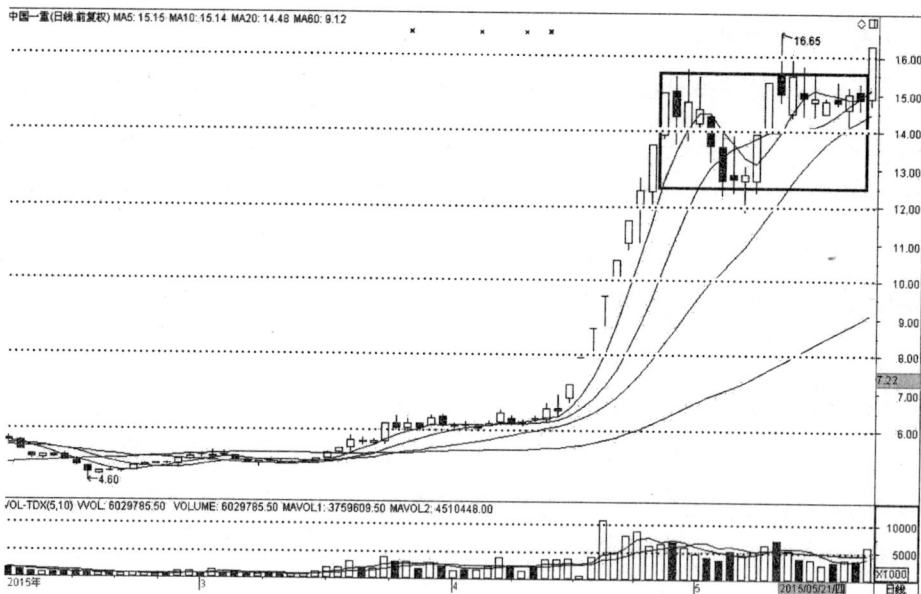

图 2-12　中国一重经过一个月的高位盘整再度涨停

五、懂得自律

投资者只有做到自律，方能找到市场的间隙规律，从冲动型投资者或暂时无法制约你的主力手中夺取利润。自律可以使投资者在别人恐惧时仍有勇气买进，也可以使投资者在大家贪婪时果敢卖出，更可以使投资者涤尽浮躁，顺势而为。图 2-13 为 5 日均线配合星线进行时间止损，需要经得住诱惑，有极强的自律性。

六、严谨而中性

在交易中，有很多现象难以一时区分。比如，怕贪婪就自以为是地提前出场，怕恐惧又自作聪明地提前入场，想果敢却变成了冲动，想安心却变成了乐观。又或者，赚了钱就开始轻松自满，输了钱又开始紧张不安，对市场上蹿下跳觉得很正常等。这些情形的出现，基本上都是因为不谨慎的原因。不谨慎不仅是心理控制的问题，而且是缺乏市场阴阳转换概念的表现。谨慎代表着严谨和中性，这是成功投资者一贯的品质。除非你真的了解自己在干什么，否则什么也别做。

短线操作的心理误区规避

短线高手可以先从别人的失误中节省交易学费，从而顺利地进入交易的佳境。常见的短线操作心理误区有以下几种：

一、一夜暴富

很多短线高手本身对股票不感兴趣，也一无所知，但是在牛市的财富效应日趋高涨时，在一日即可暴涨 10％甚至 100％（新股上市、复牌交易、权证交易）的蛊惑下，却带着一夜暴富的心理冲入股市，其结果可想而知。炒股靠的是对股票供求关系和市场冷热的把握，很多根本不思考如何盈利的投资者盲目涌入股市，其结果可想而知。图 2-13 为 2015 年 6 月 26 日 A 股暴跌日节能风电的 K 线图，节能风电开盘跌停，但最后 3 分钟突然由跌停拉至涨停，如果股民由跌停价买入，可收获近 20% 的红利。但涨与跌、暴涨与暴跌历来是股市的双刃剑，幻想一夜暴富不可取。

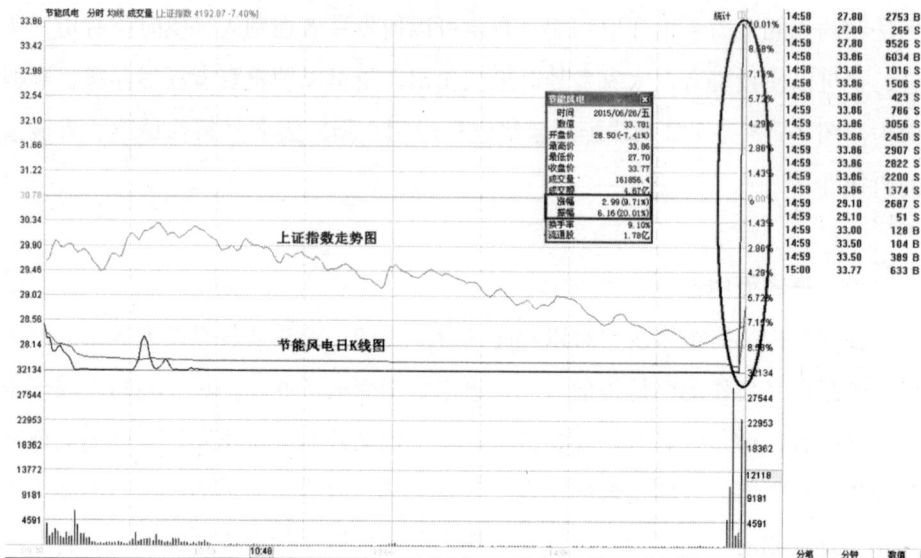

图 2-13 2015 年 6 月 26 日节能风电由开盘跌停变收盘涨停

二、盲目跟风

股票市场受诸多复杂因素的影响，当投资者无法分析或不愿分析时，就必然采取跟随交易的策略。盲目跟风、依赖别人的短线投资者，在看见他人购进某种股票时，也会匆匆买入自己并不了解的股票；而当其看到别人抛售某种股票时，又会急急忙忙跟着抛售。他们总是到处打听小道消息并跟随谣言，直至被市场迅速吞没而后悔莫及。有些投资者在进场交易前原本制订了交易计划，但当受到他人意见的影响时，往往左顾右盼，无法执行交易计划；或是事前根本就不打算进场交易，但看到许多短线高手纷纷入市时，又经不住这种气氛的诱惑，从而作出了不理智的交易决策。跟风的情况在股市极其普遍，拉升时跟风买进，暴跌时跟风卖出。

图 2-14 反映了 2015 年 4 月 27 日中国南车急拉后股民大笔买入的情形。

图 2-14 2015 年 4 月 27 日中国南车急拉后股民大笔买入

三、不敢输

有很多投资者因为对市场一无所知而毫无持股的底气，一旦股票下跌就开始心神不宁，继续下跌则惶惶不可终日。他们死死捂住早已亏损的股票不放，期待市场出现反转的奇迹。他们不懂得主力撤退和人气溃散的含义，不懂得市场和股票的周期性，更不明白资金自由的重要性。不敢输的心态只会使短线投资者越陷越深，失去更多、更好的交易机会。

还有一些投资者经受不住挫折，一次交易赔了钱便对交易产生了恐惧心理，再遇到很好的机会也不敢介入，错失一次又一次在回调中的加仓机会。

四、不肯认错

有些投资者即使做错了方向，也不能当机立断，壮士断腕；而是心存侥幸，期望市场按他的想象出现转机；或是给自己找市场应该回头、而自己没有错的各种理由；或是盲目乐观，死抗到底，不撞南墙不回头；或是假装视而不见，漠不关心，并自我感觉良好。但无论投资者怎么想，错了就是错了，如果还想在这个市场上活下来，惟一的方法就是立刻认错改正。

第四节　新股民的短线操作须警惕的股市信息

正式消息

　　股市正式消息是指由正规部门发布的一些关于上市公司或股市政策的一些信息。这些信息会对股市造成重大影响，不同的消息和传闻尽管都可能会导致股市调整，但其后果是不同的，只有正式的消息才能带动股市的变化。

　　图2-15为2014年12月31日中国南北车发布合并预案后股价连续涨停的走势图。

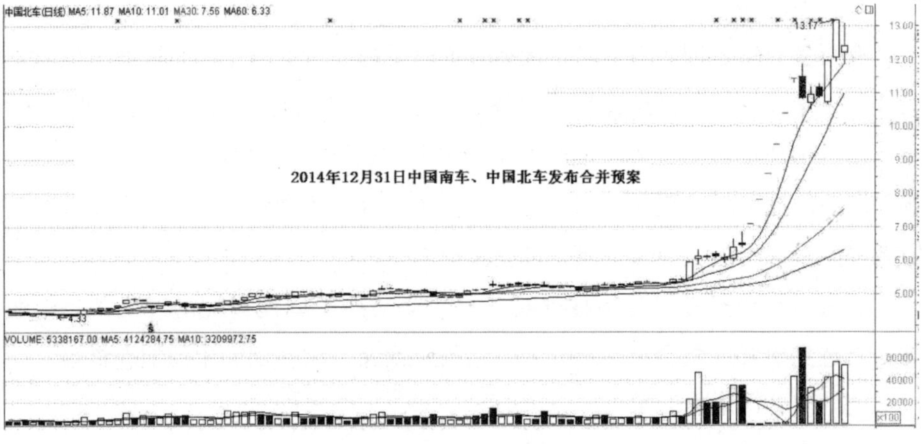

图2-15　中国南北车发布合并预案后股价连续涨停

股市传闻

　　对于一个普通投资者而言，现在的环境异乎寻常，原先获取内幕消息的艰难，已经被在铺天盖地的信息海洋中确认有价信息的艰难所取代。

传闻是一种未经证实的信息，在股票市场上每天充斥着各种传闻，真伪莫辩。真正的高手善于利用官方机构和新闻传媒发布的准确度高的资讯和各种公开资料反馈的信息，作出科学的选择和判断，让自己抓住炒短先机，赢得轻松。

图 2–16 反映了未经证实的消息对股价的影响情况。

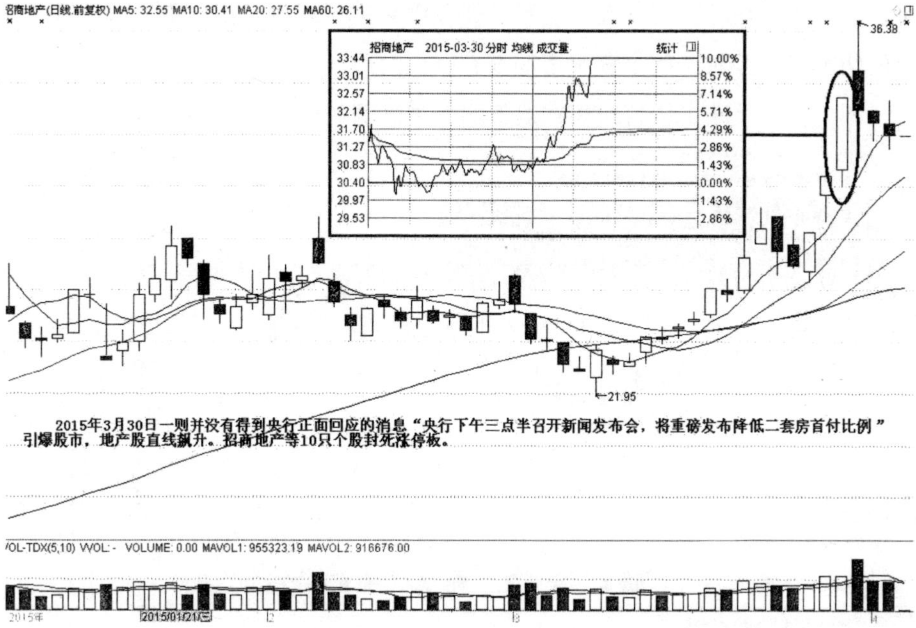

图 2-16　未经证实的消息对股价的影响

猜测预计

股市的猜测预计的信息往往是一些股票专家或有经验的资深炒股人士通过分析对未来股市变动所作出的预测。不同的预测方法有不同的结果，而且不同的人对同一事件的预测也会不同。投资者应根据自身的特点进行分析，不能盲目相信预测。

股市谣言

股市向来是谣言的滋生地。有关上市公司、政策走向、宏观基本面、管理层态度等各类消息，真真假假满天飞，每日每时不绝于耳，特别是在股市波动比较大的时候，投资者信心低迷，少数别有用心的人大肆散播各种虚假不实信息，扰乱市场秩序。这种谣言这对于那些没有主见或者对信息不了解的人有巨大的伤害，甚至对于整个资本市场都有巨大的破坏作用。

图 2-17 反映了凤竹纺织在股市谣言被澄清后股价由涨停变跌停的情形。

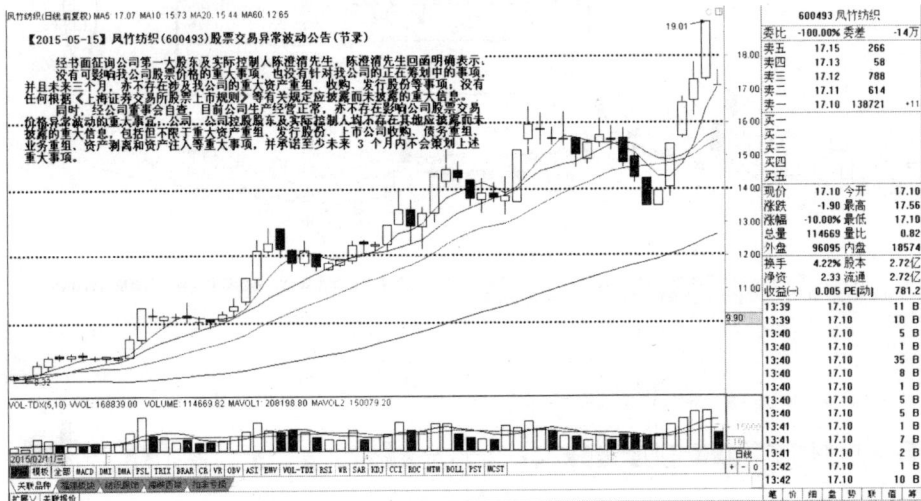

图 2-17　谣言被澄清后股价由涨停变跌停

短线点金

投资者自身也要增强辨别力，对股市的涨跌以平和的心态对待。不要随波逐流去炒作、追求市场短期热点，不要信谣造谣。应当把握现阶段投资，切忌盲目割肉换股。应该更多地关注公司及有关方面依法依规披露的信息。此外，媒体也应该恪守职业道德，全面客观地报道，不应该跟风炒作，成为谣言的助推者。

第三章
股票分析

股票价格是股票在市场上出售的价格。它是具体价格及其波动受制于各种经济、政治等方面的因素，并受到投资心理和交易技术等的影响。概括起来说，影响股票价格及其波动的因素主要可以分为两大类：一个是基本因素，另一个是技术因素。

第一节　股票基本面分析

常见的宏观经济指标对股市的影响

影响中国股市的因素有很多，但中国股市对宏观政策尤其敏感，如国内生产总值、物价指数、外贸形势等。这些指标由国家统计局定期公布，对判断宏观经济形势具有重要作用。

一、国内生产总值（GDP）

从长期看，在上市公司的行业结构与国家产业结构基本一致的情况下，股票平均价格的变动跟 GDP 的变化趋势是吻合的，但不能简单地认为 GDP 增长，股票价格就随之上涨，实际走势有时恰恰相反。必须将 GDP 与经济形势结合起来考虑。在持续、稳定、高速的 GDP 增长下，社会总需求与总供给协调增长，上市公司利润持续上升，股息不断增加，老百姓收入增加，投资需求膨胀，闲散资金得到充分利用，股票的内在含金量增加，促使股票价格上涨，股市走牛。

二、物价指数、通货膨胀和通货紧缩

物价指数，是指一定时期平均价格与基准期平均价格对比计算的相对数，用于说明两个不同时期股票价格变动的趋势和程度。当物价指数衡量的一般价格水平持续上涨，会形成通货膨胀；反之，则易发生通货紧缩。过度的通货膨胀（幅度接近或超过10%）反映社会经济发展失衡，居民收入下降，经济环境恶化，对股票市场不利；而通货紧缩时，物价持续走低，需求无法启动，企业经营困难，居民对未来预期不乐观，这时股票市场同样具有很大的负面影响。

图3-1反映了通货膨胀对股票投资周期的影响。

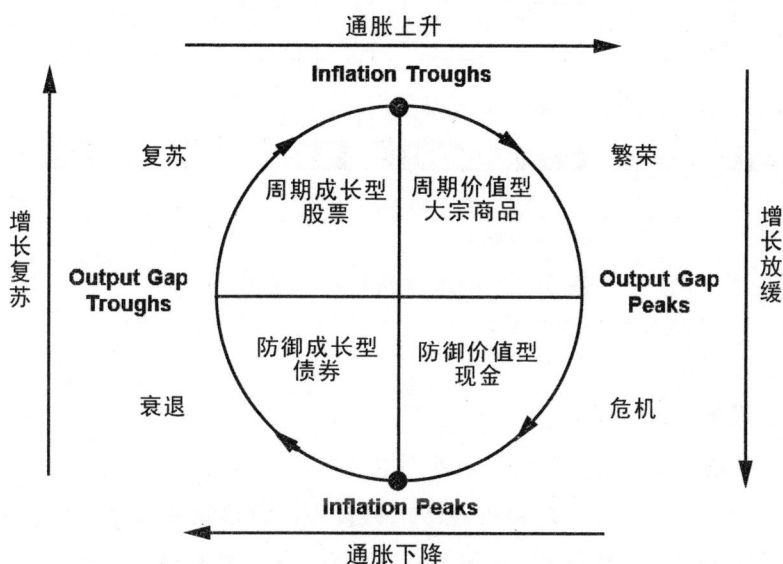

图3-1 通货膨胀对股票投资周期的影响

三、利率

利率的变化直接反映出股市中资金供求关系的变化。在市场繁荣时，老百姓都把钱拿来投资，市场资金供不应求，利率上升；市场疲软之时，资金供过于求，投资人的钱都回归银行了，也就导致利率一降再降。一般来讲利率的升

降与股价的变化呈反向关系：当利率上升时，公司财务费用上升，公司预期盈利下降，而投资者要求的必要收益率上涨，资金流向银行储蓄和债券，股票价格相应下降；反之，股票价格就会上涨。

图3-2反映了利率调整对股票价格的影响。

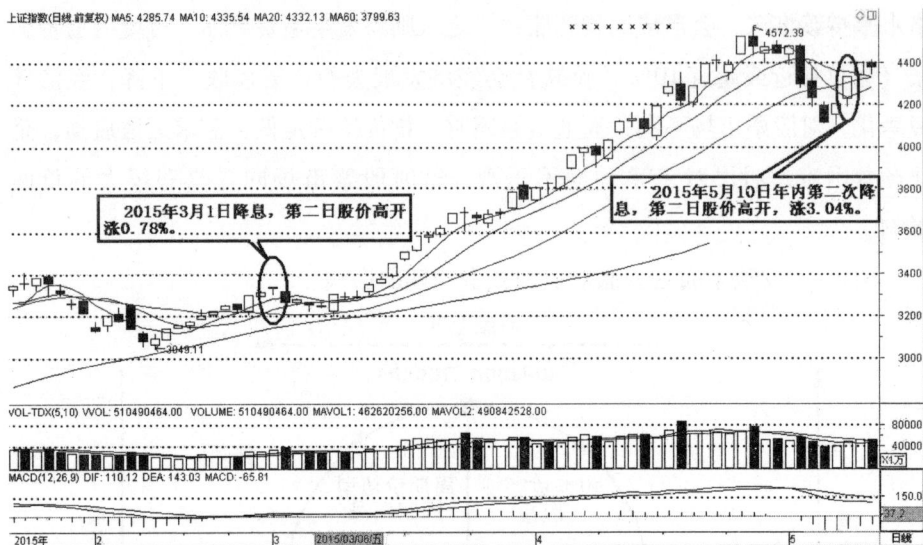

图3-2　利率调整对股价的影响

四、汇率

汇率变动受到经济、政治等多种因素影响，其中的经济因素集中到一点，就是国家的经济实力。如果国内经济结构合理，财政收支状况良好，物价稳定，经济实力强，商品在国际市场具有竞争力，出口贸易增长，其货币汇率坚挺；反之，则货币汇率疲软，面临贬值压力。汇率的变动也会对经济、政治等多方面产生重大影响。本币贬值，可以刺激出口，抑制进口，也会导致资金外流，影响一国国际收支平衡。

宏观经济政策对股市的影响分析

宏观分析指对整体形势的判断，也包括对宏观政治、经济等方面的分析，以预测它们对股市的影响。

一、政治因素

具体来说，政治因素分析包括国家和企业所在地区的政局稳定状况、执政党所要推行的基本政策以及这些政策的连续性和稳定性。这些基本政策包括产业政策、税收政策、政府订货及补贴政策等。

图3-3反映了降准政策公布后股价应声下跌的情形。

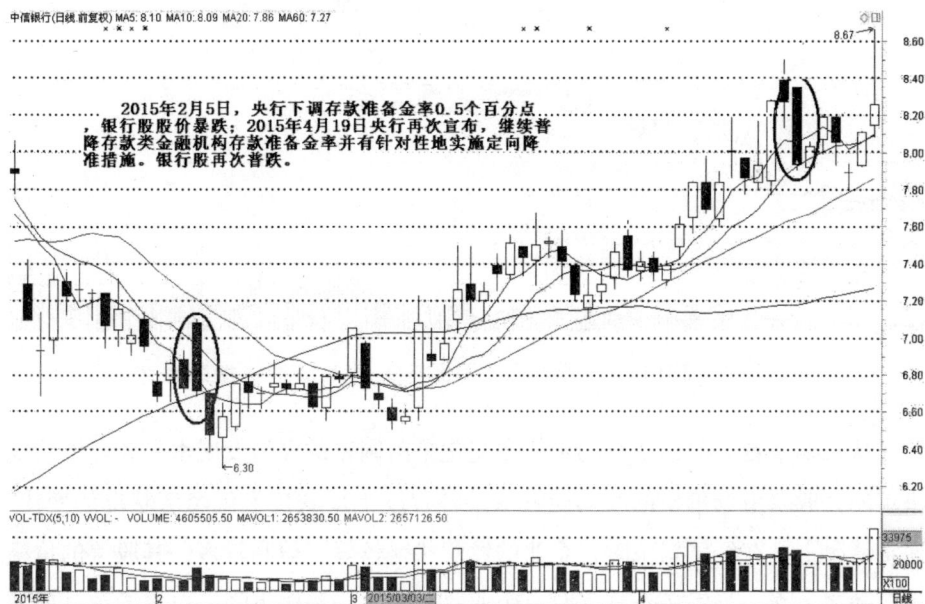

图3-3 降准政策公布后股价应声下跌

二、经济因素

一般说来，在宏观经济大发展的情况下，市场扩大，需求增加，企业发展机会就多。如国民经济处于繁荣时期，建筑业、汽车制造、机械制造以及轮船制造业等都会有较大的发展。而上述行业的增长必然带动钢铁业的繁荣，增加对各种钢材的需求量。反之，在宏观经济低速发展或停滞、倒退的情况下，市场需求增长很小甚至不增长，企业发展机会也就少。"一带一路"国家战略推出后，带动基础设施建设的大发展，材料行业指数随之飙涨。图 3 - 4 为 2014 年下半年至 2015 年 3 月的上证材料指数。

上证材料(日线 前复权) MA5: 2380.14 MA10: 2332.41 MA20: 2220.38 MA60: 2071.70

VOL-TDX(5,10) VVOL:- VOLUME: 46808812.00 MAVOL1: 47404236.00 MAVOL2: 45232564.00

图 3-4　2014 年下半年至 2015 年 3 月上证材料指数走势

从长期来看，股票市场的走势和变化是由国家的经济发展水平和经济状况决定的，股票市场价格的波动能够从某种程度上反映出宏观经济状况的变化。通常情况下，在经济繁荣时，企业的经营状况较好，盈利就多，其股票的价格也会随之上涨。当经济不景气时，企业收入减少，利润下降，也将导致其股票价格随之下跌。但是，股票市场的走势往往具有一定的超前性，在经济繁荣前，股价已经开始攀升，在经济不景气前，股价已经开始下滑，因此股市价格也被称为宏观经济的晴雨表。

其他宏观因素分析

股票市场的走势和变化是与国家的经济状况相关联的。宏观经济面主要是指能影响市场中股票价格的因素，包括经济周期、财政状况、金融环境等。有关其他宏观经济因素的具体分析见表 3 - 1。

表3-1　其他宏观经济因素分析

因素	分析
经济周期	经济周期是由经济运行内在矛盾引发的经济波动，是不以人的意志为转移的客观规律。受经济状况的影响，股市会呈现出一种周期性的波动。在经济繁荣时，企业经营状况向好，收益增加，股票价格就会随之上涨；在经济不景气时，企业经营状况堪忧，利润下降，也会导致其股票价格下跌
财政状况	国家的财政状况如果出现较大的通货膨胀，物价上涨，货币贬值，将会引起市场的恐慌情绪，股价就会随之下跌；反之，如果财政状况较好，经济市场欣欣向荣，股价会随之上涨
金融环境	当金融环境较为宽松，资金充足，利率下降，股价往往会出现升势；反之，如果国家紧缩银根，资金紧缺，利率上调，股价就非常有可能下跌

行业分析

行业基本面因素十分重要，有时比企业层面的基本面影响还大，差的行业即便是龙头企业也很难获得好的长期回报。股票行业分析主要从三方面进行，参见表3-2。

表3-2　行业面分析

因素	分析
行业的特性	行业的波动性是否很大，是否有强周期性
行业的市场空间	如果行业发展空间很大，则企业的成长性相对较好
行业生存环境	过度激烈的竞争必然会降低企业的盈利能力，恶性竞争更会使所有企业陷入亏损泥潭

任何一个行业一般都有其存在的寿命周期，由于行业寿命周期的存在，使行业内各公司的股价深受行业发展阶段的影响。

图3-5反映了行业利好不断推出致引领互联网行业股票大涨的情形。

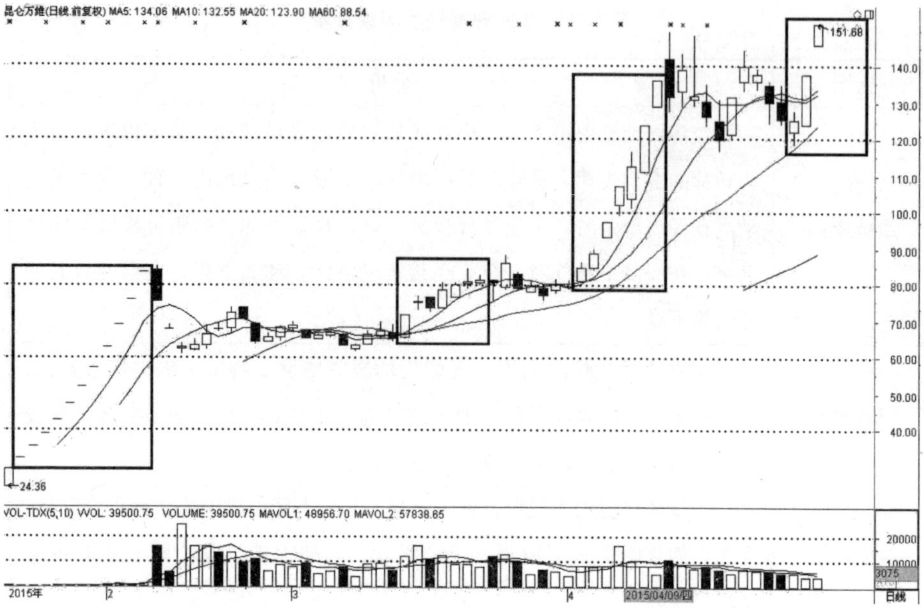

图 3-5 行业利好不断推出引领互联网行业股票大涨

公司财务分析

财务分析的对象是财务报表，财务报表主要包括资产负债表和损益表。分析财务报表，主要是分析公司的收益性、安全性、成长性和周转性四个方面的内容，参见表 3-3。

表 3-3 财务分析的内容

因素	分析
公司的获利能力	公司利润的高低、利润额的大小，是其有无活力、管理效能优劣的标志。作为投资者，购买股票时，当然首先是考虑选择利润丰厚的公司进行投资。所以，分析财务报表，先要着重分析公司当期投入资本的收益性

因素	分析
公司的偿还能力	目的在于确保投资的安全。具体从两个方面进行分析：一是分析其短期偿债能力，看其有无能力偿还到期债务，这一点须从分析、检查公司资金流动状况来下判断；二是分析其长期偿债能力的强弱，这方面可通过分析财务报表中不同权益项目之间的关系权益与收益之间的关系，以及权益与资产之间的关系来进行检测的
公司扩展经营的能力	即进行成长性分析，这是投资者选购股票进行长期投资最为关注的重要问题
公司的经营效率	主要是分析财务报表中各项资金周转速度的快慢，以检测股票发行公司各项资金的利用效果和经营效率

图 3-6 为高新技术企业中炬高新的利润表。

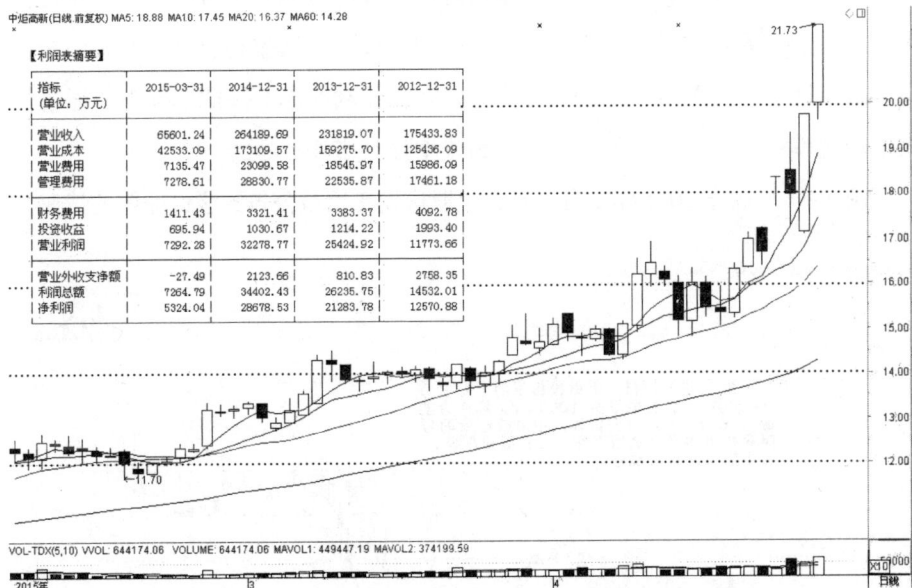

图 3-6 中炬高新利润表

资产重组对上市公司的影响

资产重组是在市场经济条件下进行资源配置和再配置的一个重要行为，对社会经济的发展具有显著的积极作用。正常、有效的资产重组，将有助于股票市场上优胜劣汰竞争机制的建立、健全和完善，也有助于促进产业结构向高级化的方向发展。

重组后的整合主要包括企业资产的整合、人力资源配置和企业文化的融合、企业组织的重构三个方面。

不同类型的重组对公司业绩和经营的影响是不一样的。对于扩张型资产重组而言，通过收购、兼并，对外进行股权投资，公司可以拓展产品市场份额，或进入其他经营领域。但这种重组方式的特点之一，就是其效果受被收购兼并方生产及经营现状影响较大，磨合期较长，因而见效可能较慢。有关统计数据表明，上市公司在实施收购兼并后，主营业务收入的增长幅度要小于净利润的增长幅度，每股收益和净资产收益率仍是负增长。这说明重组后公司的规模扩大了，主营业务收入和净利润有一定程度的增长，但其盈利能力并没有同步提高。从长远看，这类重组往往能够使公司在行业利润率下降的情况下，通过扩大市场规模和生产规模降低成本，巩固或增强其市场竞争力。

图3-7反映了2015年2月4日吉电股份发布重组公告致股价涨停的情形。

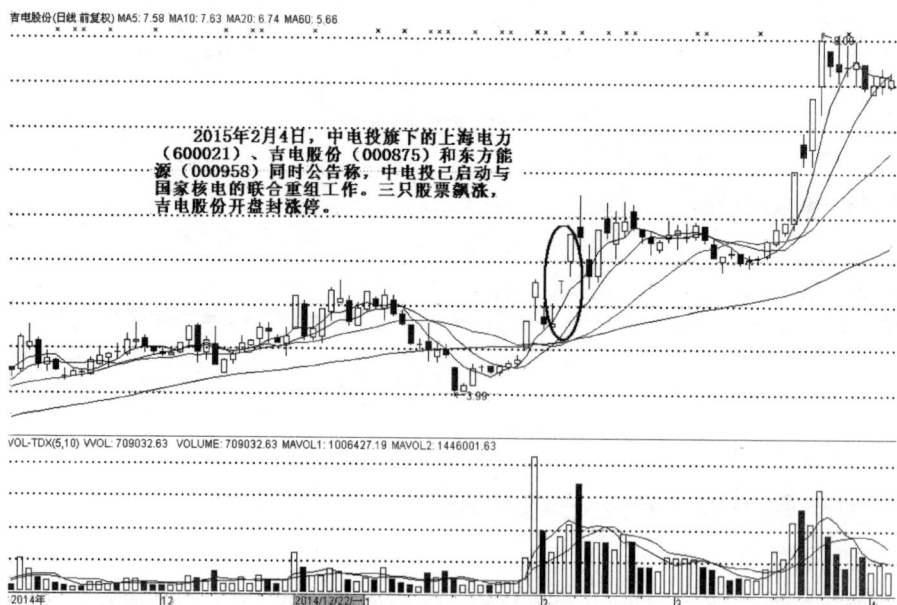

图3-7 吉电股份发布重组公告后股价涨停

识别上市公司"假"资产重组

由于多方面的原因，我国股票市场存在着上市公司资产质量较差、股权结构和公司治理结构不合理等客观状况。所以投资者在获得上市公司相关重组公告后，如何通过公告内容正确识别公司重组对未来业绩提升是否有益、公司重组的目的，需要仔细分析。就资产重组的现实情况来看，"假"重组主要有四种类型，参见表 3-4。

表3-4   "假"重组的表现形式

形式	分析
以"圈钱"为目的进行"报表重组"	许多上市公司进行资产重组，都是为了提高企业的净资产收益率，从而能够在股票市场上通过配股方式进行再"圈钱"
以保上市资格为目的进行"资格重组"	根据《公司法》第157条的规定，上市公司最近3年连续亏损，国务院证券监管部门可以暂停其股票上市资格
以拉抬股价为目的进行的"题材重组"	近年来，利用资产重组题材来拉抬股价，从而达到在二级市场上获利的目的，已成为我国股市中一种比较普遍的现象
以上市公司提供回报为目的进行的"信用重组"	利用上市公司的"担保"或"回报"来达到重组目的，是近年来上市公司资产重组中出现的引人注目的现象

一般而言，可通过以下几个方法辨别真假重组：

第一，从重组规模来看，假重组的规模一般不大，收购或出售的资产总额一般低于上市公司总资产的 50%。重组规模小，对企业未来的影响自然就不大。

第二，从重组的行业来看，假重组通常不会改变上市公司的主业。

第三，从重组双方来看，假重组多发生在关联企业之间，或者同地区的企业之间。

第四，从重组时间来看，假重组多发生在下半年，尤其集中在每年的 11 月、12 月。

第五，从高层管理人员来看，假重组大多不会伴随高层管理人员的更换。

第六，从重组业绩的持久性来看，假重组的业绩通常只能维持 1~2 年，而真重组则可以在较长的一段时期内保持高速增长。

值得注意的是，投资者在辨析上市公司真假重组时，宜综合运用上述指标，并结合其他相关的信息，以便做出正确的判断。

第二节　股票的 K 线分析

什么是 K 线

K 线理论发源于日本，是最古老的技术分析方法。K 线反映的是市场的心理，单根 K 线表示当日的价格走势，但要研判后市股价的走势，要结合多根 K 线，根据它们的形态组合来研判后市。

K 线是以每个交易日或每个分析周期的开盘价、最高价、最低价和收盘价 4 个价格绘制而成的，一根 K 线的结构可分为上影线、下影线及中间实体 3 部分。根据中间实体的不同，可将 K 线分为阳线和阴线。当收盘价高于开盘价时，实体部分一般绘制成红色或空白，称为"阳线"；当收盘价低于开盘价时，实体部分一般绘制成绿色或黑色，称为"阴线"，如图 3 – 8 所示。

根据 K 线的计算周期可将其分为日 K 线，周 K 线，月 K 线，年 K 线。周 K 线是指以周一的开盘价、周五的收盘价、全周最高价和全周最低价来画的 K 线图。月 K 线则以一个月的第一个交易日的开盘价，最后一个交易日的收盘价和全月最高价与全月最低价来画的 K 线图，同理可以推得年 K 线定义。周

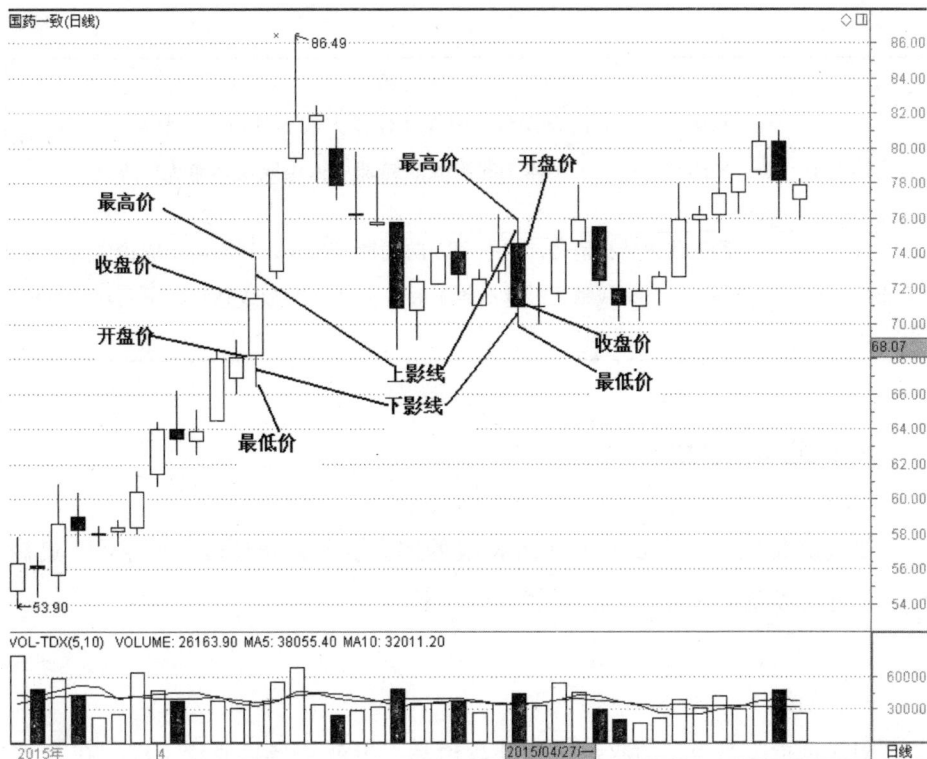

图 3-8　阳线与阴线

K 线、月 K 线常用于研判中期行情。对于短线操作者来说，众多分析软件提供的 5 分钟 K 线、15 分钟 K 线、30 分钟 K 线和 60 分钟 K 线也具有重要的参考价值。

　　K 线的分析方法可以归纳为简单的三招，即一看阴阳，二看实体大小，三看影线长短，参见表 3-5。

表 3-5　K 线的分析方法

方法	分析
看阴阳	阴阳代表趋势方向，阳线表示将继续上涨，阴线表示将继续下跌

方法	分析
看实体大小	实体大小代表内在动力，阳线实体越大代表其内在上涨动力也越大，其上涨的动力将大于实体小的阳线。同理可得阴线实体越大，下跌动力也越足
看影线长短	影线代表转折信号，向一个方向的影线越长，越不利于股价向这个方向变动，即上影线越长，越不利于股价上涨，下影线越长，越不利于股价下跌

K 线形态分析

要认识 K 线，首先要牢牢掌握 K 线的四大要素，开盘价、收盘价、最高价、最低价以及中位价。单根 K 线分析如下。

一、阳线

阳线是指股票当日的收盘价比开盘价高，也就是当日股价上涨，在 K 线图上表示为一根红色带空心的线。按实体和影线特征，阳线一般可分为无影小阳线、无影大阳线、上下影阳线、上影阳线和下影阳线五类。

1. 无影大阳线

无影大阳线是指最高价与收盘价相同，最低价与开盘价一样，即没有上下影线，如图 3 - 9 所示。

无影大阳线表示股价强烈的涨势，表明市场买盘十分勇跃，开盘后价格一路攀升，这样强劲的买力通常出现在升势中；如果出现在跌市中，则表明跌势结束或可能结束。

2. 无影小阳线

无影小阳线表示最低价与开盘价相同，最高价与收盘价相同，上下价位窄幅波动，表示买方力量逐步增加，买卖双方多头力量暂时略占优势。此形态常在上涨初期、回调结束或盘整的时候出现，如图 3 - 10 所示。

图 3-9　无影大阳线

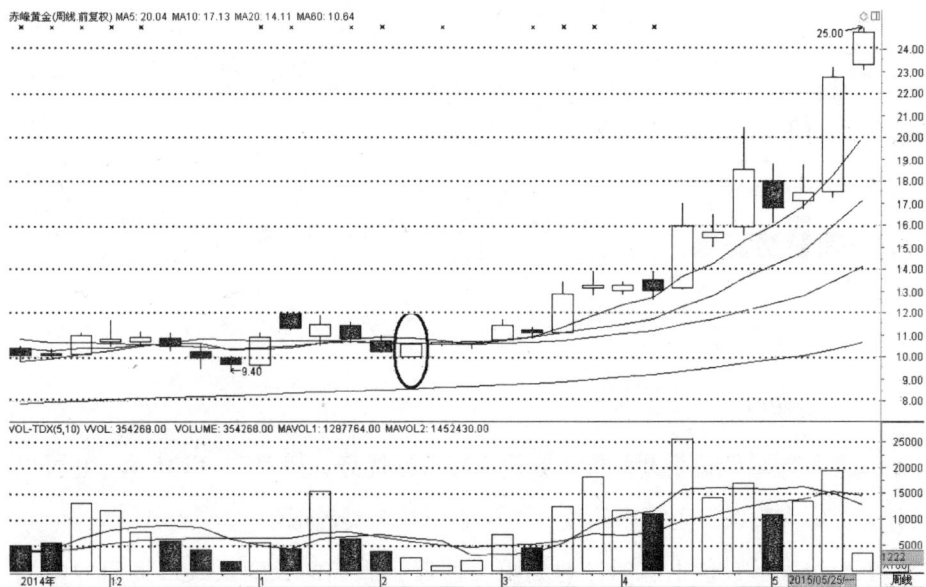

图 3-10　无影小阳线

3. 上下影阳线

带上下影线的阳线是指开市价比最低价高，而收盘价又比最高价低，但明显比开市价高。其中开市价与收盘价之间的长方形为实体，实体上端的细线为上影线，实体下端为下影线。如图3-11所示。

若上影线长于下影线，则空方出现顽强抵抗，但多方仍略胜一筹；而上影线短于下影线，则空方无力抵抗，多方胜利。如在大涨后出现，未来可能下跌；如在大跌后出现，未来可能出现反弹。

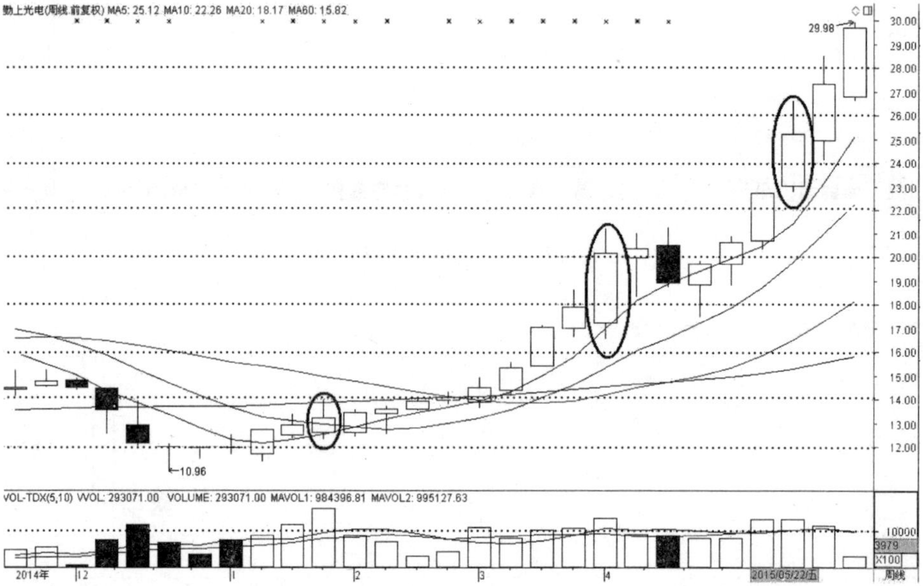

图3-11 上下影阳线

4. 上影阳线

该类K线最低价是开盘价，股价买方占据优势。如图3-12所示。它可以细分为上影大阳线、上影中阳线、上影小阳线3类图形。

上影线表示股价上涨时，遇到阻力回落，影线的长短反映市场阻力的大小。上影阳线这种图形常见于主力的试盘动作。上影线的长短与受阻力度的大小有关，上影线越短，股指或股价抛压阻力越小；反之，上影线越长，股指或股价的抛压阻力越大。带有较短上影线的阳线在盘中技术含义不大，对于带有

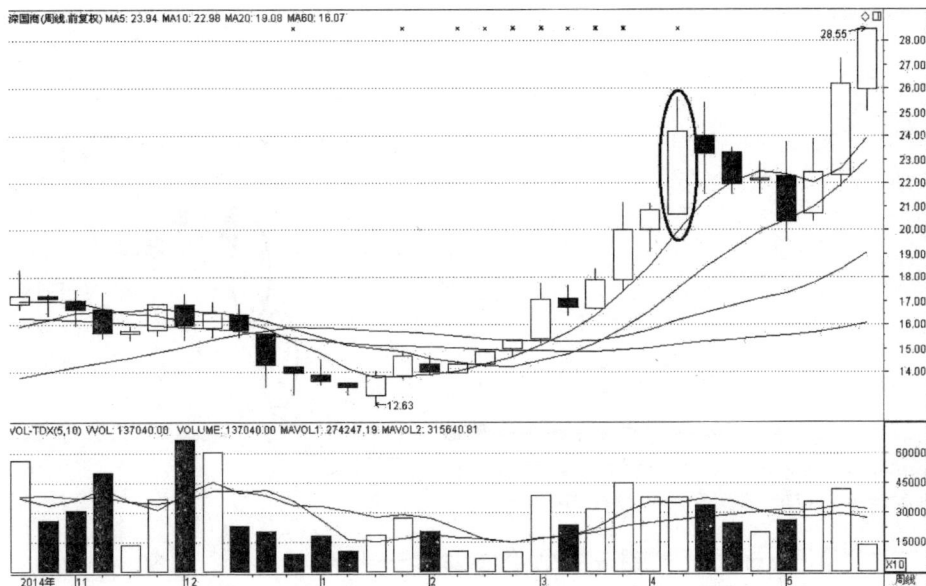

图 3-12　上影阳线

较长上影线的阳线要多加关注。

长上影阳线出现时要分情况对待，在低位出现长上影阳线，说明主力在试盘，日后股票可能会拉升。在相对高位出现的带有长上影线的阳 K 线就要多加注意了。在这种阳 K 线出现后，股价开始见顶进入下降趋势。在实盘中见到股价高位区域出现这种带有长上影线的阳 K 线时，可以先进行减仓操作，即使后面仍然出现若干根小阳线，但如果股价无力再创新高，就要立即离场。

5. 下影阳线

下影阳线表示在盘中股价曾跌下开盘价，而多方力量后来占据优势，股价一直向上，以最高价收盘。带下影线的阳线表示强势，股价趋升。如图 3-13 所示。根据该类 K 线图实体和影线长度关系，可以细分为下影大阳线、下影中阳线、下影小阳线 3 类图形。

由于这种下影阳 K 线有着止跌助涨的作用，因此此股在走出底部后将一路向上运行。实盘操作中，如在上涨初期见到这种下影阳 K 线形态，股价重心开始逐渐上移，就可以判断此股后期将以上涨为主，此时便可跟进做多。当

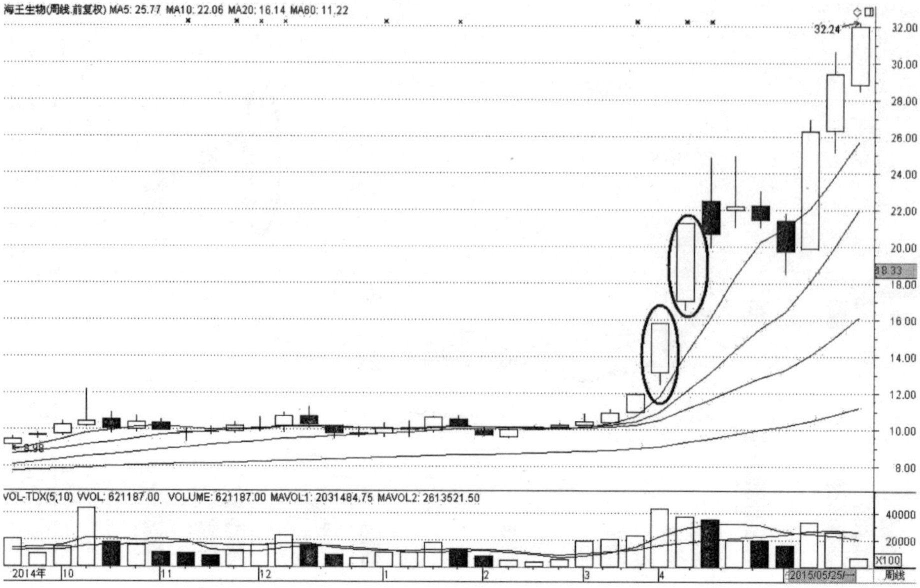

图 3-13 下影阳线

这种带有长下影线的阳 K 线出现在下跌趋势中时，并不是一个止跌信号，它只不过是多方一次无力的反抗行为而已。

二、阴线

阴线是指当天股票的收盘价比开盘价要低，也就是当天的股价是下跌的，在 K 线图上表示为一根蓝色的线。按实体和影线特征，阴线一般可分为无影小阴线、无影大阴线、上下影阴线、上影阴线和下影阴线四类。

1. 无影小阴线

表示开盘价就是最高价，收盘价就是最低价，价格波动幅度有限，表示卖方力量有所增加，买卖双方空方力量暂时略占优势。此形态常在下跌初期、横盘整理或反弹结束时出现。如图 3-14 所示。

2. 无影大阴线

无影大阴线也称大阴线，这种图形表示最高价与开盘价相同，最低价与收盘价一样，没有上下影线。从一开盘，卖方就占据优势，一直持续到收盘，它

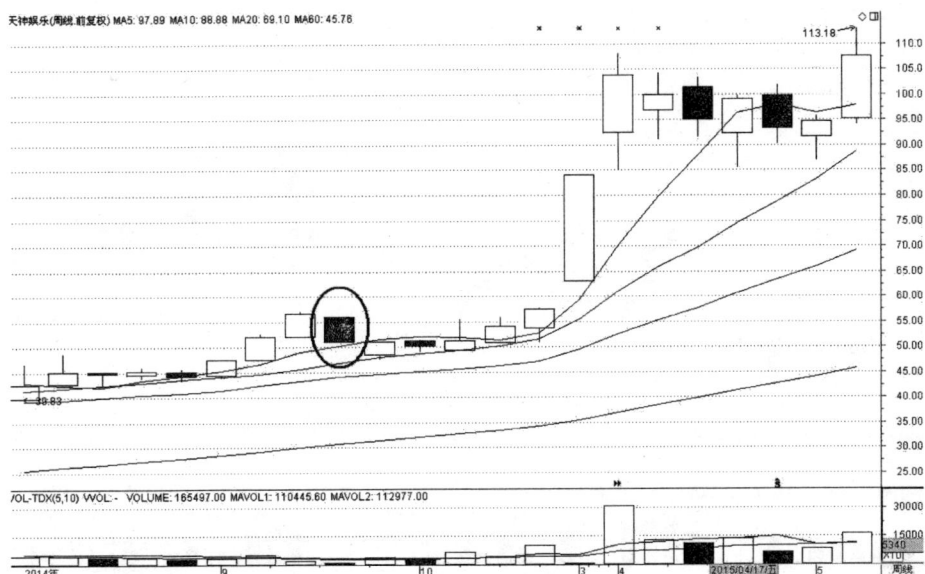

图 3-14　无影小阴线

预示着强烈的跌势。这种 K 线常出现在股价下跌途中，次日一般会低开。如图 3-15 所示。

当大阴线出现在上涨行情末期，股价有了较大的涨幅之后，这时出现的大阴线多是主力在做头部，股价将要回落，因此要卖出股票。在下跌行情开始时出现大阴线表明股价下跌趋势形成，下降空间打开，后市看跌。在下跌途中出现大阴线表明行情继续看跌。当大阴线出现在较大跌幅之后，则暗示着做空能量释放完毕，股价有可能止跌回升，因此就要做好进场的准备，一旦发现股价重心上移，便可进场做多。

3. 上下影阴线

这是一种上下都带影线的黑实体。在交易过程中，股价在开盘后，有时会力争上游，随着卖方力量的增加，买方不愿追逐高价，卖方渐居主动，股价逆转，在开盘价下交易，股价下跌。在低价位遇到买方支撑，买气转强，不至于以最低价收盘。如图 3-16 所示。

在实战中，带上下影线的阴线通常表示多空双方在盘中激烈搏杀，盘口显示出上下反复，宽幅震荡，属于主力积极操盘的结果。如果出现在盘头阶段，

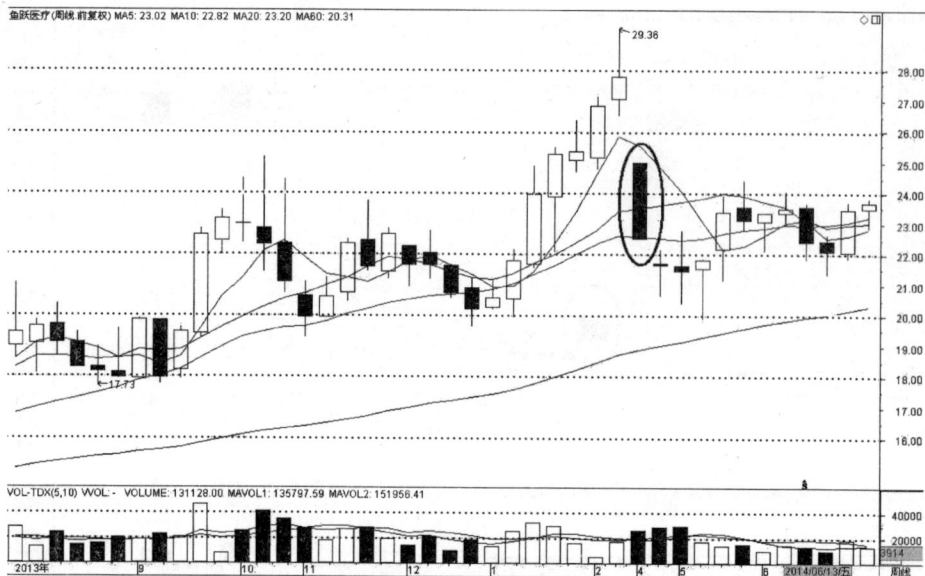

图 3-15 无影大阴线

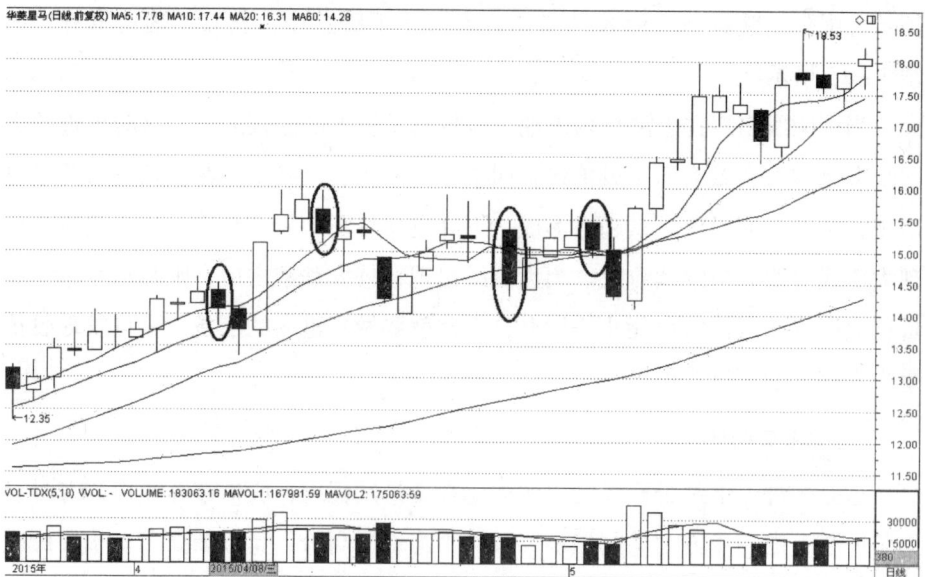

图 3-16 上下影阴线

说明主力利用宽幅震荡态势积极出货，上影线越长，说明出货力度越大，出货
手法越毒辣老到。此时应保持观望。如果出现在拉升的初期，拉升的幅度不

大，表明这是典型的震仓动作，目的在于清洗浮筹，以利后市拉升。此时投资者不必急于介入。如果出现在底部区域，说明此时多空双方意见分歧很大，看空的在出，看多的在进，上下震荡，正是主力吸筹的特征。投资者可以在盘中积极参与，滚动操作。

短线点金

上下影线可长可短，可以分为带量的上下影线和不带量的上下影线，技术意义各不同，需要认真甄别。

4. 上影阴线

带上影线的阴线代表股价处于弱势。这类 K 线常出现在股价趋势下跌中。它的收盘价为最低价，K 线的实体越长，表示卖方力量越强；上影线越长表示股价上升阻力越大，面临的抛压越大。如图 3 - 17 所示。上影阴线可细分为上影大阴线、上影中阴线、上影小阴线三类图形。

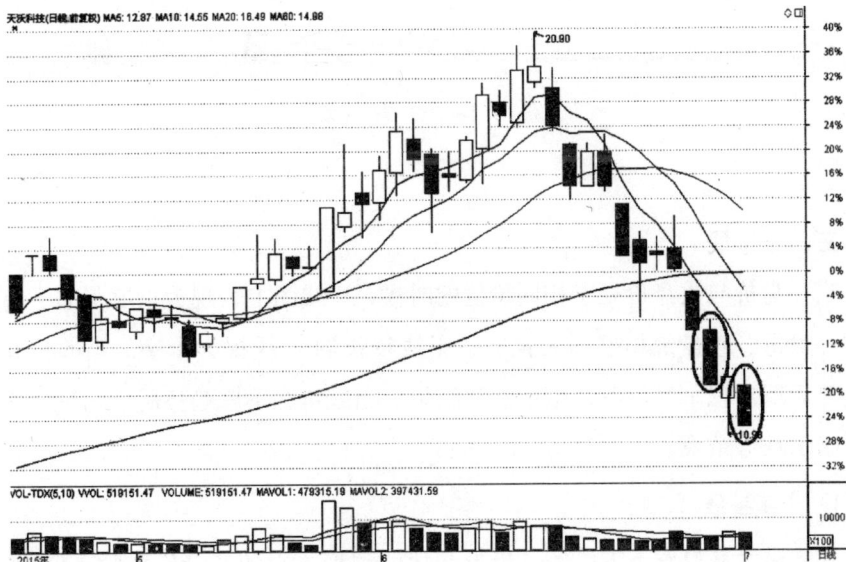

图 3-17　上影阴线

5. 下影阴线

它的最高价是开盘价，K 线的实体越长，表示卖方力量越强；下影线越长说明股价的支撑越大。它代表股价处于弱势。若长下影线的阴线出现在股价的低位，则表示股价可能发生反弹。如图 3-18 所示。根据实体与影线的长度关系，带下影线的阴线可以细分为下影大阴线、下影中阴线、下影小阴线三类图形。

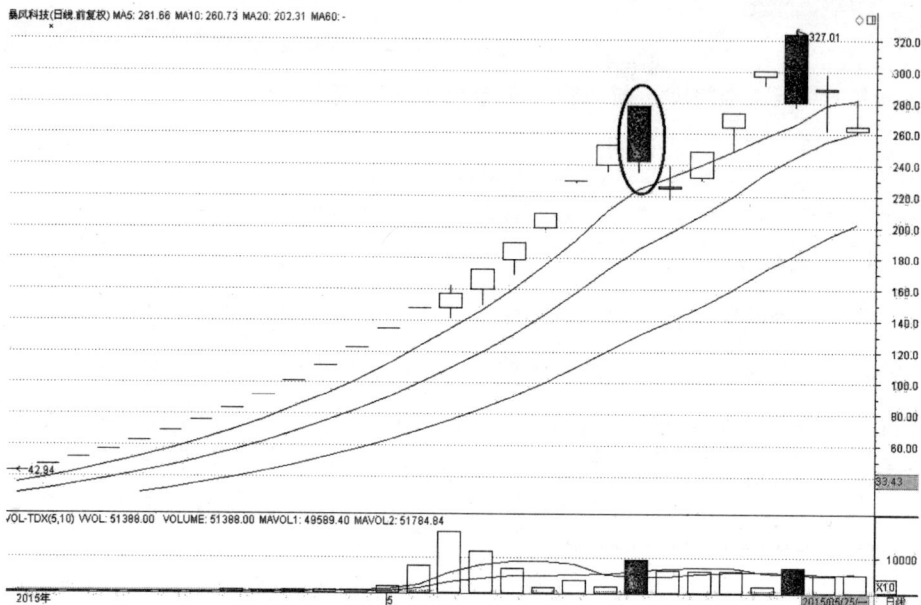

图 3-18　下影阴线

三、十字线

当开盘价与收盘价处于相同价位的时候，K 线图上表现为十字形态，有时也把开盘价、收盘价相差不大且上下影线较长的 K 线视为十字。当股价在上升趋势后期出现十字星时，暗示涨势结束。当股价在下跌趋势后期出现十字星时，暗示跌势结束。

1. 十字星线

十字星线是只有上下影线，没有实体的图形。它的开盘价与收盘价相同，表示买卖双方力量相等。如果十字星线图形在市场的顶部或者市场的底部出现，则预示着趋势将要发生改变。在十字线的判研上，其上影线越长，表示卖压越重；下影线越长，表示买方力量旺盛。上下影线相等的十字星线，又称为转机线。如图 3 - 19 所示。

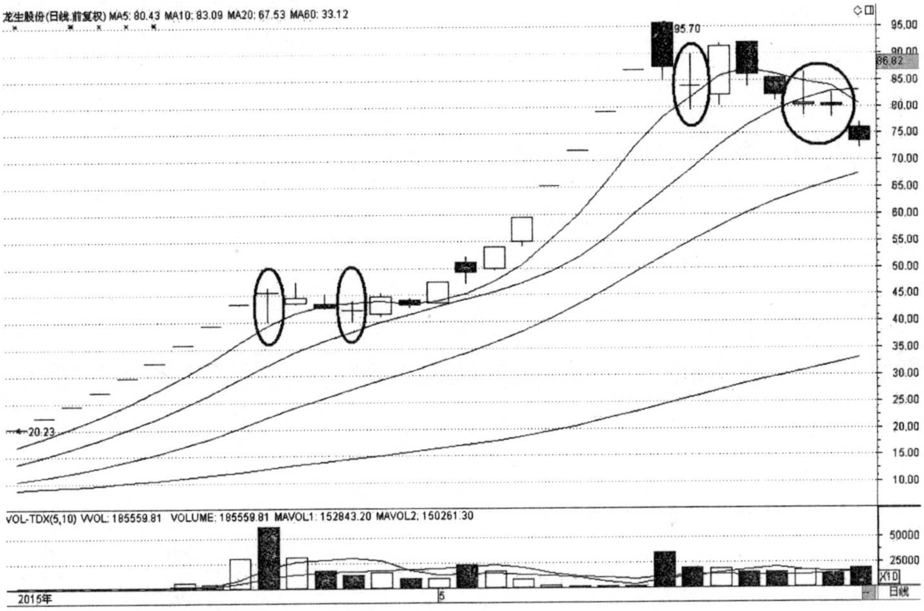

图 3-19　十字星线

2. T 形线

T 形线的开盘价和收盘价相同，都在全天的最高价，这种图形表示市场可能发生转折。如图 3 - 20 所示。

T 形线出现的位置不同，其技术含义也不同。其中，若出现在股价大幅下跌之后，则为见底信号；若出现在股价大幅上涨之后，则为见顶信号。若出现在股价下跌的中途，则为技术上的调整，后市将继续下跌；若出现在股价上涨的中途，也为技术上的调整，后市将继续看涨。

3. 倒 T 形线

倒 T 形线的开盘价与收盘价相同，都在全天的最低价。如图 3 - 21 所示。

这种图形在市场的顶部或者底部出现时，预示市场将要发生转折，需要等

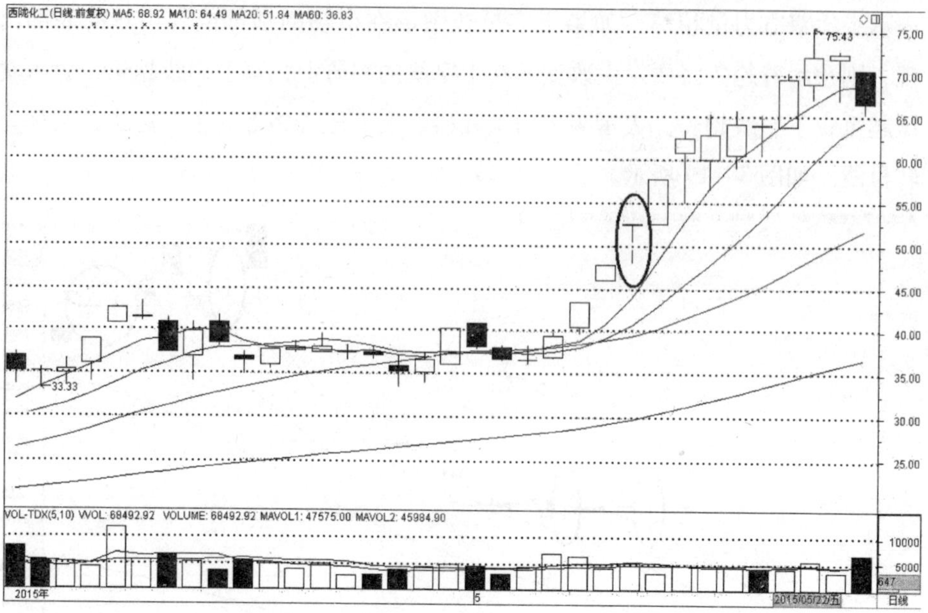

图 3-20　T 形线

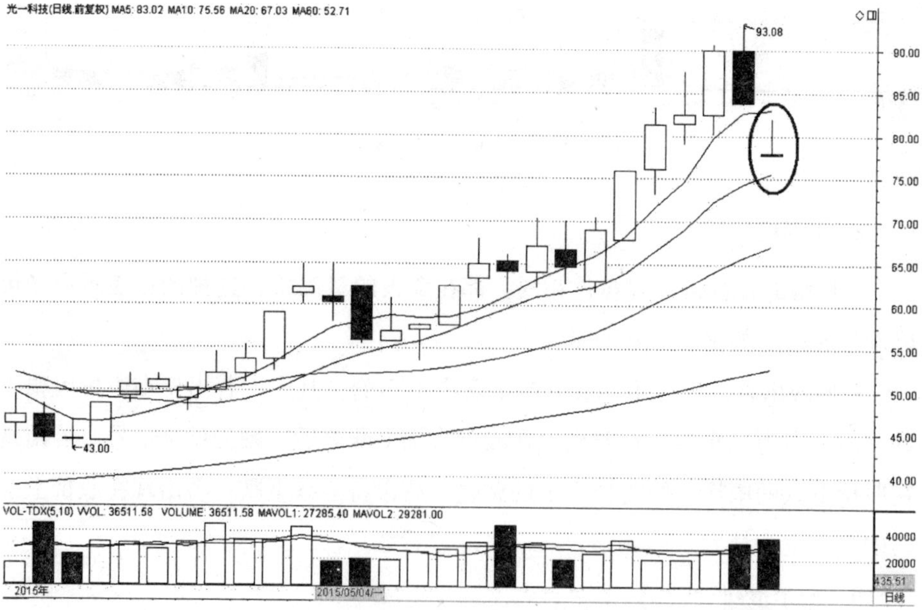

图 3-21　倒 T 形线

待次日走势验证。它下跌趋势中出现时，表示当天反弹失败。

4. 一字线

一字线的开盘价、收盘价、最高价、最低价在同一个价位。如图 3 – 22 所示。

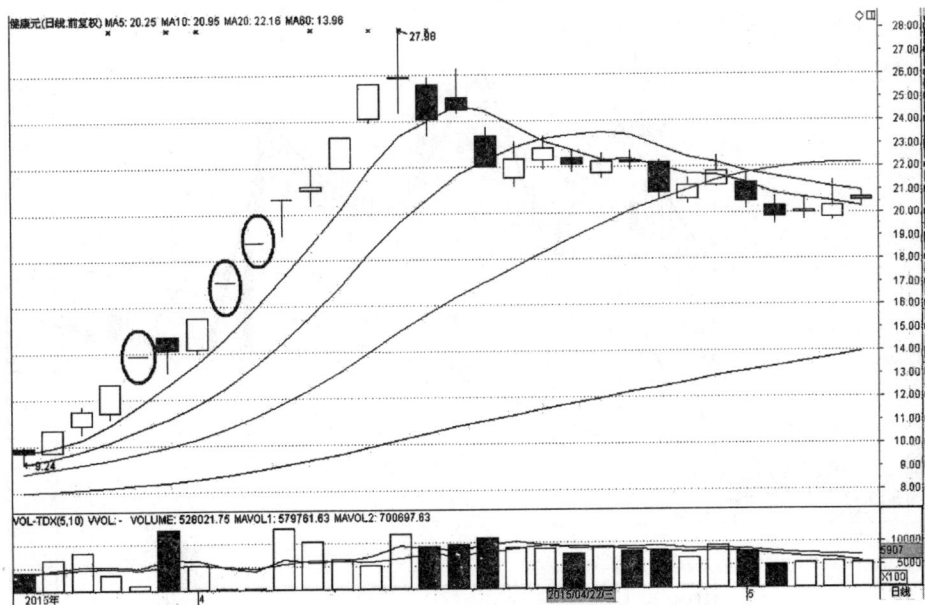

图 3–22　一字线

它常出现在有涨跌停板制度的市场中，该类 K 线一般表示主力已经高度控盘，全天成交量很小，股价以涨跌停价开盘持续到收盘。一字线表示股价会以原来的方向运动，不会改变股价的趋势。它在股价上涨趋势中出现，则表示股价会继续上涨；在股价下跌趋势中出现，则表示股价会继续下跌。

反转形态分析

反转形态表示趋势有重要的反转现象，整理形态则表示市场正逢盘整，也许在修正短线的超卖或超买之后，仍往原来的趋势前进。一般来说，K 线的反转形态主要包括头肩顶与底、三重顶与底、双重顶与底、V 形顶与底、圆形等，如果能判别出 K 线的反转形态，就能很容易地判断股价的涨跌。

一、头肩顶与底

1. 头肩顶

头肩顶如图 3-23 所示。

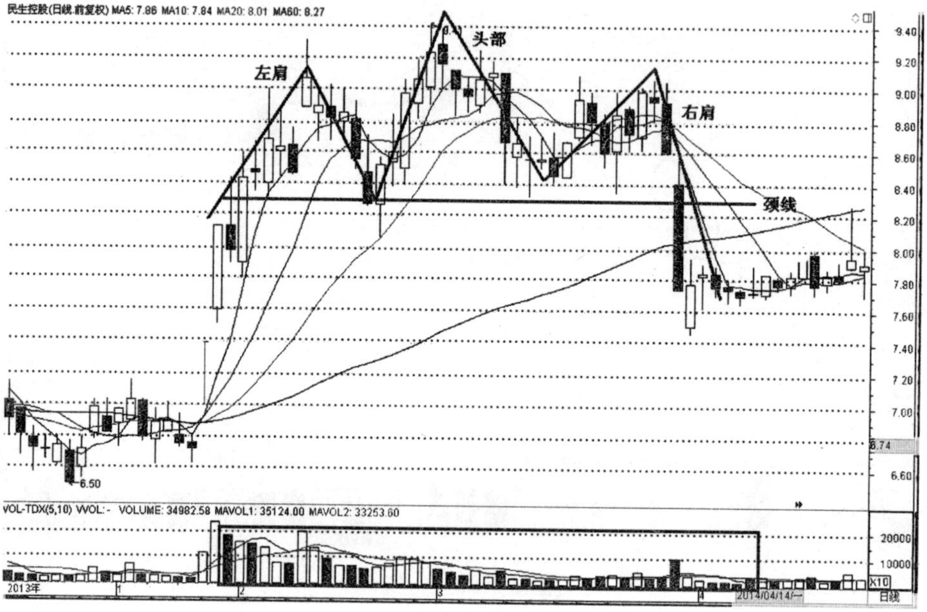

图 3-23　头肩顶

头肩顶从图中看，很明显，中间是头，两侧是肩，两肩底的连线称之为颈线，说白了就像站立的人一样，最高的是头部，然后是两肩，剩下的部位都在下面，所以头肩顶就是顶部区域。

在头肩顶形成的过程中，左肩的成交量最大，头部的成交量略小些，右肩的成交量最小。成交量呈递减现象，说明股价上升时追涨力量越来越弱，股价有涨到头的意味。头肩顶是一种见顶信号，一旦头肩顶正式形成，股价下跌几乎成定局。

投资者在实战中操作时，当某一股价形成头肩顶雏形时，就要引起高度警惕，这时股价虽然还没有跌破颈线，但可先卖出手中的一些筹码，将仓位减轻，日后一旦发觉股价跌破颈线，就将手中剩余筹码全部卖出，退出观望。

投资者不能光关心日 K 线，对周 K 线、月 K 线出现的头肩顶更要高度重视。如果周 K 线、月 K 线形成头肩顶，说明该股中长期走势已经转弱，股价将会出现一个较长时间的跌势。

2. 头肩底

头肩底如图 3 - 24 所示。

头肩底以左肩、头、右肩及颈线组成。三个连续的谷底以中谷底（头）最深，第一及最后谷底（分别为左、右肩）较浅及接近对称，因而形成头肩底形态。当价格一旦升穿阻力线（颈线），则出现较大幅上升。

投资者见到头肩底形态，应该想到这是个底部回升信号，此时不能再继续看空，而要随时做好进场抢筹准备。一旦股价放量冲破颈线时就可考虑买进一些股票。这通常称为第一买点。

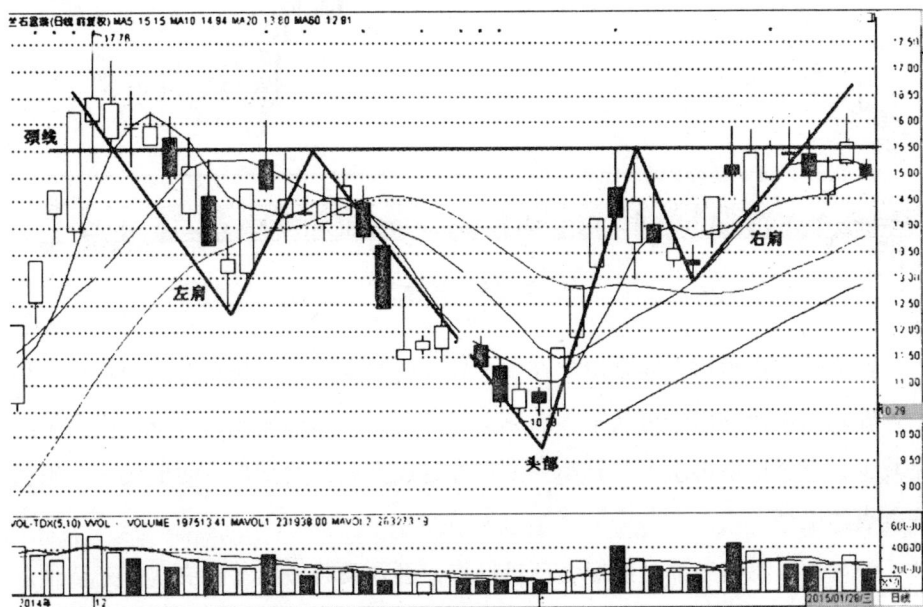

图 3-24　头肩底

如果股价冲破颈线回抽并在颈线附近止跌回升再度上扬时，可加码买进，这通常称为第二买点。如果在上冲时买入，虽然风险很大，但收益却很可观。

二、三重顶底

1. 三重顶

三重顶又称为三尊头。它是以三个相约之高位而形成的转势图表形态，通常出现在上升市况中。如图 3 – 25 所示。

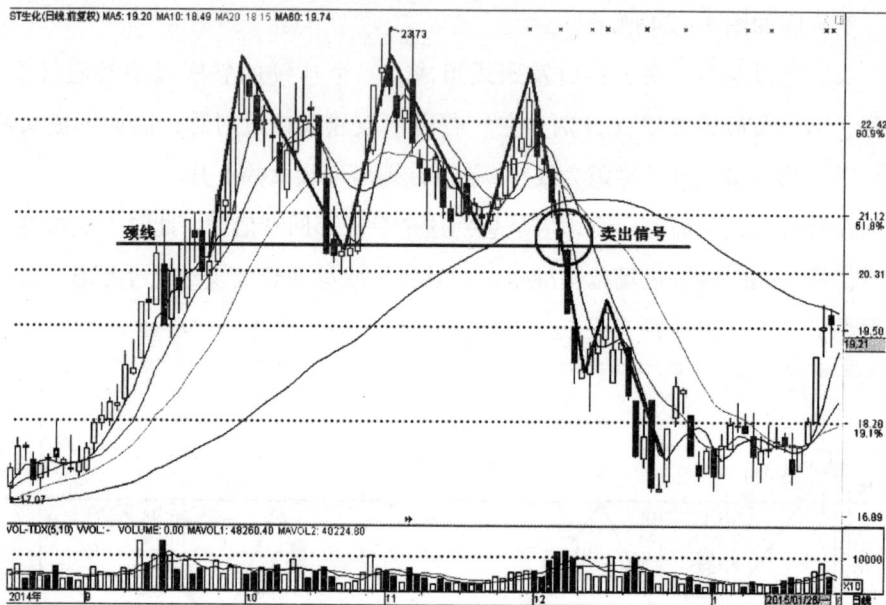

图 3 – 25　三重顶

典型的三重顶形态通常出现在一个较短的时期内及穿破支持线而形成。另一种确认三重顶的讯号可从整体的成交量中找到。图形形成过程中，成交量随之减少，直至价格再次上升到第三个高位时成交量开始增加，便形成一个确认三重顶的讯号。

三重顶形态是最强烈的短线反转形态，必须及时做出卖出决定。三重顶形态在支持位破掉的、三重顶图形已被确认的时候一定要走。

2. 三重底

三重底如图 3 – 26 所示。

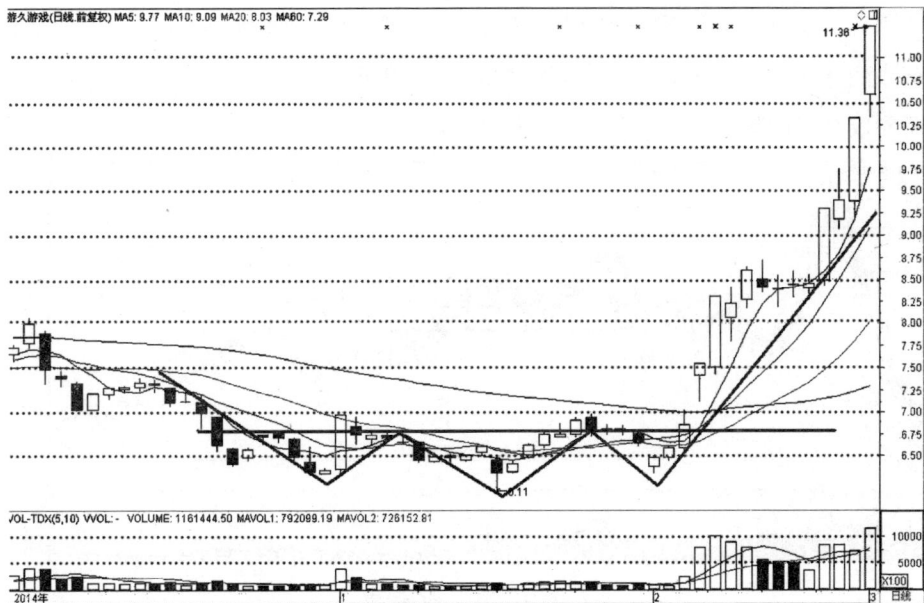

图 3-26　三重底

三重底由三个相近低点而形成。是即将上涨的反转形态。三重底形成时间较长，有时拖延数月时间，当向上穿破阻力线时形态才被确认。多发生在波段行情的底部或是多头与空头行情的修正走势之中。

三重底形态必须等待有效向上突破颈线位时才能最终确认。因为，三重底突破颈线位后的理论涨幅，将大于或等于低点到颈线位的距离。所以，投资者即使在形态确立后介入，仍有较大的获利空间。

在股价有突破颈线位的确定性趋势并且有成交量伴随时，是激进型投资者买入时机。在股价已经成功突破颈线位时，是成熟型投资者买入时机。股价已经有效突破颈线位后回档确认时，是稳健型投资者买入时机。

投资者在正确把握好三重底的介入时机买入股票后，就需要掌握三重底的最佳卖出价位。这需要研判三重底的上涨力度并推算大致的上涨空间。

三、双重顶底

1. 双重顶

双重顶又称"双顶"或"M头"，由两个较为相近的高点构成，其形状类似于英文字母"M"。通常由两个顶峰形成，股价有效跌破颈线后，双重顶形态才能宣告形成。之后股价会有短暂的反抽动作，但将遇阻颈线，同时反抽不需要成交量的配合亦可。如图3-27所示。

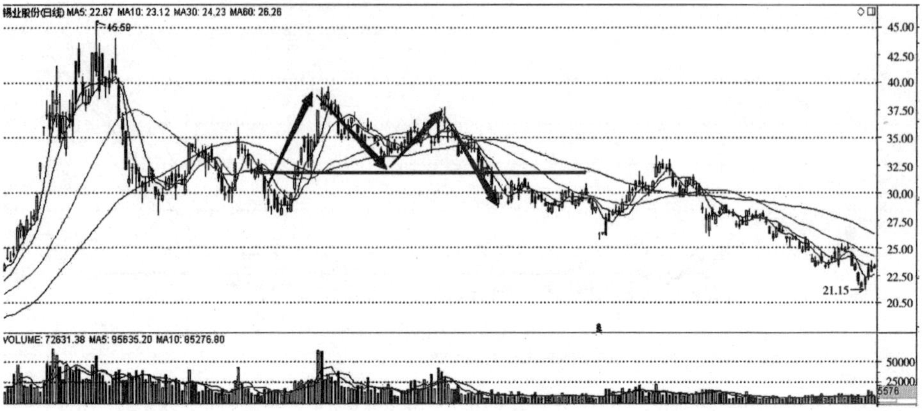

图3-27　双重顶

双重顶是一种常见的顶部反转信号，一旦形成，股价下跌几乎成为定局。因此，一旦股价出现构筑双重顶的势头，投资者应该认识大势，及时停损离场是最佳操作策略。双重顶形态最少跌幅的度量方法，是由颈线与双顶最高点之间的垂直距离。后市股价跌幅至少是这个理论跌幅。

2. 双重底

双重底也称"W底"，是指股票的价格在连续二次下跌的低点大致相同时形成的股价走势图形。两个跌至最低点的连线叫支撑线。

在双重底形成的过程中，如果股价从第二个支撑点反弹后出现了第三次回跌，其跌幅不得超过第二次跌幅的1/3，而后立刻反弹，创造新的高点。只有在这种情况下，才能确认双重底已经形成，否则股位可能仍处于低位调整期。

双重底如图3-28所示。

双重底的最佳买点是股价突破颈线时和股价突破颈线后回抽颈线或30日均线回升时。

双重底反转形态并不一定意味着价格的反转，也有可能在价格回落到颈线的过程中受到支撑线的支撑而上涨。这时价格在支撑线和前面两个高点之间的

图 3-28 双重底

区域内运动，形成三重顶、三角形等多种形态，但这种可能性很小。

四、V 形顶底

在下跌阶段：通常 V 形的左方跌势十分陡峭，而且持续一段短时间。V 形的底部十分尖锐，一般来说形成转势点的时间很短，而且成交量在低点时明显增多。有时候转势点就在恐慌交易日中出现。在回升阶段，接着股价从低点回升，成交量亦随之而增加。而且股价在突破伸延 V 形的徘徊区顶部时，必须有成交量增加的配合，在跌破倒转伸延 V 形的徘徊底部时，则不必有成交量增加。

V 形顶底如图 3-29 所示。

五、圆弧底

这种反转形态较为少见，价格呈弧形上升，即虽不断升高但每一个高点上不了多少就回落，先是新高点较前点高，后是回升点略低于前点，这样把短期

图 3-29　V 形顶底

高点连接起来，就形成一圆形顶。在成交量方面也会有一个圆形状。圆形反转在股价的顶部和底部均会出现，其形态相似，意义相反。

圆弧底如图 3-30 所示。

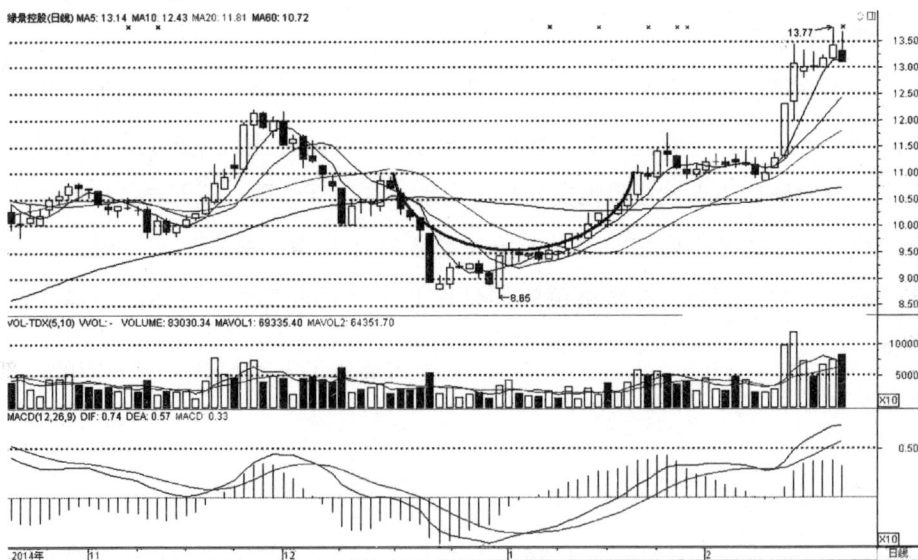

图 3-30　圆弧底

六、岛形反转

1. 底部岛形反转

在下跌行情中，股价已有了一定的跌幅，某日突然跳空低开，留下了一个缺口，日后几天股价继续下沉，但股价下跌到某低点又突然峰回路转，股价开始急速回升，并留下了一个向上跳空的缺口。这个缺口与前期下跌的缺口基本上处于同一价位区域。从图形上看，股价明显地分成了两块，中间被左右两个缺口隔开，使得图表中的下边一块成了飘离海岸的岛屿一般（有时候这个岛屿也可能由一根 K 线组成）。底部岛形反转常伴随着很大的成交量，底部岛形反转是个转势形态，它表明股价已见底回升，将从跌势转化为长势。

底部岛形反转如图 3 – 31 所示。

图 3–31　底部岛形反转

2. 顶部岛形反转

与底部岛形反转类似，整个股价 K 线图分成了上下两截，在上面的一部分 K 线就像远离海岸的孤岛，这是顶部反转的主要特征，就此形成了顶部岛形反转，顶部岛形反转一旦成立，说明近期股价向淡已成定局，此时持筹的投资者只能认输出局，如果继续持股必将遭受更大的损失。

顶部岛形反转如图 3 – 32 所示。

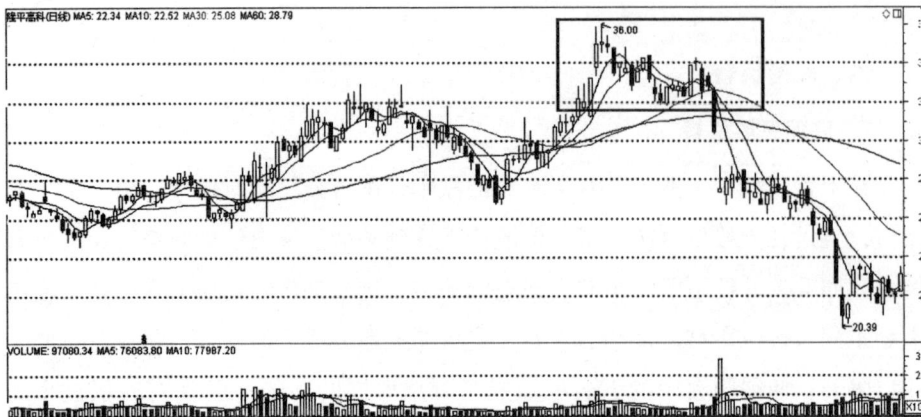

图 3-32　顶部岛形反转

整理形态分析

整理形态通常表示，图表上的横向价格伸展仅仅是当前趋势的暂时休止，下一步的市场运动将与事前趋势的原方向一致。整理形态通常为时较短暂，在更多的情况下，明显属于短暂形态或中等形态的类别。常见的整理形态有以下几种。

一、三角形态

三角形态是属于持续整理形态的一类形态。依据形态特征可将三角形整理分为对称三角形和直角三角形。

1. 对称三角形

对称三角形情况大多是发生在一个大趋势进行的途中，它表示原有的趋势暂时处于休整阶段，之后还要随着原趋势的方向继续行动。由此可见，见到对称三角形后，股价今后走向的最大可能是沿原有的趋势方向运动。

对称三角形形态如图 3-33 所示。

对称三角形形态有两个明显的高点和低点，两个高点不断降低，而两个低点则不断地抬高，呈现出向右收敛压缩状态，用直线将高点与高点、低点与低

图 3-33 对称三角形

点相连，就形成了一个对称的三角形。高点连线称为形态的上轨，低点连线称为形态的下轨。

对称三角形只是原有趋势运动的途中休整阶段，所以持续的时间不应太长。持续时间太长了，保持原有趋势的能力就会下降。一般说来，突破上下两条直线的包围，继续沿原有既定的方向运动的时间点要尽量早些，越靠近三角形的顶点，三角形的各种功能就越不明显，对我们进行买卖操作的指导意义就越不强。

三角形的上轨与下轨是多空双方的平衡点，三角形的顶点区域往往是敏感的，也是最后的变盘时机。随着股价波动的幅度越来越小，成交量也会随之逐渐减少。股价突破上轨时需要大成交量相伴，突破下轨时则不必用成交量验证。

除此之外，还要注意三角形形态1/2或3/4处也是股价容易选择突破方向的位置，以及股价第三、第四次撞击上轨或者下轨时最容易形成突破。突破三角形上轨买入，突破下轨则卖出，如出现相应的回抽或回踩，可视为第二次进、出货时机。

2. 直角三角形

此形态系一条水平线与另一条斜线相交所形成的三角形，若顶线水平，表示各次次级波动的高点均在某一价位附近，而顶线从左向右上倾，表示次级波动的低点价位均较上次低点价位高。上升直角三角形如图3－34所示。

图3－34　上升直角三角形

若顶线由左向右下斜，表示次级波动的高点价位均较上次高点价位低，底线水平，表示各次次级波动的低点均停在某一价位附近。下降直角三角形如图3－35所示。

直角三角形形态的成交量变动情形与对称三角形一样，当价格波动移向尖端时，成交量缩小，当股价突破而上升时成交量应该扩大，成交量若没有在突破上限时增加，需留意可能是一个假的突破，不久会再回至原先的形态内。下跌突破时成交量没有扩大，不影响它的有效性，可以依赖。直角三角形突破后，股价变动的最小幅度至少为三角形的顶点至底边的垂直距离。

这种图形也是很容易让投资人预测未来股价走势的形态，若下跌趋势末期出现上升直角三角形盘局时，表示股价即将反转上升，可以大胆买进。上升趋

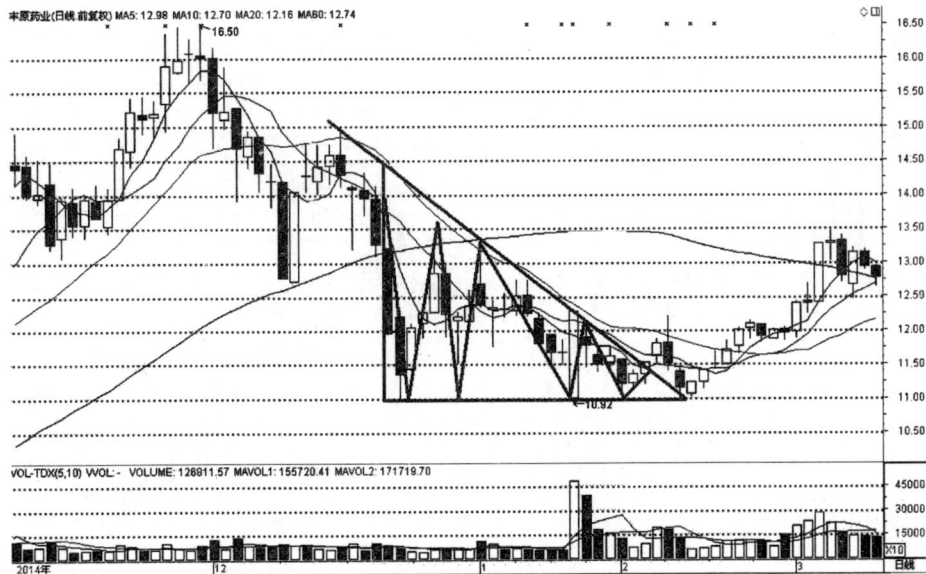

图3-35　下降直角三角形

势末期出现此形态，表示股价即将反转下跌，必须及早卖出，减少损失。

　　一般来说，上升三角形是表示股价上升的信号，下降三角形是表示股价下降的信号，虽然也有例外，但是误差比率不到1/5。

二、楔形

　　楔形是指一种类似于楔子的形态，先要有一根旗杆的形成，在旗杆升起之后，进行楔形整理。股价波动局限于两条收敛的趋势线，汇集于一个尖顶，成交量也随之逐渐减少，形成一个上倾或下倾的三角形，在原来趋势上选择突破方向。楔形分为上升和下降楔形，通常前者为看跌形态，后者为看涨形态。

　　上升楔形指股价经过一次下跌后有强烈的技术性反弹，价格升至一定水平又掉头下落；但回落点较前次为高，又上升至新高点比上次反弹点高，又回落形成一浪高一浪之势。把短期高点相连，短期低点相连形成一条向上倾斜的直线，下面一条则较为陡峭。下降楔形则相反，高点一个比一个低，低点也一个比一个低，形成两条同时下倾的斜线。

　　上升楔形如图3-36所示。

图 3-36　上升楔形

　　楔形也有保持原有趋势方向的功能。趋势的途中会遇到这种形态。上升楔形表示一个技术性反弹渐次减弱的市况，常在跌势中的回升阶段出现，显示股价尚未见底，只是一次跌后技术性的反弹。下降楔形常出现于中长期升势的回落调整阶段。

　　下降楔形和上升楔形有一点明显不同之处，上升楔形在跌破下限支持后经常会出现急跌；但下降楔形往上突破阻力后，可能会横向发展，形成徘徊状态，成交仍然十分低迷，然后才慢慢开始上升，成交也随之而增加。这一情形出现后，可待股价打破徘徊闷局后再考虑跟进。

　　下降楔形如图 3-37 所示。

　　在楔形形成过程中，成交量渐次减少；在楔形形成之前和突破之后，成交量一般都很大。与旗形的另一个不同是，楔形形成所花费的时间较长，一般需要 2 周以上的时间方可完成。楔形偶尔也出现在顶部或底部而作为反转形态。这种情况一定是发生在一个趋势经过了很长时间、接近于尾声的时候。

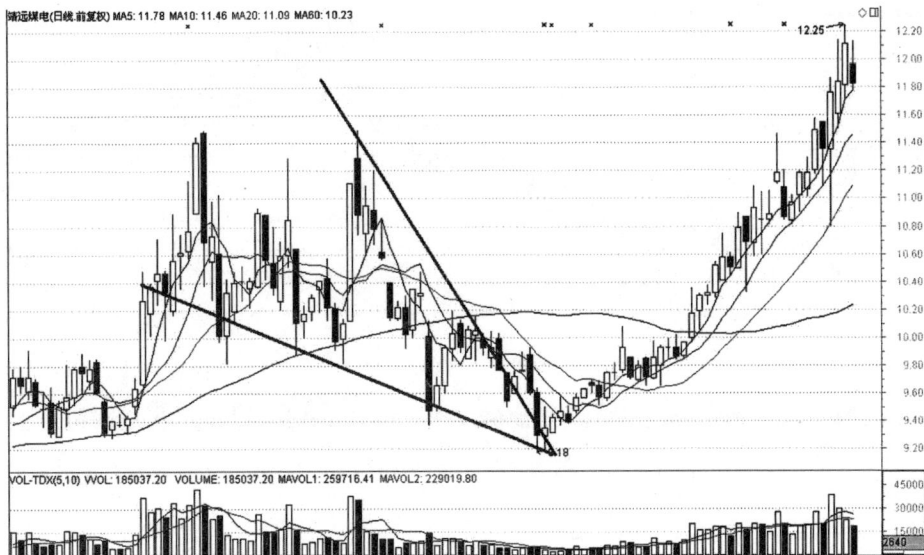

图 3-37　下降楔形

三、旗形

旗形走势的形态就像一面挂在旗杆顶上的旗帜。这一形态通常在急速而又大幅的市场波动中出现。股价经过一连串紧密的短期波动后，形成一个稍微与原来趋势呈相反方向倾斜的长方形，这就是旗形走势。旗形走势又可分作上升旗形和下降旗形。上升旗形如图 3-38 所示，下降旗形如图 3-39 所示。

旗形形态在急速上升或下跌之后出现，成交量则必须在形成形态期间不断地显著减少。当上升旗形往上突破时，必须要有成交量激增的配合；当下降旗形向下跌破时，成交也是大量增加的。在形态形成中，若股价趋势形成旗形而其成交量为不规则或很多又非渐次减少，下一步将是很快的反转，而不是整理。即上升旗形往下突破而下降旗形则是向上升破。换言之，高成交量的旗形形态市况可能出现逆转，而不是整理形态。因此，成交量的变化在旗形走势中是十分重要的，它是观察和判断形态真伪的唯一方法。

旗形是一个趋势中途整理形态，一般不会改变原有的运行趋势。但上升旗形往往说明原有上升趋势已进入后半段，要预防最后一升后的转势；下降旗形

图 3-38　上升旗形

图 3-39　下降旗形

则意味着熊市刚刚开始，后市可能还会有较大的跌幅。

从时间上看，一般旗形整理在 3 周以内完成，超过 3 周则要提防上述反转情况出现。旗形整理最佳的买卖点在旗形放量突破上升下降压力线和回抽确认之时。

四、矩形

矩形整理也称箱体整理，是指股价在一段时期内的走势如同被限定在一个箱子里，股价始终在箱子的顶和底之间展开拉锯。如图3-40所示。

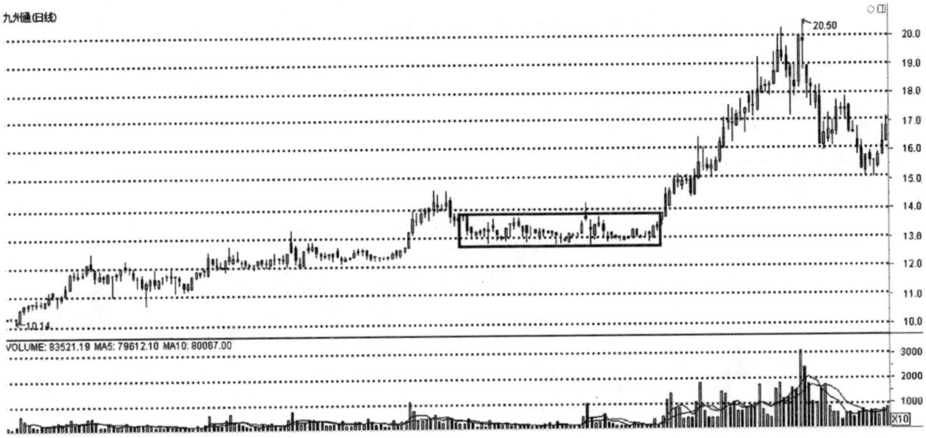

图3-40　矩形

矩形是股价由一连串在两条水平的上下界线之间变动而成的形态。股价在其范围之内波动。价格上升到某水平时遇阻回落，但很快地便获得支持而上升，可是回升到上次同一高点时再一次受阻，而挫落到上次低点时则再得到支持。存在清晰上轨（箱顶）和水平下轨（箱底），股价会在这两条上下轨之间震荡，震荡幅度一般大于10%，小于30%。矩形的上轨和下轨是多空双方的平衡点。向矩形上方突破时须有大成交量配合，向下突破则不一定出现大成交量。

矩形形成的过程中，除非有突发性的消息扰乱，其成交量应该是不断减少的。如果在形态形成期间，有不规则的高成交出现，形态可能失败。一旦突破，涨跌幅度至少是箱顶至箱底的差价，即形态的高度或它的倍数。

在矩形内可以进行短线操作，股价跌至箱底会遇到箱底的支撑，视为买入机会；反弹至箱顶会遇到箱顶的压力，视为卖出机会。有效突破箱顶多头获胜，顺势做多；反之，股价有效突破箱底空头获胜，则顺势做空。

矩形形态是短线投资者最喜见的形态之一，可以低吸高抛。通过长期的实战观察，矩形成为底部反转的概率相当小，几乎没有出现过。

五、菱形

菱形的形态犹如钻石，其颈线为 V 字形。成交量如同三角状，渐次减少。菱形实际是喇叭形和对称三角形的结合。左半部和喇叭形一样，第二个上升点较前一个高，回落低点亦较前一个为低；当第三次回升时，高点却不能升越第二个高点水平；接着的下跌回落点却又较上一个为高。股价的波动从不断地向外扩散转为向内收窄，右半部的变化类似于对称三角形，如图 3－41 所示。

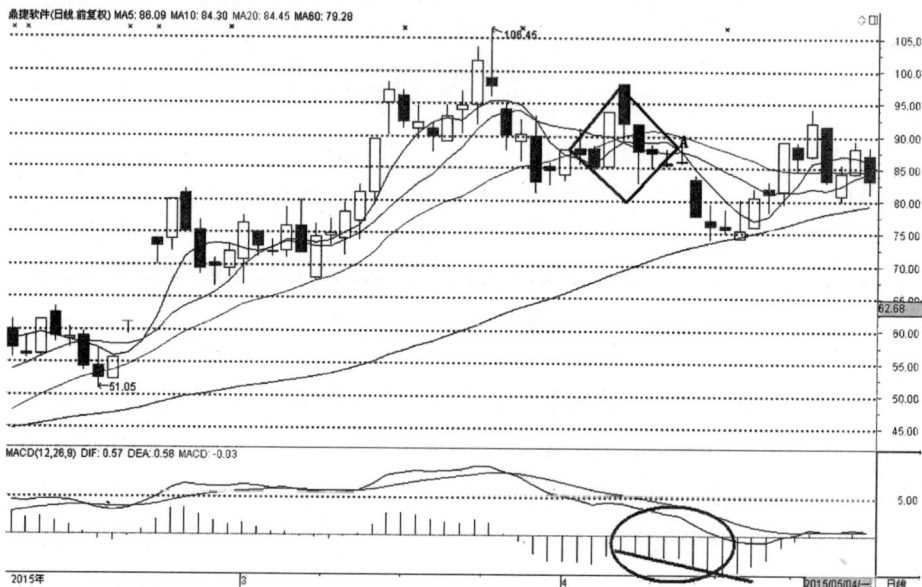

图 3-41　菱形

菱形形成过程中的成交量较多，左边喇叭形时量较大且呈现不规则的波动，右边对称三角形成交量越来越小。很多时候菱形也是一种看跌的形态，通常它在中级下跌前的顶部出现，其形态完成后往往成为空头大本营，是个转势形态。菱形有时也成为持续形态，出现在下降趋势的中途，菱形之后将继续下降。其最小跌幅的量度方法是从股价向下跌破菱形右下线开始，量度出形态内最高点和最低点的垂直距离，这距离就是未来股价将会下跌的最少幅度。

菱形很少为底部反转，通常它在中级下跌前的顶部或大量成交的顶点出现，是个转向形态。当菱形右下方支持跌破后，就是一个沽出讯号；但如果股价向上突破右方阻力，而且成交量激增，那就是一个买入讯号。

缺口形态分析

缺口是指股价在快速大幅变动中有一段价格没有任何交易，显示在股价趋势图上是一个真空区域，这个区域称之为"缺口"，通常又称为跳空。当股价出现缺口，经过几天，甚至更长时间的变动，然后反转过来，回到原来缺口的价位时，称为缺口的封闭。又称补空。缺口分普通缺口、突破缺口、持续性缺口与消耗性缺口四种。

一、普通缺口

一般出现在密集成交区中，约在几个交易日内便会补空，出现在整理形态的可能最大；当发现三角形或矩形形态中有许多缺口，则判断此形态为整理形态。如图 3－42 所示。

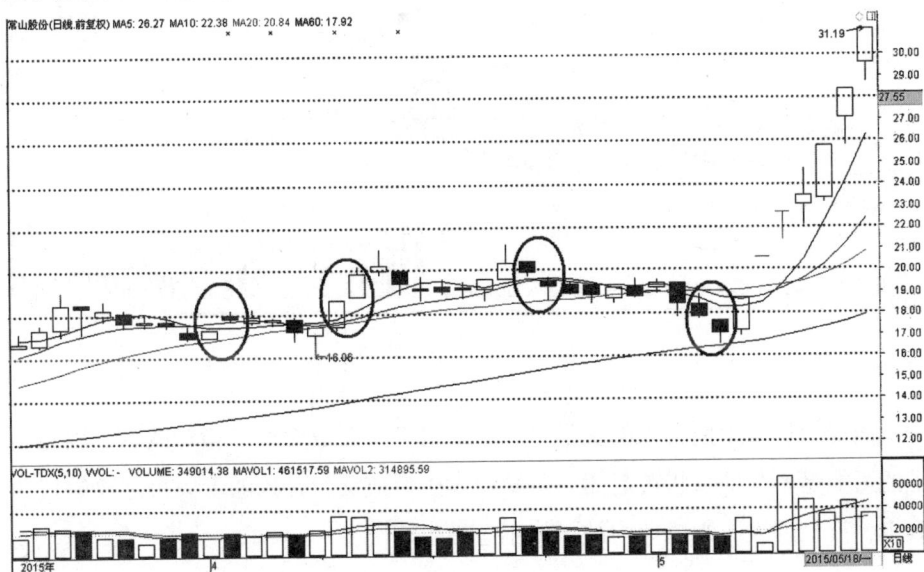

图 3－42　普通缺口

普通缺口在整理形态要比在反转形态时出现的机会大得多，所以当发现发展中的三角形和矩形有许多缺口时，就应该增强它是整理形态的信念。

二、突破缺口

突破缺口是当一个密集的反转或整理形态完成后突破盘局时产生的缺口。当股价以一个很大的缺口跳空远离形态时，表示真正的突破已经形成了。因为错误的移动很少会产生缺口，同时缺口能显示突破的强劲性，突破缺口越大，表示未来的变动越强烈。如图 3-43 所示。

突破缺口经常在重要的转向型态如头肩式的突破时出现，这一缺口可帮助我们辨认突破讯号的真伪。如果股价突破支持线或阻力线后以一个很大的缺口跳离形态，可见突破十分强而有力，很少有错误发生。

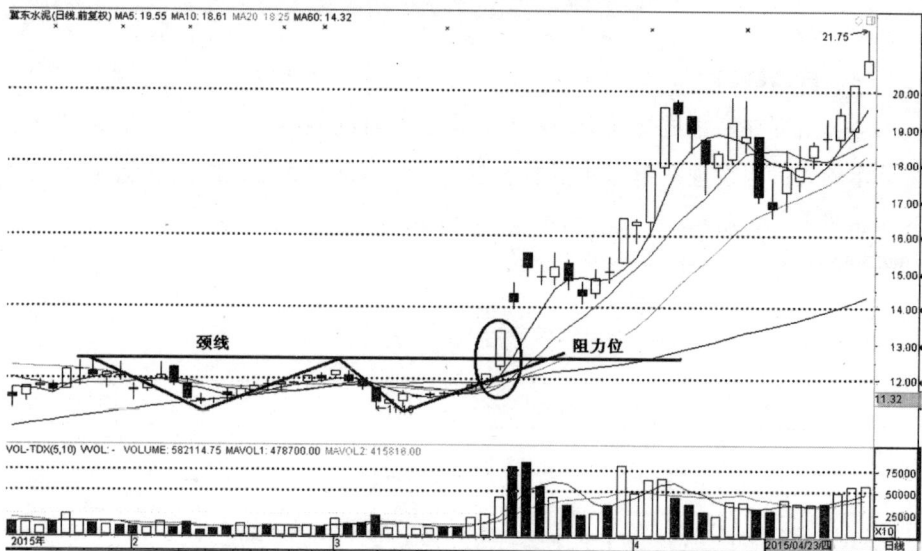

图 3-43　突破缺口

假如缺口发生前有大的交易量，而缺口发生后成交量却相对减少，则有一半的可能是不久缺口将被封闭，若缺口发生后成交量并未随着股价远离缺口而减少，反而加大，则短期内缺口将不会被封闭。

三、持续缺口

持续缺口通常是在股价突破后远离原形态至下一个反转或整理形态的中途出现，这种缺口一般出现在上升或下跌的途中，它具有预计后市变化幅度的功能，因此又称可量度性缺口。其量度的方法是从突破点开始，到持续性缺口始点的垂直距离，就是未来股价的变化将会达到的幅度。或者我们可以说：股价未来所走的距离，和过去已走的距离一样。如图3－44所示。

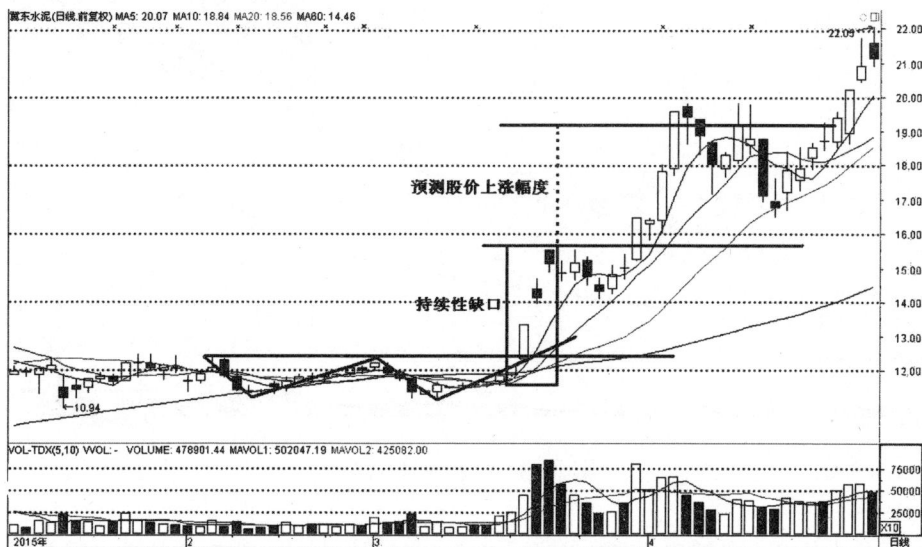

图 3－44　持续缺口及股价上涨幅度预测

四、消耗性缺口

消耗性缺口是伴随快的、大幅的股价波幅而出现的。在急速的上升或下跌中，股价的波动并非是渐渐出现阻力，而是越来越急。这时价格的跳升（或跳位下跌）可能发生，此缺口就是消耗性缺口。如图3－45所示。

通常消耗性缺口大多在恐慌性抛售或消耗性上升的末段出现。在缺口发生的当天或后一天若成交量特别大，而且趋势的未来似乎无法随成交量而有大幅变动时，这就可能是消耗性缺口。假如在缺口出现的后一天其收盘价停在缺口之边缘形成了一天行情的反转，就更可确定这是消耗性缺口了。

消耗性缺口很少是突破前一形态大幅度变动过程中的第一个缺口，绝大部分的情形是它的前面至少会有一个持续缺口。因此可以假设，在快速直线上升或下跌变动中期出现的第一个缺口为持续缺口，但随后的每一个缺口都可能是消耗性缺口，尤其是当这个缺口比前一个空距大时，更应特别注意。持续缺口

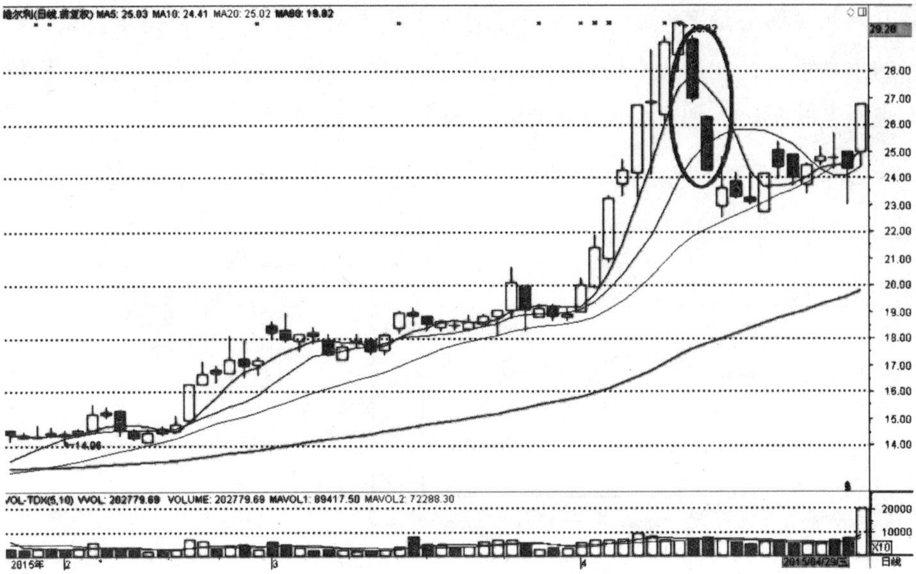

图 3-45　消耗性缺口

是股价大幅变动中途产生的，因而不会于短时期内封闭，但是消耗性缺口是变动即将到达终点的最后现象，所以多半在 2~5 天的短期内被封闭。

第三节　股票的趋势分析

趋势线分析

趋势线是在图形上每一个波浪顶部最高点之间或每一个谷底最低点之间的直切线。趋势线是衡量价格波动方向的依据，由趋势线的方向可以明确看出股价的趋势是上升还是下降。

在上升趋势中，将两个低点连成一条直线，就可以得到上升趋势线；在下降趋势中，将两个高点连成一条直线，就能够得到下降趋势线。上升趋势线用于识别支撑线，直线的延伸能够帮助投资者判断市场将沿以运动的路径。向下趋势线用于识别阻力线，通过连接两点或更多点绘成。还有一种是股价的低点和高点横向延伸，没有明显的上升和下降趋势，这就是横盘整理或称为箱体整理。如图 3-46 所示。

图 3-46　上升趋势线和下降趋势线

　　趋势根据时间的长短，可以划分为长期趋势、中期趋势和短期趋势。长期趋势的时间跨度较长，通常在 1 年以上；中期趋势的时间跨度要短于长期趋势，而大于短期趋势，通常为 4～13 周；短期趋势时间较短，一般在 4 周以内。一个长期趋势由若干个中期趋势组成，而一个中期趋势由若干个短期趋势组成。其中，最为重要的趋势线是中期趋势。

　　趋势线的使用方法非常简单，股价在支撑线上方向下突破支撑线时应做空，并到下一根支撑线位置寻找买点；股价在压力线下方向上突破时应做多，并到上一根压力线的位置寻找卖点。一般情况下，趋势线被突破后，通常都会有回抽确认，所以在回抽确认时入场是较佳的选择。

趋势是股票投资者最好的朋友。找到主导趋势可以帮助投资者有效地把握市场全局导向，特别是当短期的市场波动搅乱市场全局的时候。通过每周和每月的图表分析最容易识别出市场较长期的趋势。一旦发现整体趋势是上升还是下降，投资者就可以在升势中买跌，并且在跌势中卖涨。

通道线分析

通道被定义为与相应向下趋势线平行的向上趋势线。两条线可表示价格向上、向下或者水平的走廊。支持趋势线连接点的通道的常见属性应位于其反向线条的两连接点之间。如图 3-47 所示。

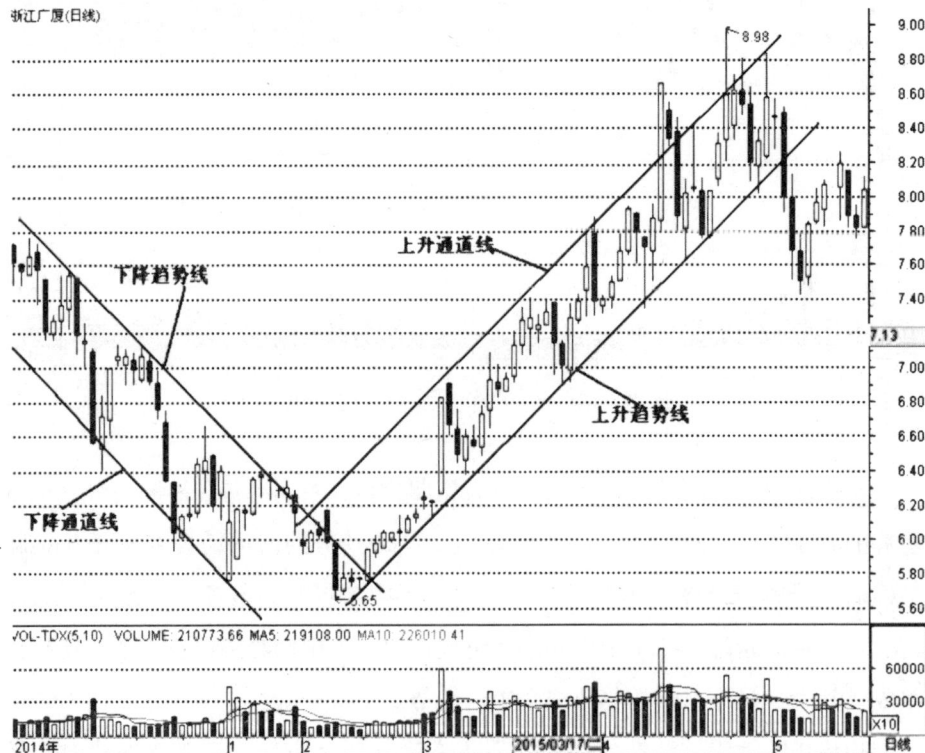

图 3-47　上升通道线和下降通道线

上升趋势产生上升通道，下降趋势产生下降通道，而横向趋势则对应横向通道。上升通道确定价格发展的支持线，即通道下轨，当价格回落至通道下轨时做多。下降通道确定价格发展的阻力线，即通道上轨，当价格反弹至通道上轨时做空。

通道产生同向突破的情况下（价格突破上升通道阻力线或下破下降通道支持线），原来的趋势得以延续，只是趋势波动的轨迹发生了变化，因此，有必要修正价格波动所产生的通道，捕捉市场波动的轨迹，以提高操作的准确率。

当价格同向突破通道时，表明原来的趋势将会延续，因此可以继续持仓或加码进场。当价格反向突破通道时，表明价格波动的轨迹发生了变化，但不代表趋势发生反转；原来的通道操作此时应该出场，但反向建仓风险很高。

支撑线与阻力线分析

市场上的股价在达到某一水平时，往往不再继续上涨或下跌，似乎在此价位上有一条对股价起阻拦或支撑作用的抵抗线，分别称为阻力线与支撑线。如图 3-48 所示。

阻力线是指股价上升至某一高度时，有大量的卖盘供应或是买盘接手薄弱，从而使股价的继续上涨受阻。支撑线则是指股价下跌到某一高度时，买气转旺而卖气渐弱，从而使股价停止继续下跌。

支撑位通常是所有图表模式（每小时、每周或者每年）中的最低点，而阻力位则是图表中的最高点（峰点）。当这些点显示出再现的趋势时，即被识别为支撑或阻力。买入／卖出的最佳时机就是在不易被打破的支撑／阻力位附近。一旦支撑或阻力位被打破，它们就会趋向于成为反向障碍。因此，在涨势中，被打破的阻力位可能成为对向上趋势的支撑；然而在跌势中，一旦支撑位被打破，它就会转变成阻力。

阻力线和支撑线都是图形分析的重要方法。一般若股价在某个区域内上下波动，并且在该区域内累积成交量极大，那么如果股价冲过或跌破此区域，它

图 3-48　阻力线与支撑线

便自然成为支撑线或阻力线。这些曾经有过大成交量的价位时常由阻力线变为支撑线或由支撑线变为阻力线：阻力线一旦被冲过，便会成为下个跌势的支撑线；而支撑线一经跌破，将会成为下一个涨势的阻力线。

第四节　股票的技术指标分析

移动平均线（MA）分析

移动平均线简称均线，是将某一段时间股指或股价的平均值画在坐标图上所连成的曲线，用它可以研判股价未来的运动趋势。移动平均线常用线有 5 天、10 天、30 天、60 天、120 天和 240 天平均线指标。其中，5 天和 10 天短期移动平均线是短线操作的参照指标，称作日均线指标；30 天和 60 天的是中期均线指标，称作季均线指标；120 天、240 天的是长期均线指标，称作年均线指标。如图 3-49 所示。

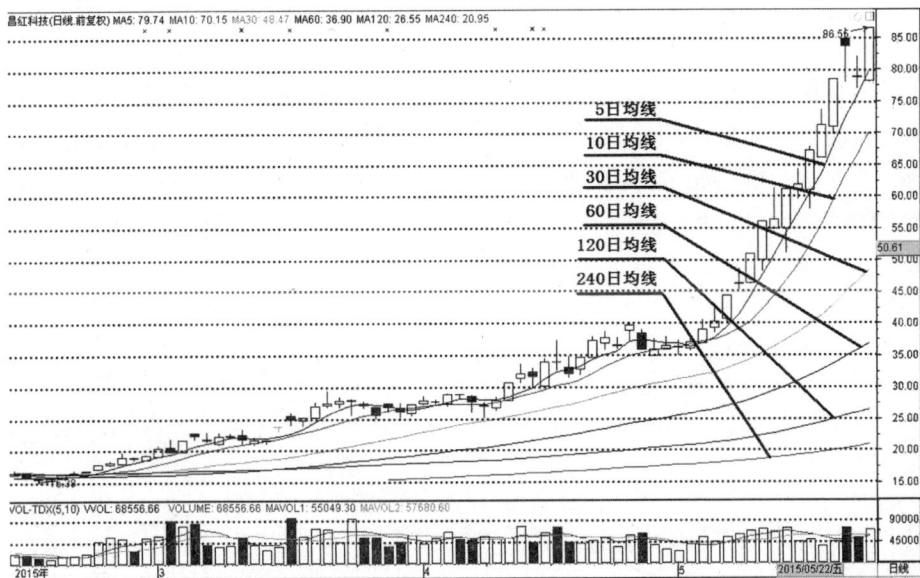

图 3-49　各周期移动平均线

均线可以反映真实的股价变动趋势（上涨趋势和下跌趋势）。投资者可借助不同类型的均线排列关系预测股价的中长期趋势。

一、均线的买进信号

移动平均线从下降逐渐走平且略向上方抬头，而股价从移动平均线下方向上方突破，为买进信号。如图 3-50 所示。

图 3-50　K 线上穿上扬移动平均线为买入信号

股价位于移动平均线之上运行，回档时未跌破移动平均线后又再度上升时为买进时机。如果回档时跌破移动平均线，但短期移动平均线继续呈上升趋势，为买进时机。如图 3-51 所示。

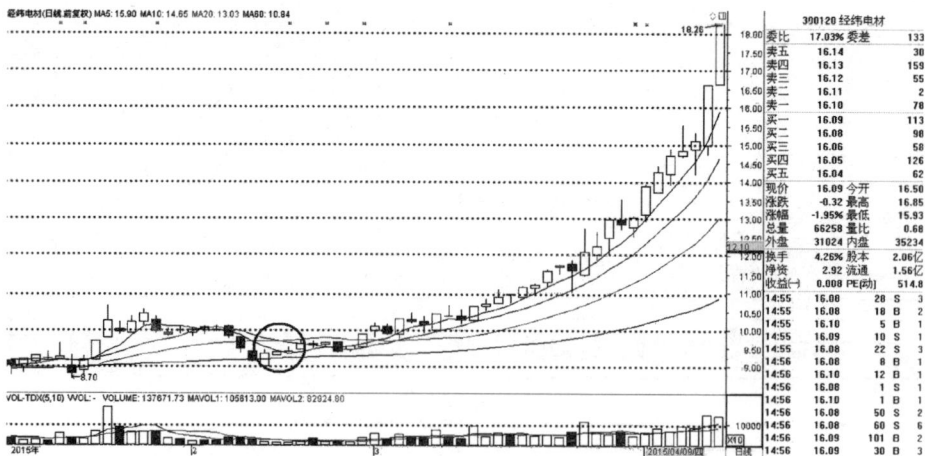

图 3-51　股价跌破均线后均线上扬为买入信号

股价位于移动平均线以下运行，突然暴跌，远离移动平均线后反弹，此时
为买进时机。如图 3-52 所示。

图 3-52　价格在均线下运行，暴跌后反弹为买进信号

在上升行情初期，短期移动平均线从下向上突破中长期移动平均线，形成
的交叉叫黄金交叉，预示股价将上涨。如图 3-53 所示。

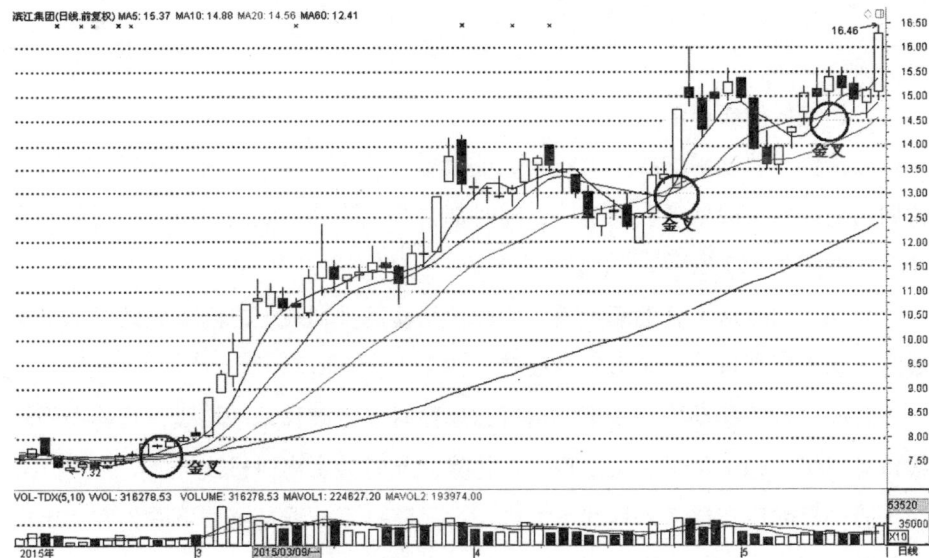

图 3-53　均线金叉为买入时机

一般来说，在上涨初期或中期，如果短期均线在最上面；中间为中期均线；最下面是长期均线，这时表明市场做多力量较强，往往会有一段升势。因此，投资者可积极做多，持股者应待后市看涨，但若该形态出现在上涨的后期，投资者就应谨慎做多了。如图 3-54 所示。

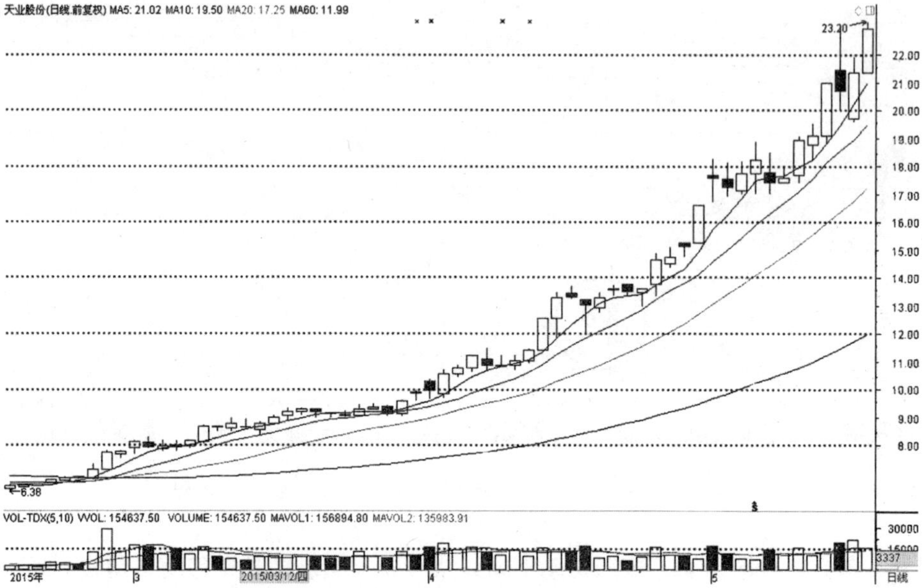

图 3-54　均线多头排列可长期持有

二、均线的卖出信号

股价位于移动平均线之上运行，连续数日大涨，离移动平均线愈来愈远，说明近期内购买股票者获利丰厚，随时都会产生获利回吐的卖压，应暂时卖出持股。如图 3-55 所示。

移动平均线从上升逐渐走平，而股价从移动平均线上方向下跌破移动平均线时说明卖压渐重，应卖出所持股票。如图 3-56 所示。

若股价位于移动平均线下方运行，反弹时未突破移动平均线，且移动平均线跌势减缓，趋于水平后又出现下跌趋势，此时为卖出时机。

股价反弹后在移动平均线上方徘徊，而移动平均线却继续下跌，宜卖出所持股票。如图 3-57 所示。

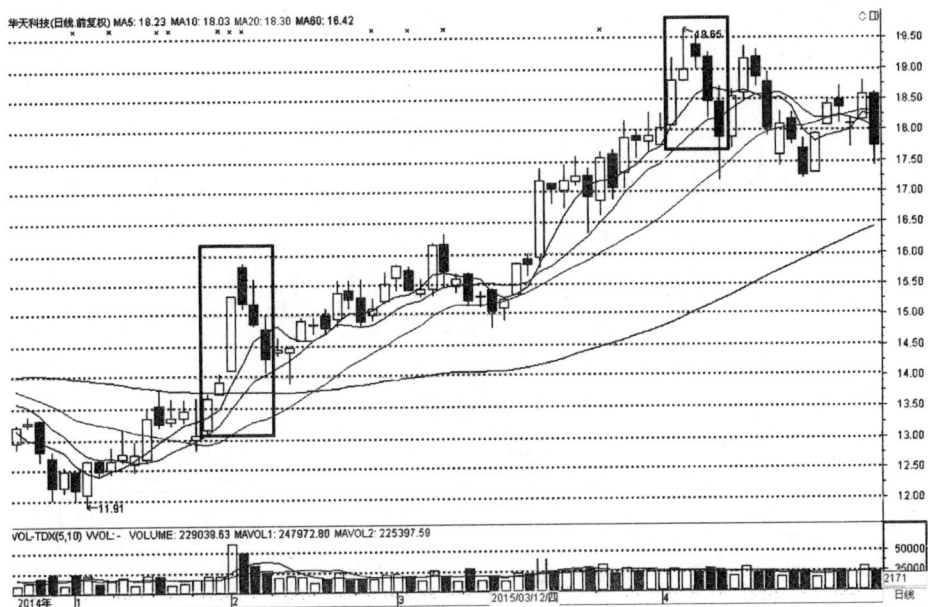

图 3-55 均线上运行 K 线偏离均线宜卖出

图 3-56 均线由上升向走平转向，股价下穿均线宜卖出

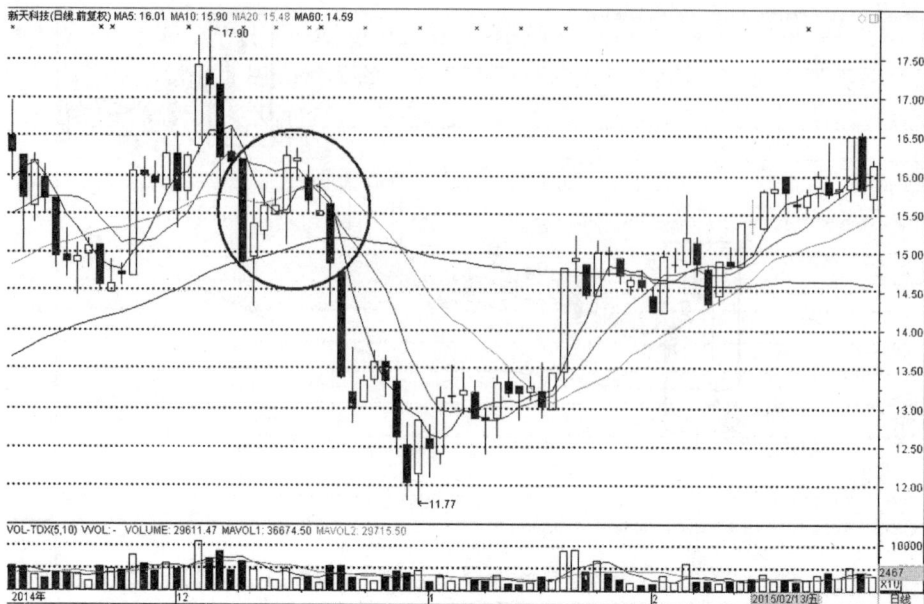

图 3-57　股价反弹均线续跌宜卖出

当短期移动平均线向下跌破中长期移动平均线形成的交叉叫作死亡交叉，预示股价将下跌。如图 3-58 所示。

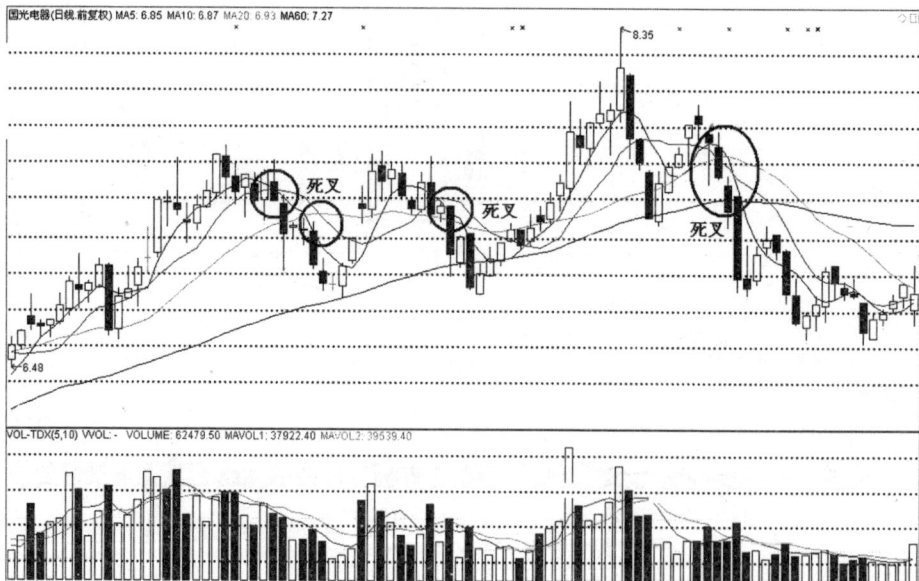

图 3-58　均线死叉宜卖出

一般来说，在下跌的初期或中期，若出现长期均线在最上面，中间依然为中期均线，最下面是短期均线的空头排列形态时，可积极做空。如图 3 - 59 所示。

图 3- 59　均线空头排列宜卖出

指数平滑异同移动平均线（MACD）分析

MACD 指标是用来分析、研究股市中长期趋势的指标，它主要运用短期（快速）和长期（慢速）移动平均线的聚合和分散的征兆加以双重平滑运算，从而判断买入和卖出时机。

MACD 指标又称指数平滑异同平均线，是根据均线的构造原理，对股票价格的收盘价进行平滑处理，求出算术平均值以后再进行计算，是一种趋向类指标。

DIFF 线是快速移动平均线和慢速移动平均线的差。如果其值为正，则称为正差离值；如果其值为负，则称为负差离值。在持续上涨行情中，正差离值会越来越大；在下跌行情中，负差离值的绝对值会越来越大。这样经过对移动平均线的特殊处理，虚假信号就会大大减少。

DEA 是 DIFF 线的算术平均值。柱状线的值是 DIFF 与 DEA 的差值，即若

DIFF 线在 DEA 线上方，则差值为正，柱状线在 0 轴上方，显示为红柱；若 DIFF 线在 DEA 线下方，则差值为负，柱状线在 0 轴下方，显示为蓝柱。如图 3-60 所示。

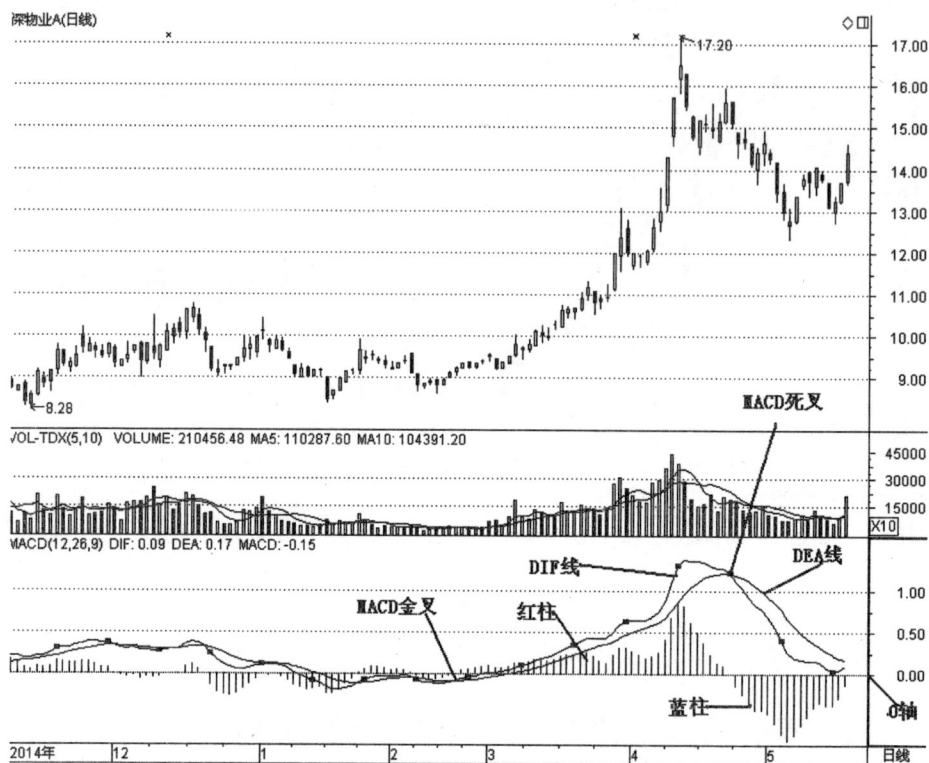

图 3-60 深物业 A 日 K 线及 MACD

如果 DIF 线和 DEA 线运行在 0 轴下方，表示现在的市场是空头市场；如果 DIFF 线和 DEA 线运行在 0 轴上方，表示现在的市场是多头市场。

0 轴上方的柱状线为做多信号，当其增多拉长时，说明多方气势旺盛，多方行情将继续；当其减少缩短时，表示多方气势在衰减，价格随时都可能下跌。0 轴下方的柱状线为做空信号，当其增多拉长时，说明空方气势旺盛，空方行情将继续；当其减少缩短时，表示空方气势在衰减，价格随时都可能止跌或见底回升。

一、MACD 指标买进技巧

在实际中，投资者可能感觉到，如果完全按照金叉买进、死叉卖出，获利较难，其至还有可能套牢亏损。因此，可以使用一种低位两次金叉买进的方法。MACD 在低位发生第一次金叉时，股价在较多情况下涨幅有限，或小涨后出现较大的回调，造成买进的投资者套牢。但是当 MACD 在低位第二次金叉出现后，股价上涨的概率和幅度会更大一些。因为在指标经过第一次金叉之后发生小幅回调，并形成一次死叉，此时空方好像又一次占据了主动，但其实已是强弩之末。这样在指标第二次金叉时，必然造成多方力量的发力上攻。如图 3－61 所示。

图 3－61　MACD 两次金叉确定买入时机

实际操作中，随股价上升 MACD 翻红，即白线上穿黄线（先别买），其后随股价回落，DIFF（白线）向 MACD（黄线）靠拢，当白线与黄线黏合时（要翻绿未翻绿），此时只需配合日 K 线即可，当此时 K 线有止跌信号，如收阳，十字星等（注意，在即将白黄黏合时就要开始盯盘口，观察卖方力量），如图 3－62 所示。若此时能止跌称之为"底背离"。底背离是买入的最佳时机。如图 3－63 所示。

底背离是指在股价一波又一波走低的同时，DIFF 线和 DEA 线却出现逐步走高的情形。在 MACD 指标中若出现底背离，预示股价将上涨，是买入信号。但是为了安全起见，当出现底背离形态时，投资者不必逐步逢低买入，而是应继续观察是否有其他见底信号，若有方可进行买入操作。

石油济柴(日线,前复权) MA5: 17.09 MA10: 16.42 MA20: 15.44 MA60: 13.85

MACD(12,26,9) DIF: 0.88 DEA: 0.63 MACD: 0.51

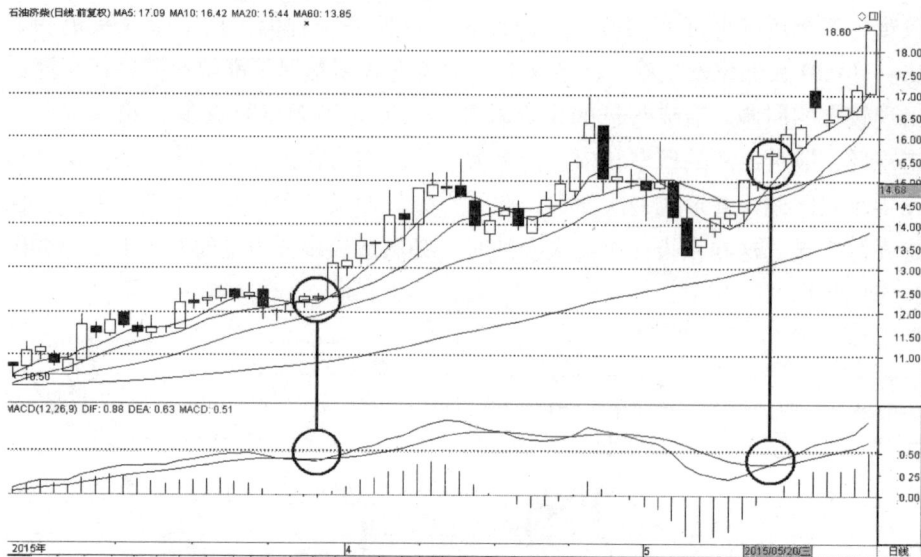

图 3-62　MACD 配合 K 线标志确定买入时机

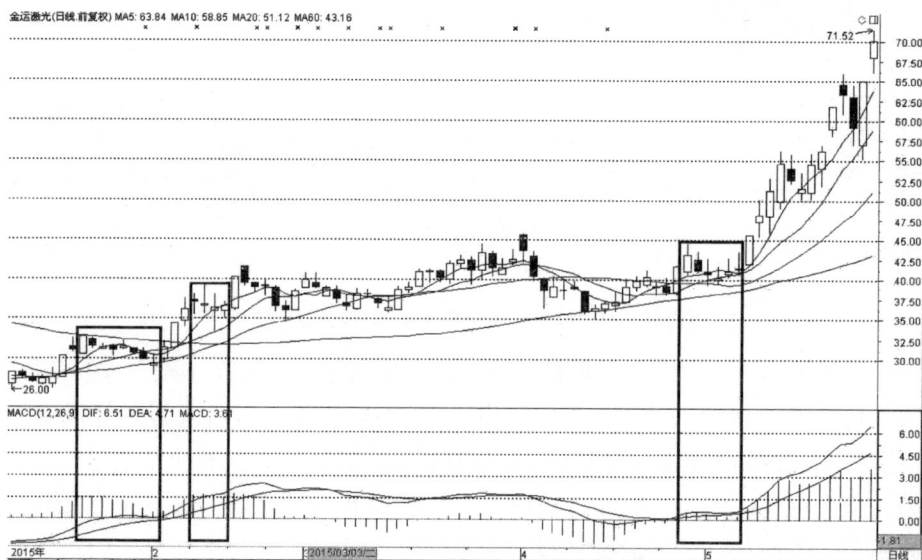

金运激光(日线,前复权) MA5: 63.84 MA10: 58.85 MA20: 51.12 MA60: 43.16

MACD(12,26,9) DIF: 6.51 DEA: 4.71 MACD: 3.6

图 3-63　MACD 底背离确定买入信号

二、MACD 指标卖出技巧

股价在经过大幅拉升后出现横盘，从而形成一个相对高点，投资者必须在第一卖点出货或减仓。当股价经过连续上涨出现横盘时，5日、10日移动平均线尚未形成死叉，但MACD率先死叉，死叉之日便是"第一卖点"形成之时，应该卖出或减仓。如图3-64所示。

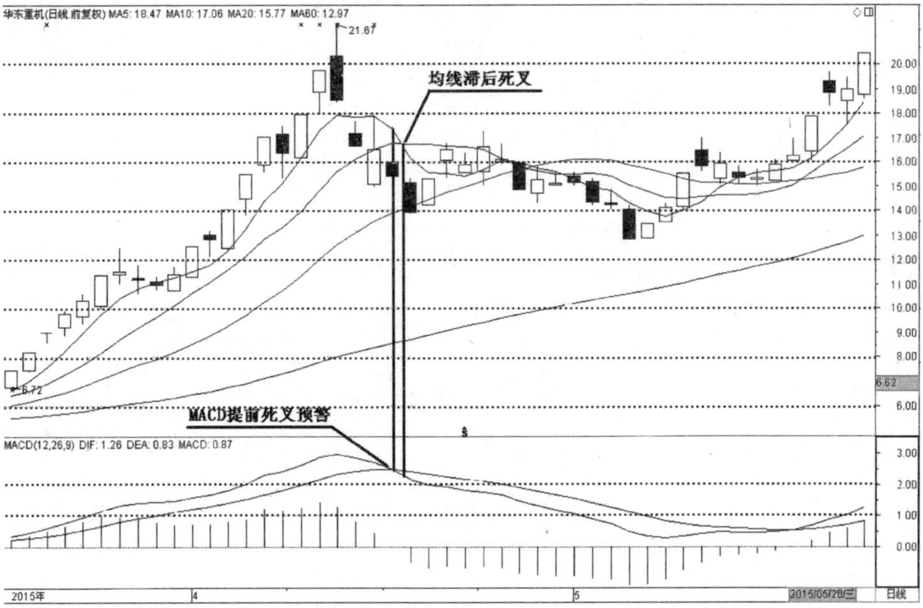

图3-64 利用MACD死叉与均线死叉时间差提前卖出

第一卖点形成之后，有些股价并没有出现大跌，而是在回调之后为掩护出货假装向上突破，多头主力做出货前的最后一次拉升，又称虚浪拉升，此时形成的高点往往是成为一波牛市行情的最高点，所以又称绝对顶，如果此时不能顺利出逃的话，后果不堪设想。

当股价进行虚浪拉升创出新高时，MACD却不能同步创出新高，二者的走势产生背离，这是股价见顶的明显信号。必须说明的是在绝对顶卖股票时，绝不能等MACD死叉后再卖，因为当MACD死叉时股价已经下跌了许多，在虚浪顶卖股票必须参考K线组合。

顶背离是股价一波又一波走高的同时，DIFF线和DEA线却出现走低的情形。在MACD指标中若出现顶背离，预示股价将下跌，是卖出信号。有时出现一次顶背离后股价就开始下跌，而有时要出现两三次后，股价才开始下跌。鉴于这样的情况，投资者可以在每次出现顶背离时分批减仓，待出现明显见顶信号后，再全部清仓离场。如图3-65所示。

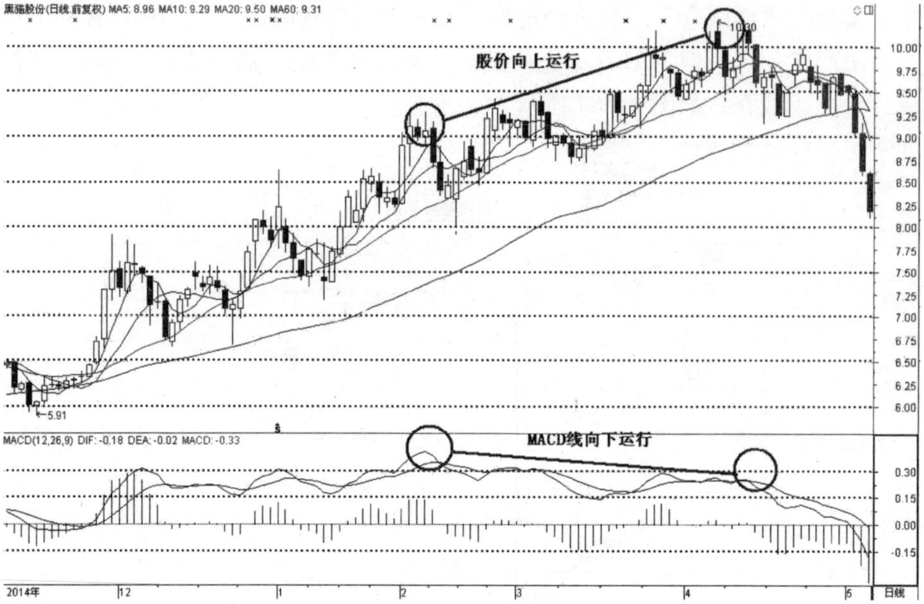

图 3-65　MACD 顶背离

改进 BBI 指标分析

股市的明天永远是一个未知数，这话不无道理，因为股市随时存在着风险，变数的确太多了。于是，常常有人抱怨：身在股市，不知是多是空？这时，多空指标（即 BBI 指标）为投资者指点迷津，它可以将多空市场划分得一清二楚。

一、BBI 指标的计算公式

BBI 指标是通过将几条不同天数移动平均线用加权平均方法计算出的一条移动平均线的综合指标。BBI 计算公式：

BBI =（3 日均价 + 6 日均价 + 12 日均价 + 24 日均价）÷4

二、BBI 指标的应用原则

（1）多空指数由下向上递增，股价在多空线上方，表明多头势强，可以继续持股。

（2）多空指数由上向下递减，股价在多空线下方，表明空头势强，一般不宜买入。

（3）股价在高价区以收市价向下跌破多空线为卖出信号，如图 3 - 66 所示。

（4）股价在低价区以收市价向上突破多空线为买入信号，如图 3 - 66 所示。

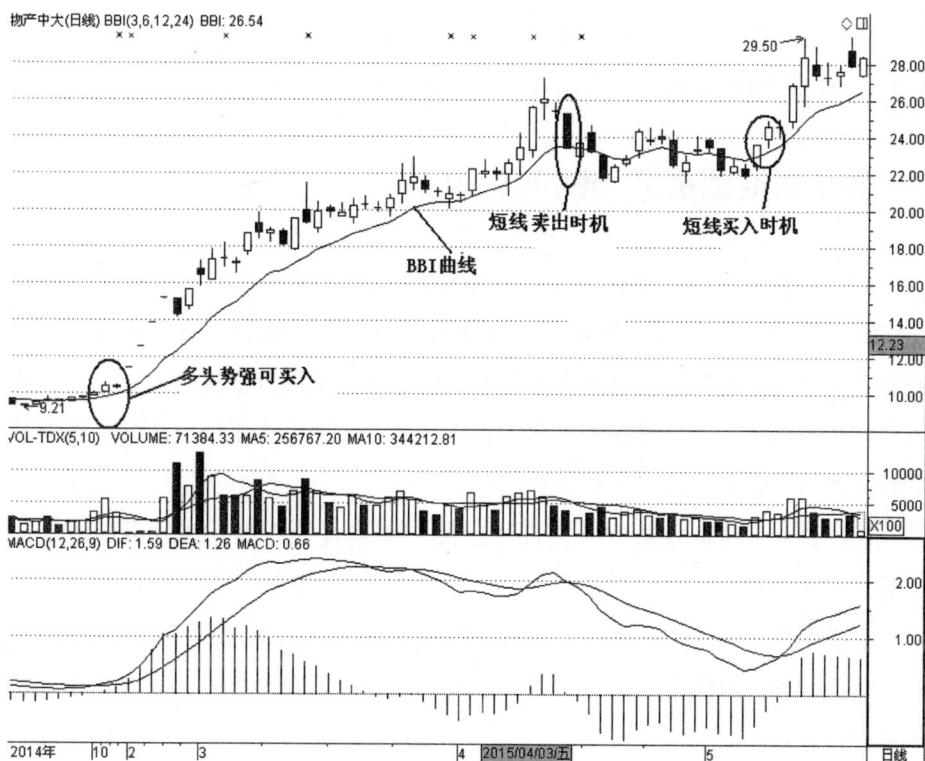

图 3-66　BBI 指标

三、EBBI 指标

多空指数是移动平均原理的特殊产物，起到了多空分水岭的作用。BBI 的本质上是对 MA 的一种改进，所以，也具有一些类似于 MA 的缺点，比如滞后性、信号频发性等。为了弥补这一缺陷，可设置一条长期的 BBI 指标和原有的 BBI 配合使用。新 BBI（EBBI）的计算公式：

EBBI =（6 日 EMA + 18 日 EMA + 54 日 EMA + 162 日 EMA）÷ 4

EBBI 的最大优点在于能及时捕捉长线黑马，当股价处于低位区时，BBI 由下向上突破 EBBI 为长线买入信号。判断上穿有效性的标准要看 BBI 是从远低于 EBBI 的位置有力上穿的，还是 BBI 逐渐走高后与 EBBI 黏合过程中偶然高于 EBBI 的，如是后者上穿无效。如果 BBI 始终在 EBBI 之上，表示股价处于强势状态，可以继续持股，是骑稳黑马的有力工具。如果 BBI 始终在 EBBI 之下，表示股价处于弱势状态，可以继续持币。

适宜捕捉翻番黑马的 WVAD

WVAD 指标是一种加权的量价动量指标，又名威廉变异离散量，它的设计思路是将每天的 K 线实体部分即开盘与收盘之间的成交量视为有真实意义的成交量，K 线实体部分的价格区域视为有真实意义的价格波动区间。K 线实体部分的最高价与全日最高价之间视为压力区，K 线实体部分的最低价与全日最低价之间视为支撑区。计算公式：

WVAD =（当日收盘价 – 当日开盘价）÷ 当日最高价 – 当日最低价 × 成交量

在应用中，WVAD 指标由下往上穿越 0 轴时，视为长期买进信号（图 3-67）。WVAD 指标由上往下穿越 0 轴时，视为长期卖出信号。但是在实际操作中往往有很严重的延误性。

在改进的 WVAD 指标中，首先增加两条 WVAD 指标的不同长短平均线，如 6 日和 12 日，具体时间参数都可以修改。这样买入信号增加为三种：上穿 0 值、WVAD 指标上穿均线 1、均线 1 上穿均线 2；而卖出信号也为三种：下穿 0 值、WVAD 指标下穿均线 1 和均线 1 下穿均线 2。由此产生的买卖信号共有 9 对组合。

鲁丰环保(日线)

图 3-67　WVAD 指标

"探底神针" RSI 指标

RSI 相对强弱指标是以特定时期内股价的变动情况来推测价格未来的变动方向。实际上，RSI 是计算一定时间内股价涨幅与跌幅之比，测量价格内部的体质强弱，根据择强汰弱原理选择出强势股票的指标。

相对强弱指数值在 0 ~ 100 之间波动。一般相对强弱指数的变化范围在 30 ~ 70 之间，其中又以 40 ~ 60 之间的机会较多，超过 80 或低于 20 的机会很少。

RSI 以 50 为分界线，此时买卖双方势均力敌，供求平衡。当 RSI 大于 50 时为强势市场，高于 80 以上进入超买区，容易形成短期回档，故而是卖出信号；当 RSI 小于 50 时为弱势市场，低于 20 以下进入超卖区，容易形成短期反弹，是买入信号。当然这里的 80 和 20 也是一个相对的数字，也可能为 85、70 和 30、15，具体数字的选取跟 RSI 的参数和选择的股票有关。

一、RSI 指标的买进技巧

连接 RSI 连续的两个峰顶，画出一条由左向右下方倾斜的切线，当 RSI 向上突破这条切线时，为较好的买进讯号。

当 RSI 曲线在低位（50 以下）形成 W 形底或三重底等低位反转形态时，意味着股价的下跌动能已经减弱，股价有可能构筑中长期底部，投资者可逢低分批建仓。如图 3-68 所示。

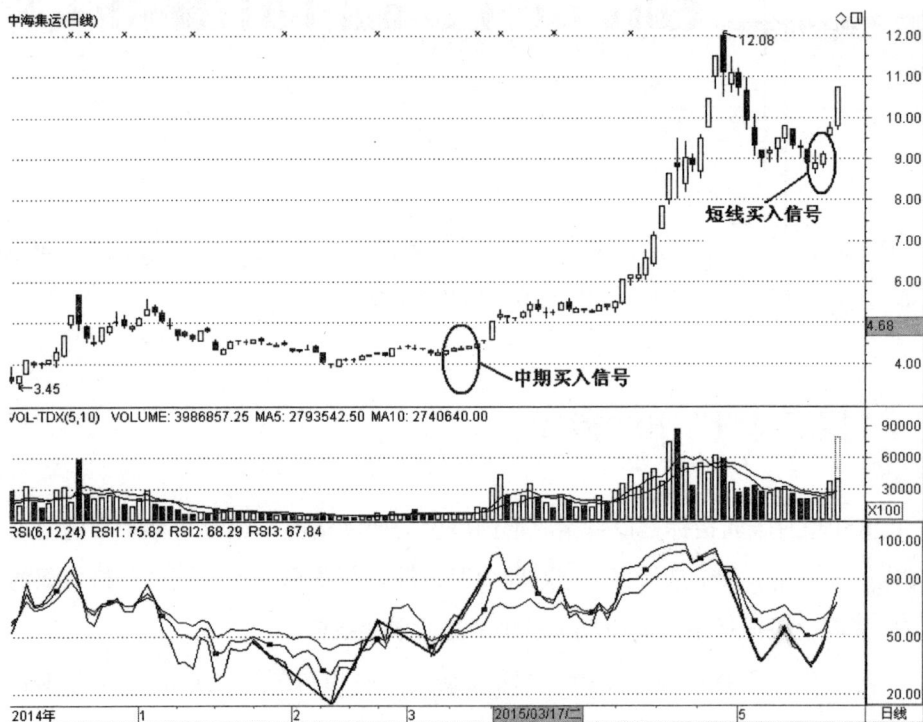

图 3-68　RSI 指标

当短期 RSI 曲线在 50 数值附近向上突破长期 RSI 曲线形成"金叉"时，表明市场多头力量开始强于空头力量，股价将大幅扬升，这是 RSI 指标所指示的中线买入信号。如图 3-69 所示。

图 3-69　RSI 指标金叉确定买入信号

　　RSI 的底背离一般出现在 20 以下的低位区。当 K 线图上的股价一路下跌，形成一波比一波低的走势，而 RSI 线在低位却率先止跌企稳，并形成一底比一底高的走势，这就是底背离。底背离现象一般预示着股价短期内可能将反弹，是短期买入的信号。如图 3-70 所示。

二、RSI 指标的卖出技巧

　　连接 RSI 连续的两个底部，画出一条由左向右上方倾斜的切线，当 RSI 向下跌破这条切线时，为较好的卖出讯号。

　　当短期 RSI 曲线和长期 RSI 曲线在 60 数值上方运行了比较长的时间时，一旦短期 RSI 曲线向下突破长期曲线形成"死叉"时，表明多头力量已经衰减，股价将开始大幅下跌，这是 RSI 指标指示的短线卖出信号。如图 3-71 所示。

图 3-70　RSI 指标底背离确定买入信号

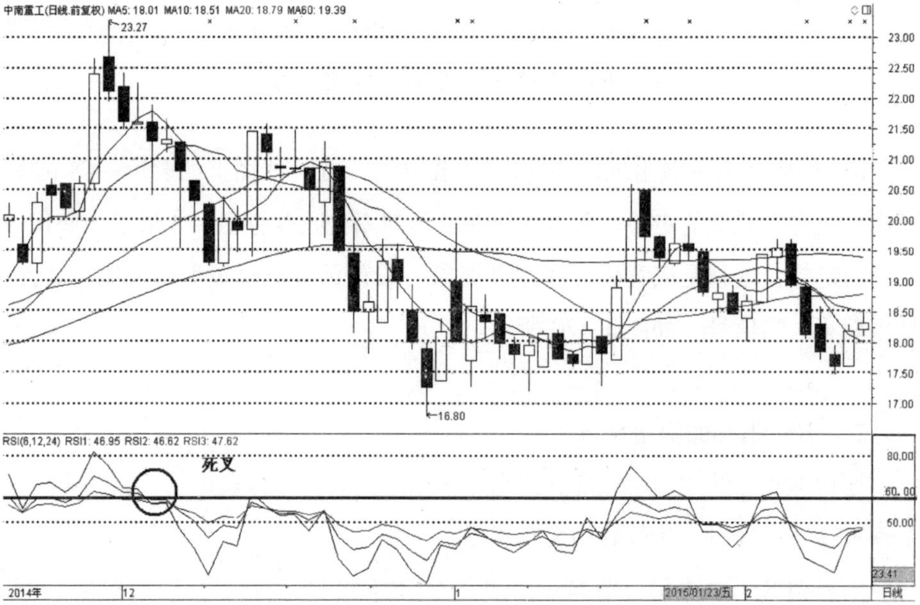

图 3-71　RSI 指标死叉确定卖出信号

当 RSI 曲线在高位（50 以上）形成 M 头或三重顶等高位反转形态时，意味着股价的上升动能已经衰竭，股价有可能出现长期反转行情，投资者应及时卖出股票。如图 3 - 72 所示。

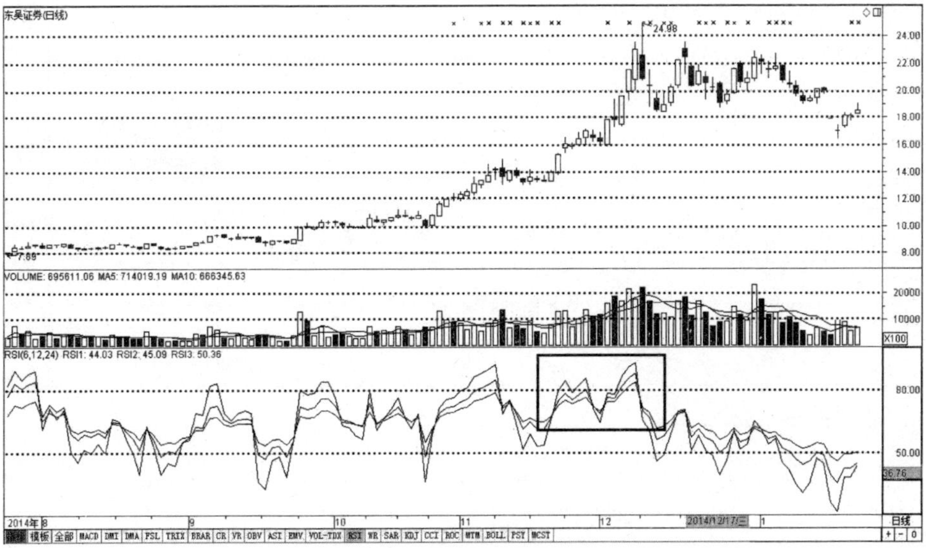

图 3-72　RSI 指标 50 以上出现 M 头确定卖出信号

当 RSI 处于高位，但在创出 RSI 近期新高后，反而形成一峰比一峰低的走势，而此时 K 线图上的股价却再次创出新高，形成一峰比一峰高的走势，这就是顶背离。顶背离现象一般是股价在高位即将反转的信号，表明股价短期内即将下跌，是卖出信号。

ROC 指标的系统选股技术

ROC 指标即变动速率指标，是由当天的股价与一定的天数之前的某一天股价比较，以其变动速度的大小来反映股票市场变动的快慢程度。该指标是诸多指标中较为全面的一种，具体表现在：其一，ROC 指标具有超买超卖功能；其二，ROC 指标对股价也能产生背离作用，且不同个股价格比率不同，其范围也有所不同。如图 3 - 73 所示。

ROC 以 0 为中轴线，ROC 上升至第一条超买线时，应卖出股票。ROC 向上突破第一条超买线后，指标继续朝第二条超买线涨升的可能性很大，指标碰触第二条超买线时，涨势多半将结束。向上穿越第三条超买线时，属于疯狂性多头行情，回档之后还要涨，应尽量不轻易卖出持股。

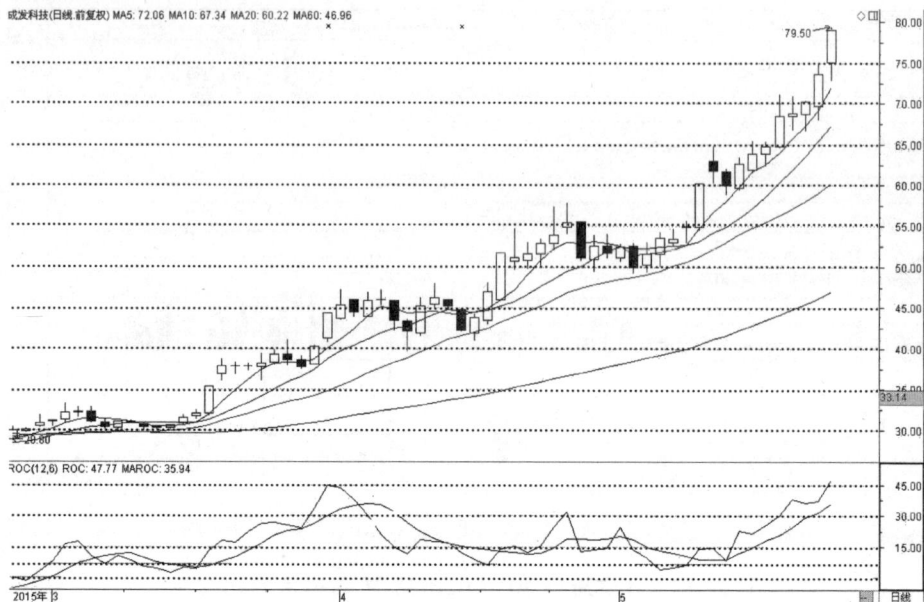

图 3-73　ROC 指标

　　ROC 下降至第一条超卖线时，应买进股票。向下跌破第一条超卖线后，指标继续朝第二条超卖线下跌的可能性很大，指标碰触第二条超卖线时，跌热多半将停止。向上穿越第三条超卖线时，属于崩溃性空头行情，反弹之后还要跌，应克制不轻易买进股票。

　　无论是短线投机者还是中线投资者，若 ROC 指标有效跌破 0 值，必须抛出。特别是前期 ROC 值长时间运行于 0 值以上的个股，尤应如此。

　　ROC 指标过于敏感，短期波动频率太快，当初的设计者使用了 ROCMA 做为平滑 ROC 指标的工具，这种设计的效果不明显。改进方案是加入新设计的一条平滑 ROC 指标的移动平均线 ROCEMA，ROCEMA 是求 ROC 指标的 X 日指数平滑移动平均线。

　　ROCAVG 是 ROC 的移动平均，这两个指标的关系就如股价与 MA 的关系一样。正是由于这个原因，ROC 上穿 ROCAVG 并且 ROC 为正值时，是买入信号。同理，ROC 下穿 ROCAVG 并且 ROC 为负值时，是卖出信号。

ROC 有领先于股价的特性，如果从高向低 ROC 曲线出现两个依次下降的峰，而此时股价却出现新的高峰。这就是背离，是卖出信号。同理，ROC 从低向高形成依次上升的两个谷，而此时股价却出现了新的低谷，是买入信号。

当 ROC、ROCMA、ROCEMA 三条线均小于零轴时，ROC 迅速同时上穿 ROCMA 和 ROCEMA 两条线，而且 ROCMA 和 ROCEMA 两条线也处于缓缓上行中，为短线黑马买入信号。

当 ROC、ROCMA、ROCEMA 三条线均大于零轴时，ROC 迅速同时下穿 ROCMA 和 ROCEMA 两条线，而且 ROCMA 和 ROCEMA 两条线也处于缓缓下行中，为短线卖出信号。

根据 ROC 指标 ROC、ROCMA、ROCEMA 三条线是处于多头排列中还是处于空头排列中，可以研判股价未来的趋势。当 ROC、ROCMA、ROCEMA 三条线处于多头排列中；成交量处于间隙式放大或温和放大过程时，表明股价正运行于上升趋势中，仍有继续上涨趋势；当 ROC、ROCMA、ROCEMA 三条线处于空头排列中，表明股价正运行于下行趋势中，仍有继续下跌趋势。

短线点金

指标交叉是用于判别股价的转折点，而指标排列是用于判别股价是否有沿原来的方向继续发展的动力。通俗的说法就是用指标交叉骑上黑马后，用指标排列解决黑马还要骑多长时间的问题。

十拿九稳的布林线指标分析

BOLL 指标又称布林线或布林带，是由约翰·布林格发明，是由移动平均线延伸而来的一种曲线，它的构建方法是在移动平均线的上下方相等距离的位置建立两条平行的曲线。BOLL 线就是在原有规则上延伸的一种画法。

BOLL 指标的参数一般设置为 20，不能小于 6。设置为 20 是比较科学的，现今股票软件基本均默认为 20。如图 3-74 所示。

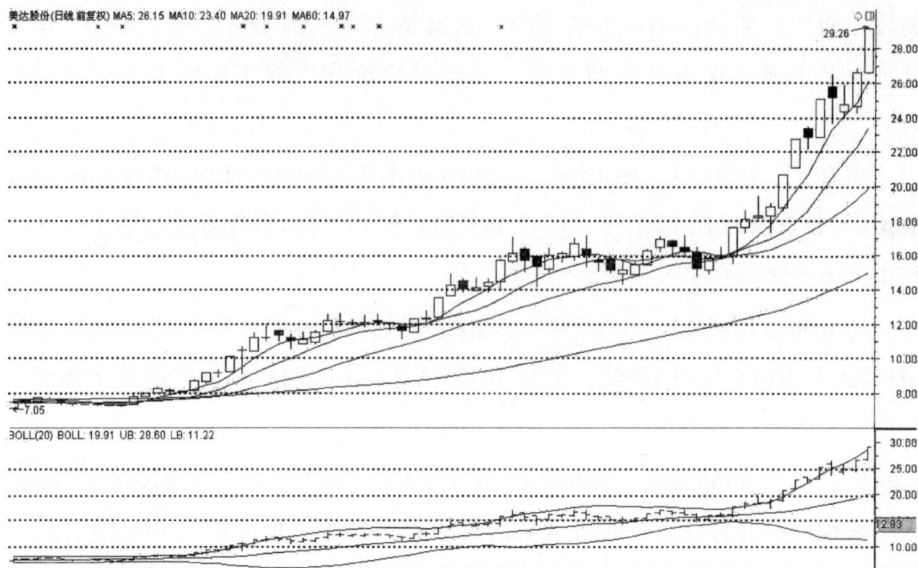

图 3-74　BOLL 指标

布林通道线 BOLL 由上、中、下三条轨道线组成，多数情况下，价格总是在这个带状区间运行，并且随价格的变化自动调整轨道的位置，而带状的宽度可以看出价格的变动幅度，越宽则表示价格变化越大。

通过布林通道线 BOLL 可以评估股票走势的强弱，当价格线位于布林线中轨以上时，趋势偏强；当价格线处于布林线中轨以下时，则趋势看淡。布林通道的两极为上轨和下轨，表示极强和极弱。

BOLL 指标的实战技巧主要集中在股价 K 线（或美国线）与 BOLL 指标的上、中、下轨之间的关系及布林线的开口和收口的状况等方面。

一、买入信号

（1）当股价 K 线带量向上突破布林线的上轨，并且 TRIX 指标也已经发出底位"金叉"时，说明股价即将进入一个中长期上升通道之中，这是 BOLL 指标发出的买入信号。此时，投资者应及时买入股票。

（2）当布林线轨道经过很长一段时间的底位窄幅水平运动后，股价 K 线带量向上突破布林线的上轨，同时原本狭窄的布林线通道突然开口向上时，说明股价即将脱离原来的水平运行通道进入新的上升通道之中，这也是 BOLL 指标发出的买入信号。

二、持股、持币信号

（1）当布林线开口向上后，只要股价 K 线始终运行在布林线的中轨上方，说明股价一直处在一个中长期上升轨道之中，这是 BOLL 指标发出的持股待涨信号，如果 TRIX 指标也是发出持股信号，这种信号就更加准确。此时，投资者应坚决持股待涨。

（2）当布林线开口向下后，只要股价 K 线始终运行在布林线的中轨下方，说明股价一直处在一个中长期下降轨道之中，这是 BOLL 指标发出的持币观望信号，如果 TRIX 指标也是发出持币信号时，这种信号就更加准确。此时，投资者应坚决持币观望。

三、卖出信号

（1）当股价 K 线向下突破布林线的中轨，并且 TRIX 指标也已经发出高位"死叉"时，说明股价即将进入一个中长期下降通道之中，这是 BOLL 指标发出的卖出信号。此时，投资者应尽早清仓离场。

（2）当布林线轨道经过很长一段时间的高位窄幅水平运动后，股价 K 线向下突破布林线的下轨，同时原本狭窄的布林线通道突然开口向下时，说明股价即将脱离原来的水平运行通道进入新的下降通道之中，这也是 BOLL 指标发出的卖出信号。

乖离率指标 BIAS 综合应用技巧

乖离率指标是移动平均原理派生的一项技术指标，其功能主要是通过测算股价在波动过程中与移动平均线出现偏离的程度，从而得出股价在剧烈波动时因偏离移动平均趋势而造成可能的回档或反弹，以及股价在正常波动范围内移动而形成继续原有走势的可信度。如图 3–75 所示。

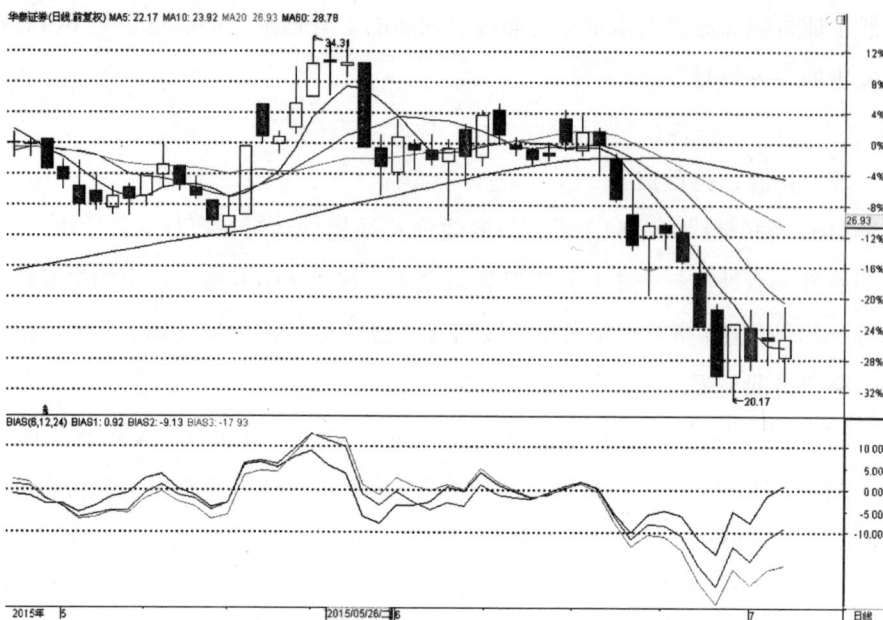

图 3–75　BIAS 指标

由于选用的计算周期不同，乖离率指标包括 N 日乖离率指标、N 周乖离率、N 月乖离率和年乖离率以及 N 分钟乖离率等很多种类型。经常被用于股市研判的是日乖离率和周乖离率。虽然它们计算时取值有所不同，但基本的计算方法一样。

以日乖离率为例，其计算公式为：

N 日 BIAS =（当日收盘价 – N 日移动平均价）÷ N 日移动平均价 × 100

N 的采用数值有很多种，常见的有两大种。一种是以 5 日、10 日、30 日和 60 日等以 5 的倍数为数值的；一种是 6 日、12 日、18 日、24 日和 72 日等以 6 的倍数为数值的。尽管它们数值不同，但分析方法和研判功能相差不大。

乖离率分正乖离和负乖离。当股价在移动平均线之上时，其乖离率为正，反之则为负。当股价与移动平均线一致时，乖离率为 0。当正乖离率数值太大时，说明当前股价在移动平均线之上距离过远，将向移动平均线回归，下跌可能大，属卖出信号；当负乖离率数值（绝对值）太大时，说明当前股价在移动平均线之下距离过远，将向移动平均线回归，上涨可能性大，属买入信号。当乖离率在 0 值附近小幅波动时，说明当前股价与移动平均线距离没有拉开，方向不明。一般来说，在上升趋势中，如遇负乖离率，可以顺势以在低位以跌价买进，因为进场风险小；在下降趋势中，如遇正乖离率，可以待股价升至高位时卖出股票。

一、乖离率指标的买入技巧

当短期 BIAS 曲线开始在底部向上突破长期 BIAS 曲线时，说明股价的弱势整理格局可能被打破，股价短期将向上运动，投资者可以考虑少量长线建仓。当短期 BIAS 曲线向上突破长期 BIAS 曲线并迅速向上运动，同时中期 BIAS 曲线也向上突破长期 BIAS 曲线，说明股价的中长期上涨行情已经开始，投资者可以加大买入股票的力度。

当 BIAS 曲线在低位出现 W 底或三重底等底部反转形态时，可能预示着股价由弱势转为强势，股价即将反弹向上，可以逢低少量吸纳股票。如果股价曲线也出现同样形态更可确认，其涨幅可以用 W 底或三重底形态理论来研判。

当股价曲线与 BIAS 曲线从低位同步上升，表示短期内股价有望触底反弹或继续。当 BIAS 曲线从下向上突破 0 度线，同时股价也突破短期均线的压力时，表明股价短期将强势上涨，投资者应及时买入股票。

当短期 BIAS 曲线和长期 BIAS 曲线在 0 值线上方附近窄幅盘整时，一旦短期 BIAS 曲线向上突破长期 BIAS 曲线形成"金叉"，表明股票股价的强势上升趋势开始形成，股价将大幅扬升，这是 BIAS 指标所指示的中短线买入信号。特别是股价也带量向上突破股价均线时，这种买入信号更准确。此时，投资者应及时逢低买入股票。

二、乖离率指标的卖出技巧

当短期 BIAS 曲线经过一段快速向上运动的过程后开始在高位向下掉头时，说明股价短期上涨过快，将开始短线调整，投资者可以短线卖出股票。当长期 BIAS 曲线也开始在高位向下掉头时，说明股价的中短期上涨行情已经结束，投资者应清仓离场。

当 BIAS 曲线在高位形成 M 头或三重顶等顶部反转形态时，可能预示着股价由强势转为弱势，股价即将大跌，应及时卖出股票。如果股价的曲线也出现同样形态则更可确认，其跌幅可以用 M 头或三重顶等形态理论来研判。

当股价曲线与 BIAS 曲线从高位同步下降，表示短期内股价将形成头部或继续下跌趋势。此时，投资者应及时逢高卖出股票。

当短期 BIAS 曲线和长期 BIAS 曲线在 0 值线附近窄幅盘整时，一旦短期 BIAS曲线向下突破长期 BIAS 曲线形成"死叉"，同时股价跌破中长期均线，则意味着股价的下降趋势开始形成，股价将大幅下跌，这是 BIAS 指标所指示的中长线卖出信号。此时，投资者应及时卖出股票。

短线点金

不同分析者的自我标准也是影响判断的原因。虽然自我标准不影响乖离率的数值，但是投资者的不同选择会影响成功率和投资收益率。如果自定的乖离率买卖信号的数值区间过小则操作会过于频繁，成功率低，但不会漏过大行情；如果自定的乖离率买卖信号的数值区间过大，则会漏过许多行情，但成功率高。

威廉超买超卖指数

威廉指标就是通常所说的 WR 指标，又称威廉超买超卖指标。威廉指标是测量行情震荡的一种指标，应用"遇强则买，遇弱则卖"的原理，属于分析市场短期买卖走势的技术指标，为投资人交易提供参考依据。如图 3 - 76 所示。

威廉指标的计算主要是利用分析周期内的最高价、最低价及周期结束的收盘价等三者之间的关系展开的。威廉指标的计算公式为：

R% = 100 - 100（C - Ln）／（Hn - Ln）

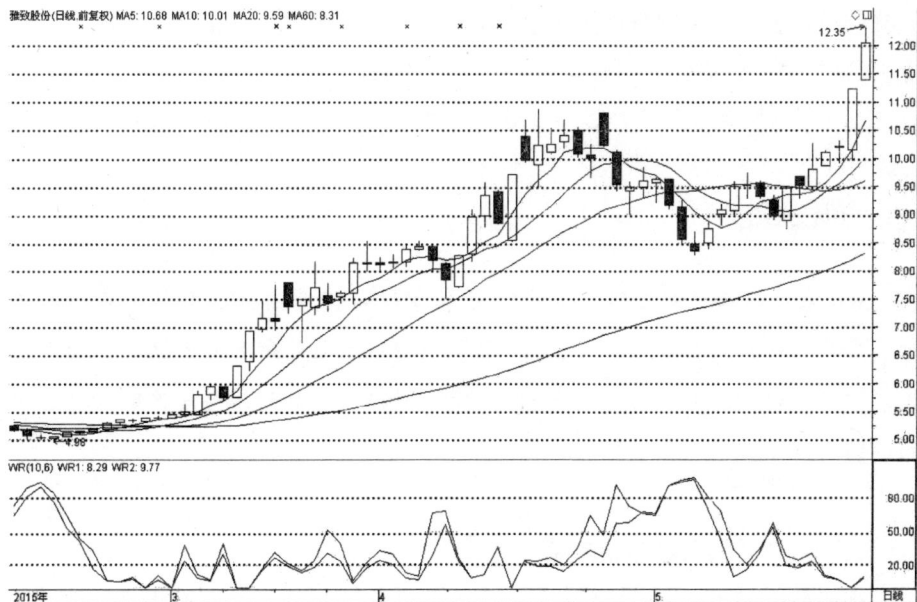

图 3-76 威廉指标

其中，C 为当日收盘价，Ln 为 n 日内最低价，Hn 为 n 日内最高价。

和股市其他技术分析指标一样，威廉指标可以运用于行情的各个周期的研究判断。大体而言，威廉指标可分为 5 分钟、15 分钟、30 分钟、60 分钟、日、周、月、年等各种周期。虽然各周期的 WR 指标的研判有所区别，但基本原理相差不多。

威廉指标主要是利用震荡点来反映市场的超买超卖行为，分析多空双方力量的对比，从而提出有效的信号来研判市场中短期行为的走势。

一、从 WR 的绝对取值方面考虑

当 WR 高于 80 时，即处于超卖状态，行情即将见底，应当考虑买进；当 WR 低于 20 时，即处于超买状态，行情即将见顶，应当考虑卖出。当 WR 由超买区向上爬升时，只是表示行情趋势转向，若突破 50 中轴线，便是涨势转强，可以追买。当 WR 由超买区向下滑落跌破 50 中轴线时，可以确认跌势转强，可以追卖。当 WR 进入超买区时，并非表示行情会立刻下跌，在超买区内

的波动只是表示行情价格仍然属于强势中，直至 WR 回头跌破卖出线时，才是卖出信号。反之亦然。

短线点金

WR 表示超买或超卖时，应立即寻求 MACD 讯号支援。当 WR 表示超买时，应作为一种预警效果，再看 MACD 是否产生 DIFF 向下交叉 MACD 的卖出讯号，一律以 MACD 的讯号为卖出的时机。相反，WR 进入超卖区时，也适用同样的道理。

二、从 WR 的曲线形状考虑

当股价 K 线图上的股票走势一峰比一峰高，股价在一直向上涨，而 WR 指标图上的 WR 曲线的走势在高位一峰比一峰低，这就是顶背离现象。顶背离现象一般是股价将高位反转的信号，表明股价短期内即将下跌，是一种比较强烈的卖出信号。

当股价 K 线图上的股票走势一峰比一峰低，股价在向下跌，而 WR 指标图上的 WR 曲线的走势是在低位一底比一底高，这叫低背离现象。底背离现象一般是股价将低位反转的信号，表明股价短期内即将上涨，是比较强烈的买入信号。

指标背离一般出现在强势行情中比较可靠。即股价在高位时，通常只需出现一次顶背离的形态即可确认行情的顶部反转，而股价在低位时，一般要反复出现多次底背离后才可确认行情的底部反转。

随机指数

KDJ 指标在设计过程中主要是研究最高价、最低价和收盘价之间的关系，同时也融合了动量观念、强弱指标和移动平均线的一些优点。因此，能够比较迅速、快捷、直观地研判行情，被广泛用于股市的中短期趋势分析，是期货和股票市场上最常用的技术分析工具。

KDJ 指标的图形由 3 条指标线组成，分别为移动速度最快的 J 线，速度其次的 K 线和速度最慢的 D 线，其变化范围一般为 0 ~ 100。

根据 KDJ 的取值，可将其划分为几个区域，即超买区、超卖区和徘徊区。按一般划分标准，K、D、J 三值在 20 以下为超卖区，是买入信号；K、D、J 三值在 80 以上为超买区，是卖出信号；K、D、J 三值在 20 ~ 80 为徘徊区，宜观望。如表 3 - 6 所示。

表 3-6　KDJ 的取值

	K 值	D 值	J 值
超买区	>80	>80	>80
徘徊区	20 ~ 80	20 ~ 80	20 ~ 80
超卖区	<20	<20	<20

KDJ 指标中，K 值和 D 值的取值范围都是 0~100，而 J 值的取值范围可以超过 100 和低于 0，但在分析软件上 KDJ 的研判范围都是 0 ~ 100。通常就敏感性而言，J 值最强，K 值次之，D 值最慢，而就安全性而言，J 值最差，K 值次之，D 值最稳。

一、KDJ 指标的买进技巧

当股价经过一段很长时间的低位盘整行情，并且 K、D、J 三线都处于 50 线以下时，一旦 J 线和 K 线几乎同时向上突破 D 线，是 KDJ 指标"黄金交叉"的一种形式，表明股市即将转强，股价跌势已经结束，将止跌朝上，可以开始买进股票，进行中长线建仓。

当股价经过一段时间的上升过程中的盘整行情，并且 K、D、J 线都处于 50 线附近徘徊时，一旦 J 线和 K 线几乎同时再次向上突破 D 线，成交量再度放出时，是 KDJ 指标"黄金交叉"的另一种形式，表明股市处于一种强势之中，股价将再次上涨，可以加码买进股票或持股待涨。如图 3 - 77 所示。

当股价 K 线图上的股票走势一峰比一峰低，股价在向下跌，而 KDJ 曲线图上的 KDJ 指标的走势是在低位一底比一底高，这叫低背离现象。底背离现

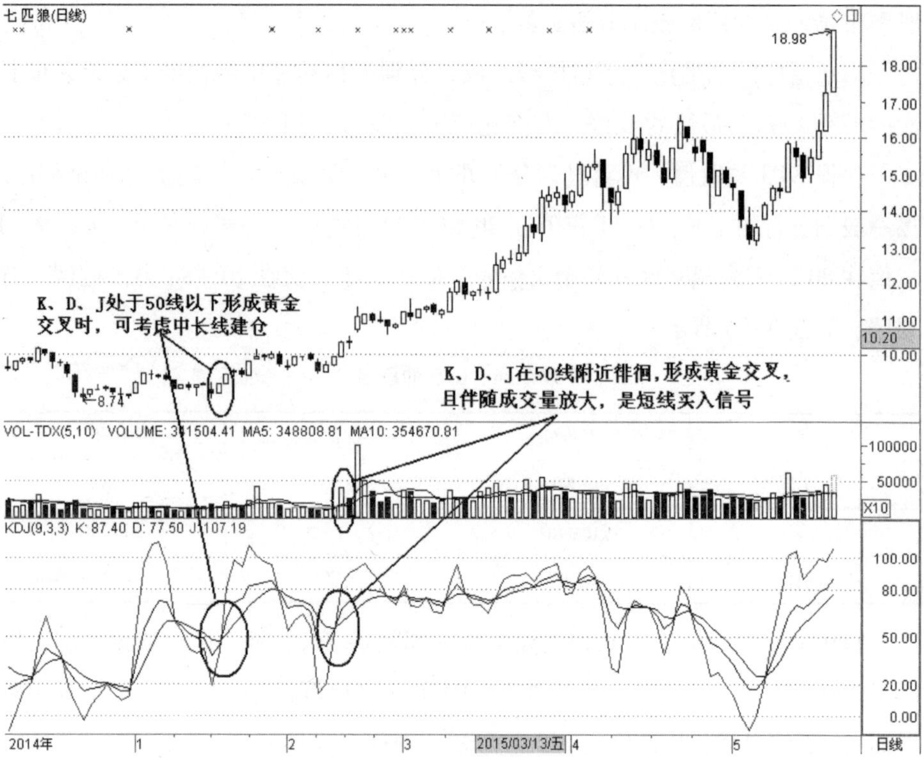

图 3-77　KDJ 指标的买入信号

象一般是股价将低位反转的信号，表明股价中短期内即将上涨，是买入信号。

当 KDJ 曲线在 50 下方的低位时，如果 KDJ 曲线的走势出现 W 底或三重底等底部反转形态，可能预示着股价由弱势转为强势，股价即将反弹向上，可以逢低少量吸纳股票。如果股价曲线也出现同样形态更可确认，其涨幅可以用 W 底或三重底形态理论来研判。

二、KDJ 指标的卖出技巧

当股价经过前期一段很长时间的上升行情后，股价涨幅已经很大的情况下，一旦 J 线和 K 线在高位（80 以上）几乎同时向下突破 D 线时，是 KDJ 指标的"死亡交叉"的一种形式。表明股市即将由强势转为弱势，股价将大跌，这时应卖出大部分股票而不能买股票。

当股价经过一段时间的下跌，股价向上反弹的动力缺乏，各种均线对股价形成较强的压力，KDJ 曲线在经过短暂的反弹到 80 线附近，但未能重返 80 线以上时，一旦 J 线和 K 线再次向下突破 D 线，是 KDJ 指标"死亡交叉"的另一种形式。表明股市将再次进入极度弱市中，股价还将下跌，可以卖出股票或观望。

当股价 K 线图上的股票走势一峰比一峰高，股价在一直向上涨，而 KDJ 曲线图上的 KDJ 指标的走势在高位一峰比一峰低，这叫顶背离现象。顶背离现象一般是股价将高位反转的信号，表明股价中短期内即将下跌，是卖出信号。

当 KDJ 曲线在 50 上方的高位时，如果 KDJ 曲线的走势形成 M 头或三重顶等顶部反转形态，可能预示着股价由强势转为弱势，股价即将大跌，应及时卖出股票。如果股价的曲线也出现同样形态则更可确认，其跌幅可以用 M 头或三重顶等形态理论来研判。

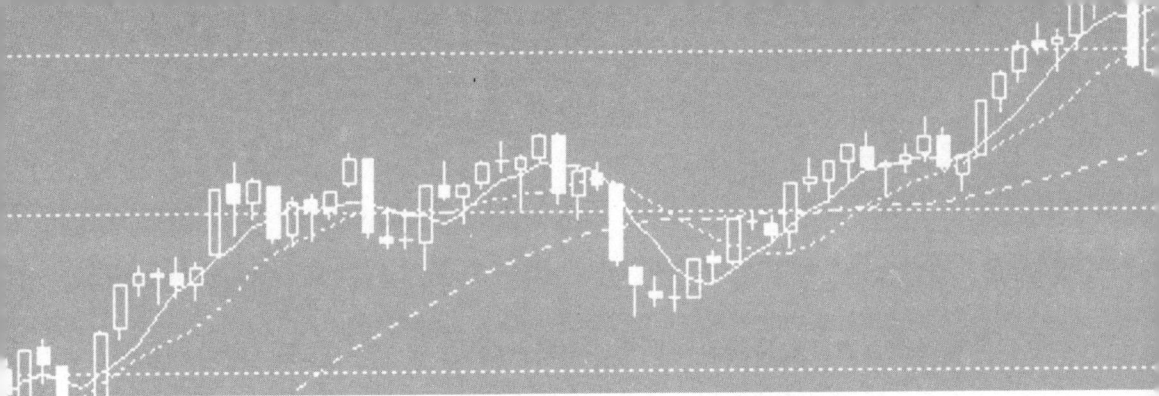

第四章
短线选股技巧

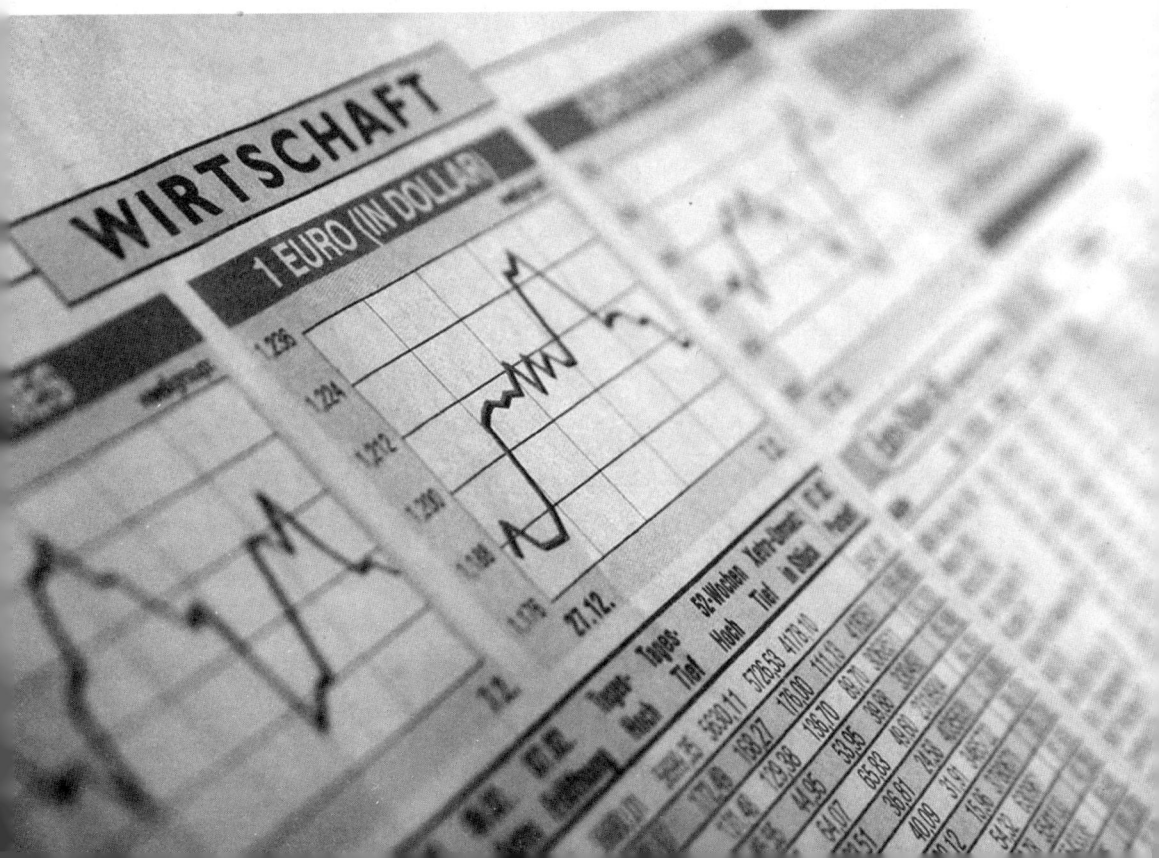

短线投资者一般持股时间不长，短则一两天，长则一两周。短线炒股一般不太关心个股的业绩和潜质，只关心个股近期会不会涨，会涨多少。所以短线炒手的选股方法更倾向于技术分析，尤其是盘面分析。

第一节　短线选股原则

选择股性活跃的个股

在股市中，每只股票都有各自的波动特性，即所谓的股性。股性好的股票，股价活跃，大市升时它升得多，大市跌时人们会去抄底。几乎所有的热门股都具有较好的股性，这类股票认同程度高，大多有主力机构介入，主力对其股性熟悉，会反复介入，从而也形成了该股的独特股性。此外，股本小的个股往往会成为主力炒作的目标，因为流通盘小的股票容易控制筹码，具备拉升容易的特点，十分有利于操作。

一般情况下，股性取决于企业的经营状况、分红派息方式、股本结构、题材是否丰富、二级市场供求程度以及地域特性等多方面的因素。这种股性是在长期运作中形成的，股市对其看法已趋于一致，因此较难发生突变。

投资者关键要识别个股是处于建仓初期的活跃股，还是处于主力出货阶段的活跃股。具体如何识别有投资价值的活跃股，可以从以下几个方面着手。

（1）寻找每日振幅接近或超过 10% 的股票。如图 4-1 所示。

（2）短线指标中的个股的随机指标 KDJ 中的 D 值要小于 20，移动成本分布的获利盘比例要低于 10%。

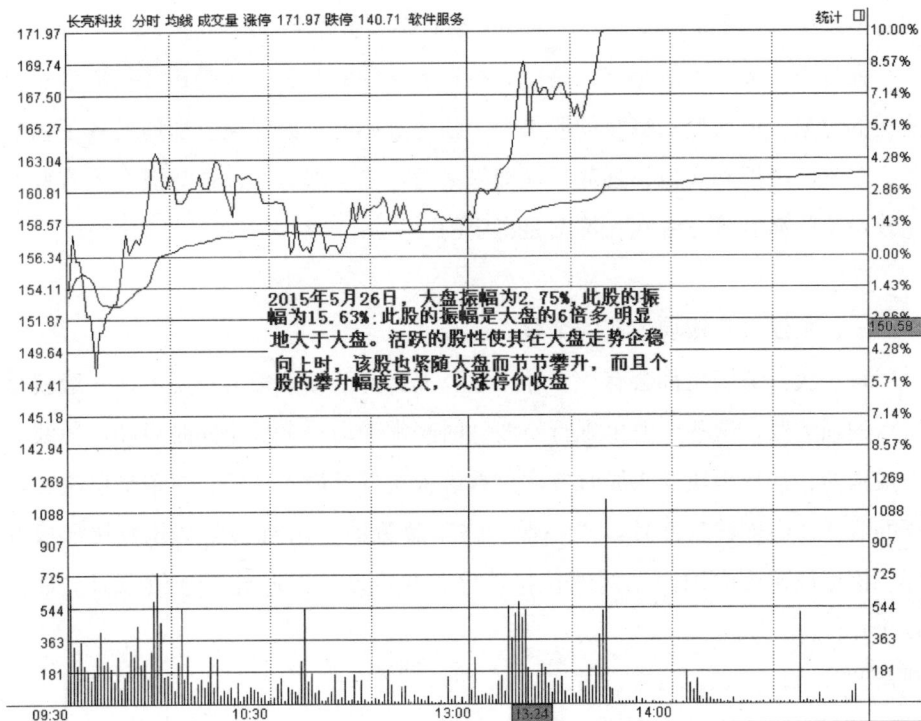

图 4-1　长亮科技高振幅分时图

（3）当日涨幅要大于3%，同时股价要向上穿越7日移动平均线。因为只有处于上攻过程中的股票，才会给投资者带来最快速的短线利润。

由于股性是长期形成的，因此投资者要了解每一只股票的特点，需要付出时间和精力，搜集信息、资料，分析、预测个股态势。当股民全面了解了个股特性后，对于股票个性出现的变化就比较容易认清了。对于股性"死"的股票，投资者确实应当少碰。因为这类股票一旦套牢，等待解套的时间将十分漫长。

选择强势股

操作强势股可以在较短的时间内获取丰厚利润，这是每个投资人都非常向往的。顾名思义，强势股是指在股市中稳健上涨的股票，可能是一波行情的龙头股，也可以是热点板块中的代表性股票。其主要特点是具有高换手率，每日成交换手率一般不低于5%，在某些交易日甚至会达到20%～30%。

　　强势股一般是市场热点，是所有投资者关注的对象，也是短线投资者所要捕捉的对象。但在变幻莫测的股市中，强势股亦有真假，而且即使发现了强势股，多半已经涨到高位，强势风光即将成为过去。那么操作强势股有没有好的比较系统的高胜算方法呢？答案是肯定的。

一、关注具有板块效应的个股

　　每一次行情变化都会有一个导火索，那么行情导火索的点燃者，一般就是后市的强势股，这些个股出现行情波动时经常带动一个板块同时启动。短线只做最强的，选择板块龙头股时要注意看该板块哪只最先涨停，封单最坚决，这样的股往往会连续封涨停。"一带一路"政策的提出对铁路基建板块形成利好，该板块龙头中国南车两度连拉涨停，并带动铁路基建板连续飙升。如图4-2所示。

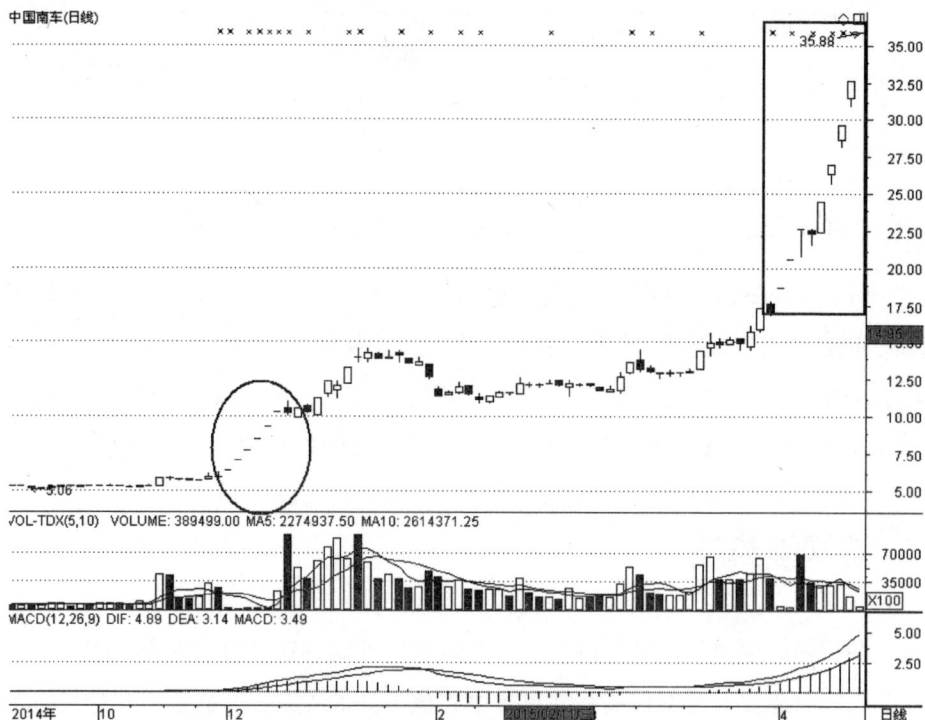

图4-2　中国南车两度连拉涨停

发现这些领涨的个股时，投资者要果断跟进，切忌具有"恐高症"，认为"领头羊"已涨幅过大，要树立"强者恒强"的思维。领头羊如果具有风险，其所属板块的其他个股风险将会更大。

二、关注大资金持续流入的个股

股市中的热点其实就是有资金集中流入的个股，而板块轮动其实就是资金流动而产生的盘面效果。当主流资金向部分板块和个股中流动时，这些板块和个股由于资金的持续流入，不断提高筹码价位，主力不断震荡吸筹，造成强势股票绝对控盘，所以股市有"强者恒强"一说。

分析资金流向时，投资者需要将成交量排行与涨跌幅榜结合起来分析。若成交量排行靠前，股价涨幅靠前，说明有大资金持续流入。一般来说，最初发动行情的个股由于涨幅居前、成交量有效放大，往往最具备示范效应，这就是市场中的强势龙头股。

从成交额上识别资金流向的方法是：每天成交额排行榜前 20 ~ 30 名的个股，就是资金流向的热点。所要观察的重点是这些个股是否具备相似的特征，或集中于某些板块，并且该板块中个股能否长时间占据成交额排行榜位置。当个股没有主流资金关照时，股价会在某一多空相对平衡的价格区间内徘徊，并且随着股市整体趋势的演变，相应地提高或降低其多空平衡区间。当主流资金对个股施加作用时，股价就会偏离其多空平衡区，从而产生质变。

三、关注受大盘拖累而下跌的个股

一些个股本身具有很好的成长性，本身并没有下跌的趋势，因为大盘表现不好，受其拖累而下跌。其价值被恐慌的投资者所低估，其下跌因为投资者当时信心不足而非其基本面原因所致，它在后市成为强势股的可能性极大。这类个股在后市大盘企稳后将会领先大盘启动，且上涨幅度也会超过大盘。

四、关注在形态突破前有洗盘行为的个股

这类个股的庄家控盘力度比较大，其启动后的持续能力较强。出现这种现

象可以证明庄家已做了充足的准备，不愿让其他投资者坐轿；从另一方面也证明庄家实力不一般，有实力完全控盘，根本不需小户来帮忙。

五、关注成交量大的股票

成交量是选择短线强势股的重要参考依据，因为有成交量才说明有庄家进场吸筹，如果没有成交量，说明该股暂时还没有庄家关照（高控盘股除外）。如果买入一只底部没有成交量的股票，只是守株待兔，需要等待较长的时间，不符合短线强势股的条件。

短线点金

成交量一般不能只看一天，最好是连续几天成交量同步放大，且量升价增（不能是放量下跌），虽然股价也会同步有一定的涨幅，但只要确定有庄家进入，强势股买高一点点也不要紧，庄家既然在这个位置吸筹，那么目标自然会更高。

选择热门股

热门股是指那些在股票市场上交易量大、交易周转率高、股票流通性强，股票价格变动幅度大的股票。这种股票的收益和股息的纪录可能始终保持稳定增长。

判别是否属于热门股的有效指标之一就是换手率，换手率高，说明近期有大量的资金进出该股，流通性良好。投资者可将近期连续每天换手率超过1%的个股列入备选对象之中，这样可以大大缩小选股范围；再根据一些辅助规则，从高换手率个股中精选出最佳品种。

操作中可利用以下几个辅助规则。

一、高换手率能否维持较长时间

若在较长的一段时间内保持较高的换手率，说明资金进出量大，热度较高，一些个股仅仅有一两天成交突然放大，其后重归沉寂，并不说明该股股性已转强。

二、看走势形态、均线系统

换手率高，有可能表明资金流入，亦有可能为资金流出。一般来说，出现较高的换手率的同时均线系统保持空头排列、重心下移，表明资金从该股流出，后市以跌为主。

三、看价量关系

一些热门股上涨过程中保持较高的换手率，此时继续追涨风险较大。投资者可重点关注那些近期一直保持较高换手率而股价涨幅较有限的个股，根据"量比价先行"的规律，成交量先行放大，股价通常会很快跟上量的步伐，即短期换手率高，表明短期上行能量充足。

选择题材股

题材股是指因政策、突发事件、技术革命、重磅新产品等重大因素影响而受益并被炒作的个股。题材股的爆发性和短期的财富效应永远吸引着市场的目光，它远没有依靠业绩增长而缓慢上涨的股票那么稳健，但快涨、快跌的特性一直都备受热衷题材股的人追逐。题材股做好了，短期内赚翻倍甚至几倍都是很有可能的。那么该如何选择题材股呢？操作中可利用以下几个辅助规则。

一、选择题材最震撼的题材股

同样的题材，要选那只题材最震撼，也就是题材最真实、最有前景的个股。如 2015 年互联网医疗"重磅炸弹"股不少，但谁的题材最震撼呢？毫无疑问是朗玛信息，截至 2015 年 3 月 27 日，朗玛信息连续 5 日涨停，成功"加冕"两市第一高价股。尽管当日一度触及跌停，但最终还是成功再创新高，收报 288 元。如图 4-3 所示。

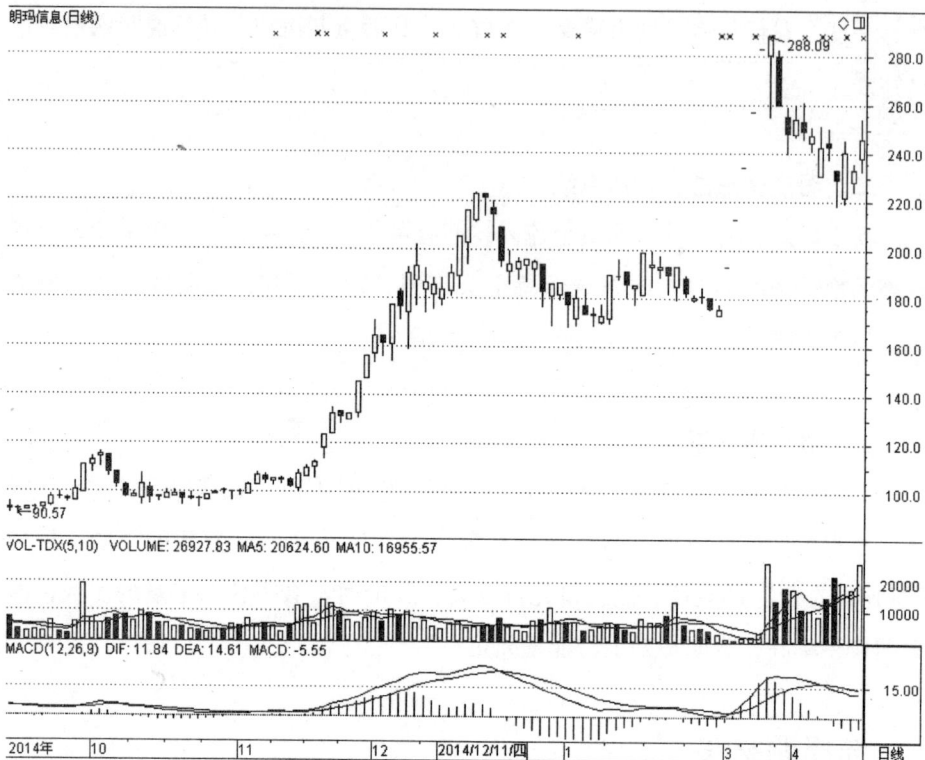

图 4-3　朗玛信息成功"加冕"两市第一高价股

二、相同题材选最强势的

同样的题材，强势股已经上涨 20%、50% 甚至更多，但有的才刚刚开始，这时候你想买刚开始启动的那就大错特错了，题材股的炒作往往是强者恒强，弱者涨起来没有强势的多，跌起来却比强势的多得多，市场就是这样。

短线点金

　　市场炒作需要题材，但道听途说的题材是经受不住市场考验的。投资者应根据题材产生的时间和其技术形态判断题材的真实性，具有投资价值的题材股，当股价站稳中长期均线之后便不会再深幅回调。投资者应该学会针对市场中存在的问题，辨清题材的真正效应，选好个股并坚决持有。

第二节　短线选股的方法

看趋势选股

　　当某一个趋势形成后，这个趋势会延续一段时间，因此，趋势线的把握就至关重要，投资者要顺应趋势线的方向去选择股票，这样才会从中获利。如图4-4所示。

　　在一波上升趋势中，上升趋势线具备了支撑的作用，当股价回落到趋势线被支撑住后，表明上升趋势还在延续中，股价将继续上涨。投资者可以乘机在每次回落获得上升趋势线支撑时选股介入，这样就会获得不错的收益。

　　在上升趋势中，股价同样是有涨有跌的，当股价回落到上升趋势线被有效支撑住后，就可以积极参与；投资者在持股过程中，如果没有有效跌破上升趋势线，就可以持股待涨。

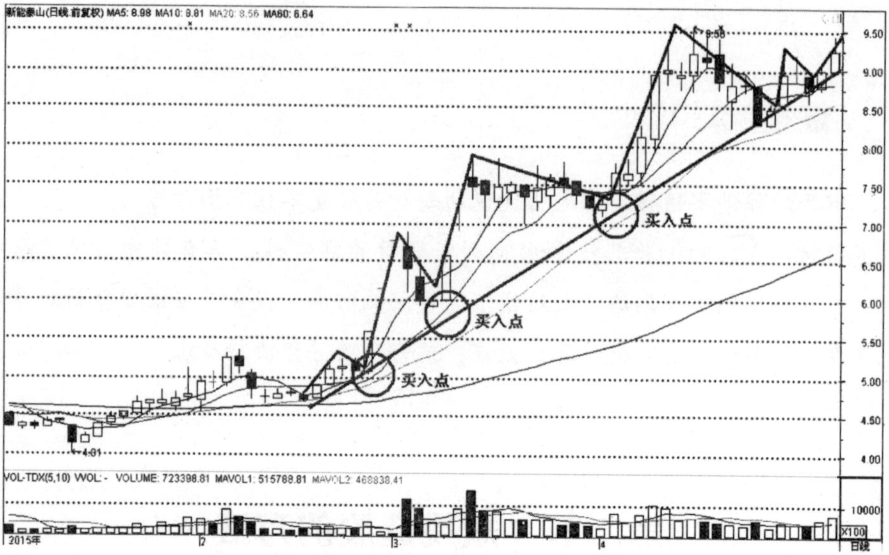

图 4-4　上升趋势选股

看量选股

　　成交量是分析判断股价走势的重要指标之一。就算庄家用庞大的资金量控股控价，形成虚假走势，但是庄家却操控不了成交量，成交量会真实地反映出庄家的操控意图。因此，投资者也可以通过对成交量的变化情况进行分析判断，较为容易地从众多股票中辨识出哪只股票会是黑马股。

　　在横盘盘整阶段，市场交易清淡，因此成交量显示为少量低迷，总体表现为平量趋势；达到缓慢上涨阶段时，成交量会相对较为活跃，总体表现为缓慢增量趋势；而在急速上冲阶段，成交量则会异常活跃，经常出现放量上涨甚至放量涨停迹象，总体变化为急速放量趋势，此时，也正是通过成交量寻找黑马股的最佳时机。

　　在急速上冲阶段，成交量已经异常活跃，此阶段的日换手率通常在7%～10%之间，周换手率可达到35%以上，成交量连续呈现出放量迹象，股价上涨幅度较大或直接涨停，这些迹象都为强势股信号，后市走势将会呈现出强势上涨趋势。如图 4-5 所示。

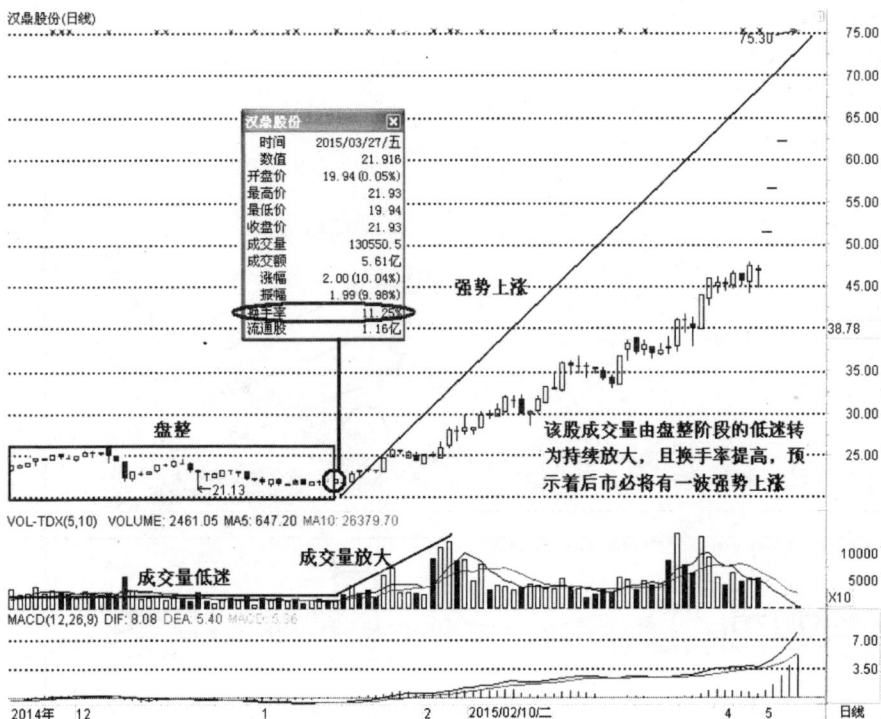

图 4-5　看成交量选股

看图选股

　　市场中许多投资者选择股票，都会采用看形态的基本方法。但每只股票的形态在不同的投资者眼中会有不同的看法。其实，同样一种形态、同样的成交量配合，在不同的形势下，结果也不一样。看图选股方法并不是每个人都能掌握得很好。弱势之中使中小投资者"中套"的往往是"形态好，向上突破"的个股；而强势之中，最大的机会便在那些形态好的个股中。

　　投资者在强势操作时可研究两类股票。一是那种始终在沿 30 日均线行进，未在强势首发行情中表现，突然在成交量放大的配合下股价脱离 30 日均线支撑，改受 5 日均线支撑的个股。这种股票属于"晚熟"股，获利机会却不小。如图 4-6 所示。

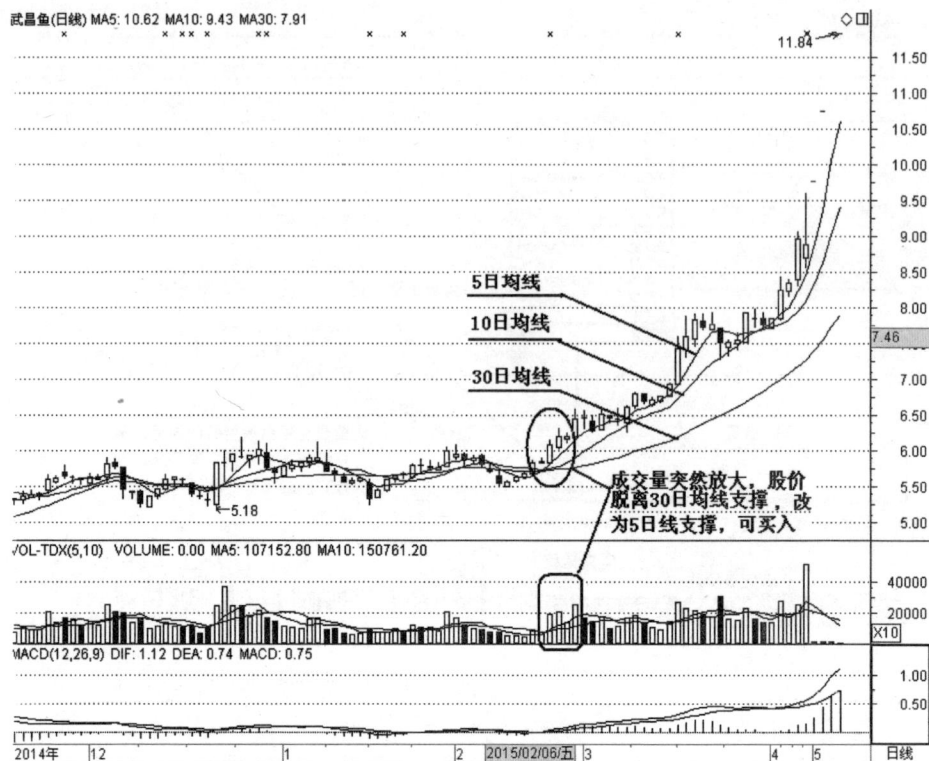

图 4-6   看均线选股

一般股价调整的极限位为 30 日均线。如果一只股票 30 日均线失守，会被市场认为主力无能，市场机会很多，投资者没必要在"无能主力"的股票中留守，抛盘会加大，不利于主力操作。

二是有些在强势上攻行情中始终沿 5 日均线支撑的"大牛股"，在市场调整时表现出极强的抗跌性，股价调整至 10 日均线便被托起，这种表现充分反映出其中主力的信心，后市机会同样也不会小。

此外，投资者对强势中股价一调整便跌下 30 日均线的个股要小心，这往往是股票无庄或庄家实力太差的盘中写真。

看技术指标选股

技术指标有几百种，任何单一技术指标都有它的局限性，所以需要多种指标互相验证。在个股基本面向好的前提下，使用技术指标选择买点。常用技术指标有 KDJ、MACD、BOLL 几种。

KDJ 真正的买入信号是 J 为 0，连续在 0 附近走平，K 进入 20 ~ 40 区域，D 在 50 左右。卖出信号为 J 大于 100，或连续几天在 100 走平，K 大于 80，D 在 50 以上。

MACD 买入信号为 DIFF 上穿 DEA，金叉买入。但在实际中，价格在中轴线附近的金叉有效，其余基本是骗线。

运用 BOLL 时理论和实践有所不同，理论上股价应在上、下轨之间运行，但是实际中会出现打破上下轨的情况。当上下轨收口变窄、股价在中轨或下方时，是买入信号。

有了价的指标还远远不够，还需要用量的指标来进行二次筛选。换手率等指标都非常重要。

短线点金

技术指标选股的前提是先判断市场是牛还是熊，在牛市里完全可以用技术指标选择股票，而熊市里不管用什么指标基本都是亏的。

第三节　短线选股的技巧

易出现短线黑马的股票

人们把长期被市场冷落、价低、成交稀疏、后出人意料地走出大幅上扬甚至股价翻几番走势的个股称为黑马股。黑马股给人的印象，就是它黑得令绝大多数投资者不敢想象它会涨；即使大幅上涨了也不敢追，不敢碰。黑马股的另一个特征就是一旦上涨，速度快，耐力持久，幅度大，震荡剧烈。通常情况下，易出现黑马的股票有以下特征。

一、筹码分布

大多数黑马股在启动之前都有一段较长的吸筹期，时间为 1~4 个月，甚至更长。表现在 K 线形态上，就是较长时间的横盘，如图 4-7 所示。低位的横盘并不代表庄家吸筹基本完成，一般说来，若低位的筹码呈现松散状态，表明整个局势处于横盘吸筹的初期。到了横盘的后期，低位的筹码会在指标上形成极度压缩的情况。凡是压缩得越扁越长的，甚至形成了细线状的，越是佳选，因为此种品相不仅表明了横盘吸筹的基本完成，更表明了庄家超强的实力与决心。

二、K 线形状

黑马股在底部横盘时的 K 线不仅排列得十分紧密、整齐；而且呈现出一种碎粒状的样子，被称为"小豆排列"。黑马股的小豆排列往往贯穿整个底部横盘时期，若在起动时采用"小慢牛"的方式向上拉升，这种小豆排列的情况将长期延续，甚至会伴随股价升至令人难以置信的程度。这表明股价的振幅很小，庄家不仅掌握了较多的筹码，而且有较强的控盘能力。如图 4-7 所示。

三、量能

绝大多数黑马股在底部横盘时期的成交量会大幅萎缩，在成交量指标上会形成均量线长期拉平的情形，犹如用细线穿起了一串珍珠。但应注意，直接目击测量虽然有着直截了当的效果，却不如用技术指标来得精确可靠，因为有的个股会出现成交量大幅萎缩、但量能指标仍没有调整到位的现象。

物产中大(日线) MA5: 20.58 MA10: 20.13 MA20: 18.68 MA60: 12.86

长期横盘吸筹

VOL-TDX(5,10) VOLUME: 690300.81 MA5: 558100.00 MA10: 593046.38

MACD(12,26,9) DIF: 2.18 DEA: 2.21 MACD: -0.06

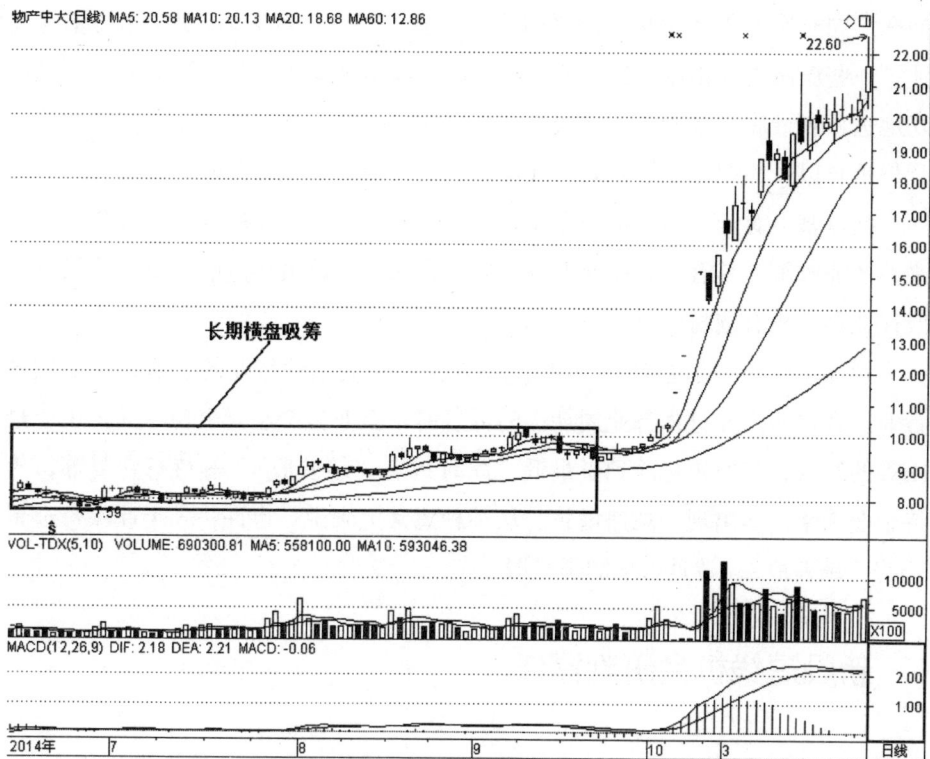

图4-7　长期横盘吸筹

短线点金

　　主力炒作短线黑马的基本规律是：吸货—连续拉阳线—派发—急拉—大量出货—砸盘或釜底抽薪，股价像自由落体一样快速回落。如一些强势上涨的ST股票多属这类短线黑马。一旦股价出现快速回落，就会有很长一段时间的沉寂，重新沦落为冷门股。

在社保重仓中短线选股

　　社保重仓因为选股稳健，一般都保持着较好的投资收益而常被当作市场风向标。同时作为 A 股市场上活跃的"国家队",社保仓的操作取向始终备受关注。一些股民也都跟着社保仓选股。每次市场出现变化之际,社保资金都能成功地逃顶和抄底,也成为了市场最好的风向标。在市场大跌情况下,密切关注社保重仓以及捕捉被市场错杀的社保重仓股,都是十分必要的。

社保基金对国家的政策信息比较敏感,社保基金重仓的往往是符合国家未来的产业政策,具有良好成长性的股票,是未来的政策热点股,所以社保重仓股往往是未来有题材的黑马股。

社保重仓的"绩差股",实质上是寻找到强周期性行业的企业,比如钢铁行业。在这些企业进入行业周期性的低谷时,企业生产经营出现亏损,企业最困难的时候,其股价也跌到了最低,此时买入"绩差股",等待行业复苏,等待企业未来必然出现的高速增长。从某种意义上来说,也许,今天社保资金重仓的"绩差股",就是未来的黑马股!

新股短线机会研判操作

对于新股来说,只要上市公司的基本面较好,二级市场均会有机构介入。机构为了获得以后对该股的控制权,一般在其上市的第一天就去主动建仓,为其日后的操作做准备,即使质地较差的品种也会因为市场氛围的因素吸引部分资金短线炒作。

一、从成交量看新股走势

新股开盘成交量的大小,是判断二级市场主力是否介入的最早信号。开盘竞价成交量达到上市新股流通总股本的5%以上,并且开盘价偏高时(过高或偏低均不利于支持判断),就可确认是有主力参与接盘,后市炒作看好。新股开盘价并不偏低,但开盘成交量明显偏小,则为一级市场持股人严重惜售,如果新股为中小盘股,很可能有主力操盘,后市也应看好。

二、看分时 K 线组合及日 K 线组合

由于主力机构是先计划好再行动,资金准备充分,因此在其资金的推动

下，股价变化一定会在 K 线上留下痕迹。在开盘初期，主力大量吸纳筹码，5 分钟 K 线必收阳线，15 分钟和日 K 线收出阳线的概率也很大，全天交易基本运行在日均价以上。在之后的几个交易日中，随着股价震荡清理浮动筹码，日 K 线阴阳交错，股价重心也逐步抬高，在大盘转暖的时机，已有充分准备的主力会最先向上突破，走出比大盘强的行情。股民可在起涨时择机追入放心持有。

三、看换手率

换手率在新股短线炒作中是一个很重要的指标，它关系到筹码的集中程度。判断新股是不是有短线机会，最重要的一点就是看换手是否充分。通常情况下，新股成功换手接近 60％时，炒作的主力资金才有比较大的欲望疯狂拉高脱离成本区。如果新股上市第一天换手率超过 70％，更表现了主力迫切建仓的心情，此时应将其列入重点关注名单。

短线点金

在新股中寻找机会，需要有相当的看盘能力和综合分析能力。在做必要分析的同时，还需根据大盘情况判断新股目前所处的阶段，然后才能作出较为准确的判断。

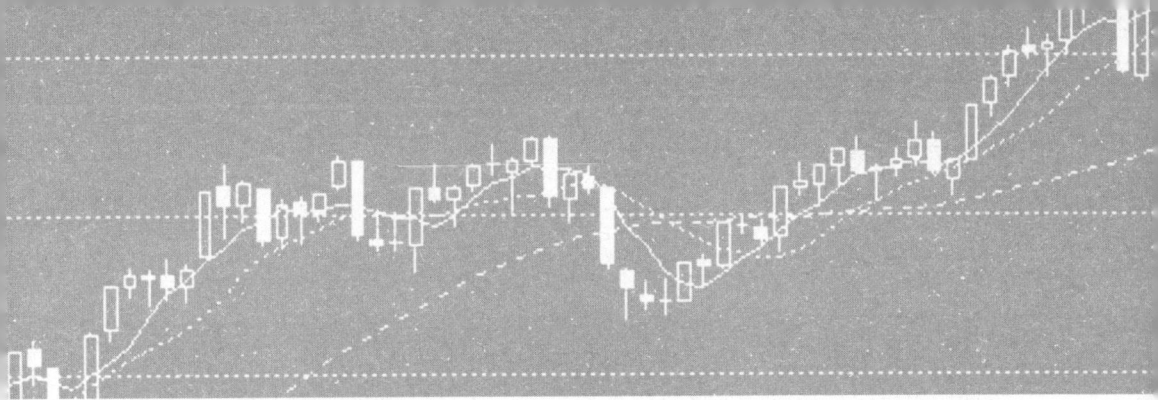

第五章
短线看盘操盘技巧

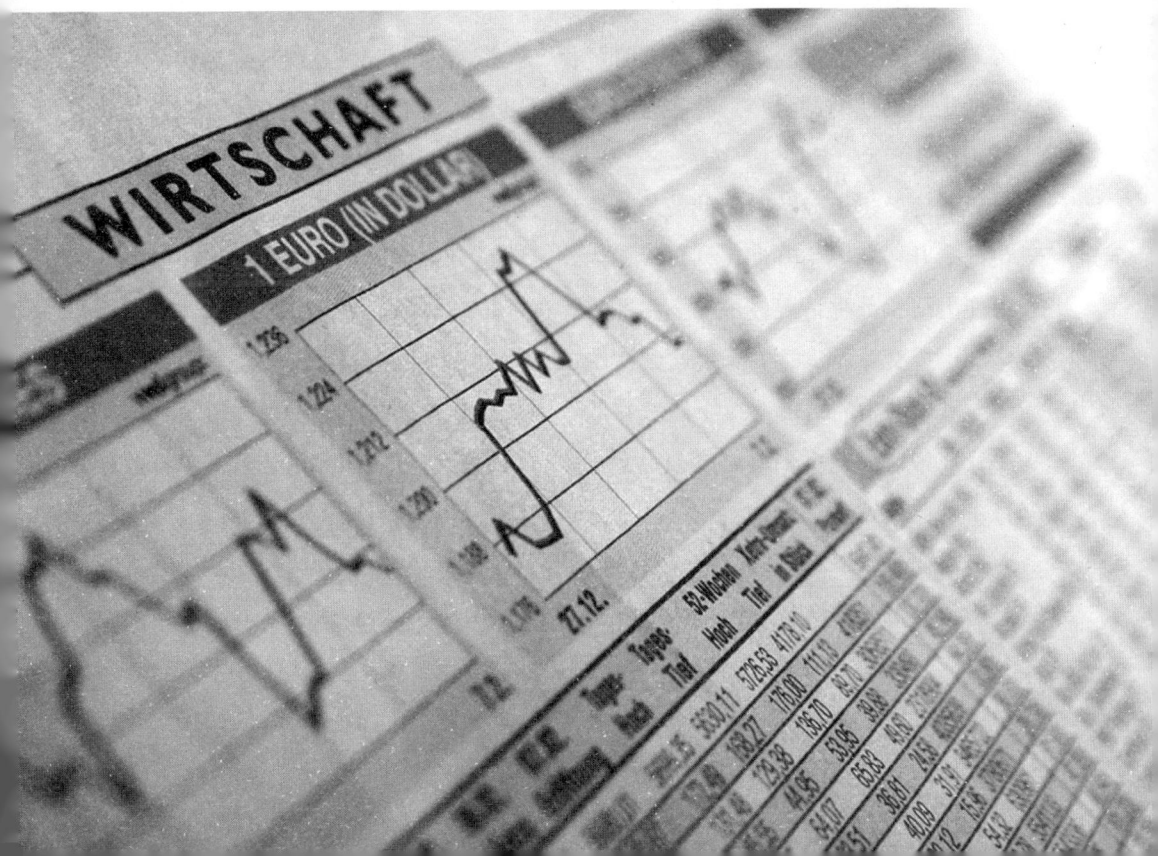

要在股票市场上赚钱，只有先学会看盘才能过渡到分析。对于众多喜欢短线操作的投资者来说，看盘技巧更加重要，从盘口的变化来分析主力的动向，进而决定自己的操作方法。只有在实战中多次磨炼，才能找出适合自己的操作方法，也就是说，成败都在于自己。

第一节 短线高手的盘面分析

从内外盘识别主力意图

通过外盘、内盘数量的大小和比例，投资者通常可以发现是主动性的买盘多还是主动性的抛盘多，并在很多时候可以发现庄家动向，是一个较有效的短线指标。

股价经过了较长时间的数浪下跌，股价处于较低价位，或者当股价处于低位的上升初期或主升期，外盘大于内盘，则是大资金进场买入的表现，股价将可能上涨，此种情况较可靠。在股价经过了较长时间的上涨，处于高位的上升未期，成交量巨大，并不能再继续增加，外盘小于内盘，则是大资金出场卖出的表现，股价将可能继续下跌。在股价阴跌过程中，时常会发现外盘大、内盘小，此种情况并不表明股价一定会上涨。因为有些时候庄家用几笔抛单将股价打至较低位置，然后在卖一、卖二挂卖单，并自己买自己的卖单，造成股价暂时横盘或小幅上升。此时的外盘将明显大于内盘，使投资者认为庄家在吃货而纷纷买入，结果次日股价继续下跌。如图 5-1 所示。

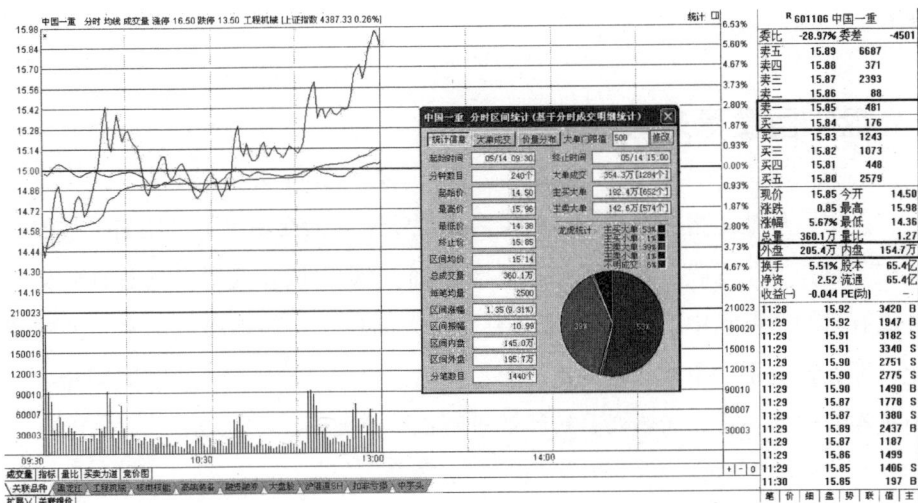

图 5-1　2015 年 5 月 14 日中国一重早盘拉升时的内盘与外盘情况

　　在股价上涨过程中，会有内盘大、外盘小的情况，这种情况并不表示股价一定会下跌。因为这往往也是主力制造的盘口假象。其目的就在于可以在拉升途中不做停留地进行洗盘或者是通过拉升来快速建仓。在股价上涨过程中，主力会用几笔买单将股价拉至一个相对的高位，然后在股价小跌后，在买一、买二挂买单，一些人认为股价会下跌，纷纷以较低价卖出股票，但主力分步挂单，将抛单统统接走。这种先拉高后低位挂买单的手法，常会显示内盘大、外盘小，达到欺骗投资者的目的，待接足筹码后迅速继续推高股价。

　　股价已有较大涨幅，如某日外盘大量增加，但股价却不涨，投资者要警惕庄家制造假象，准备出货。当股价已下跌了较大的幅度，如某日内盘大量增加，但股价却不跌，投资者要警惕庄家制造假象，假打压真吃货。

短线点金

　　投资者在使用外盘和内盘时，要注意结合股价在低位、中位和高位的成交情况，以及该股的总成交量情况。因为外盘、内盘的数量并不是在所有时间都有效，在许多时候外盘大，股价并不一定上涨；内盘大，股价也并不一定下跌。

盘中巨量带来短线机会

盘中巨量就是指在当天交易时段内出现了巨大的交易单子。比如平常的日成交不过在 100 万股左右的股票突然激增到 1000 万股，或者说尽管日成交量并没有激增，但盘中的接抛盘却出现了巨大的单子。如果没有基本面上的变化，那么这就是一个非自然的市场交易行为。盘中巨量的出现一般表明盘中主力正在有所作为，这时绝对是短线的投资机会。如图 5-2 所示。

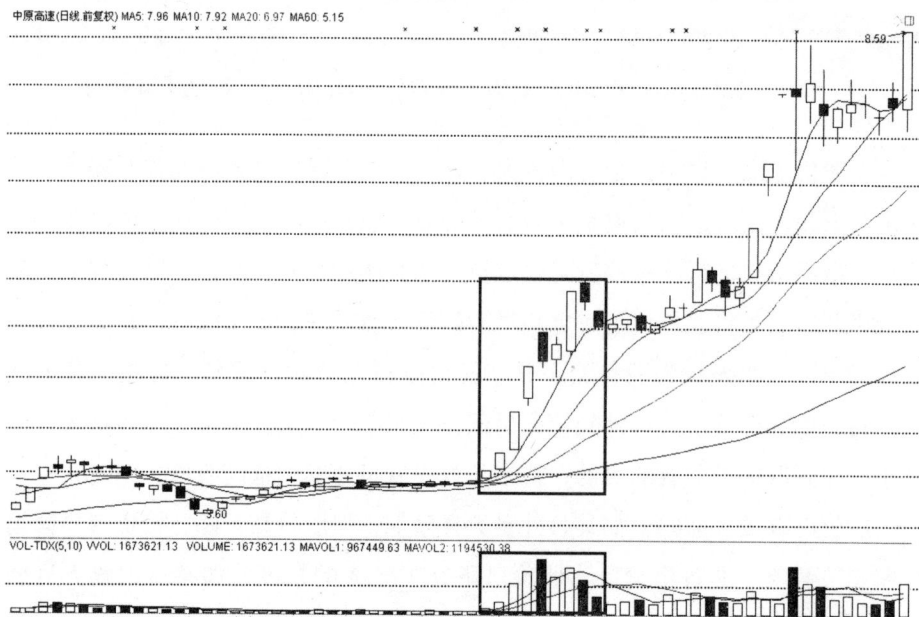

图 5-2　突放巨量

对于出现"盘中巨量"现象的股票能否进行投机取决于三个方面：市场环境、股价位置和技术形态。市场环境是必须要考虑的因素，一路下跌的市场并不是短线投机的场所。股价位置可以决定投资者所承担的风险。如果股价已经从一个相对的低点上涨很多并且涨幅远远超过大盘，那么同样不予考虑。技术形态是由 K 线图形成的，这是主力参与市场的交易结果，从中可以得到主力的信息。

放量上涨是指成交量大幅增加的同时，个股的股价也同步上涨的一种量价配合现象。量增价涨通常是在股价在低位状态下运行一段时间，后出现在上升行情中，而且大部分是出现在上升行情的初期，也有小部分是出现在上升行情的中途。如图5-3所示。

图5-3　成交量大幅增加股价同步上涨

股价放量上涨可积极介入。股价放量上涨的可能性有以下三种。

一、大盘

如果大盘大幅度波动，那么绝大多数个股也会大幅度同向波动，毕竟大盘指数是基于所有个股股价计算出来的，因此完全脱离大盘而单独分析个股的走势是不着边际的。

二、热点

当一个市场热点出现以后相关的个股都会受到影响，此时股价的放量上涨未必就是主力运作的结果。这里提到的市场热点包括题材热点、行业热点等能够影响个股股价的因素。如市场热炒高铁概念，一些与此有关的个股特别是小盘概念股就会出现放量上涨的态势，但其中并不一定真有主力在参与。如果个股是当时热点的领涨股，那么主力参与的可能性就很大了。

三、个股

股价的放量上涨也可能是由于公司本身的公开消息所引起的。可以通过网络浏览一下当时公司的消息面。个股基本面方面的变化有一个逐渐演变的过程，所以消息提前泄露是完全合理的，因此这类个股被主力相中的可能性也是比较大的，一旦消息明朗则存在主力退出的可能。

短线点金

投资者根据大盘实际行情，短线内盈利的概率大大增加。但是，当放量上涨反复出现时，投资者就需要提高警惕了，因为出现反复放量的股票不仅存在许多变数，也不排除是主力在出货，所以要果断出售以免被套。

短线盘口中的大单玄机

盘口的变动是反映主力真实举动的关键。大量的委卖盘挂单，目的都是操纵股价，诱人跟风。短线可操作性较强的重要盘口语言之一就是大单异动。

一、特殊数字单

出现连续的单向大买单，大买单数量以整数居多，但也可能是零数。但不管怎样，都说明有大资金在活动。如用大的买单或卖单告知对方自己的意图，像666手、555手，或者用特殊数字含义的挂单如1818手（要发要发）等，而一般投资者是绝不会这样挂单的。大单相对挂单较小且成交量并不因此有大幅改变，一般多为主力对敲所致。成交稀少的较为明显，此时应是处于吸货末期，进行最后打压吸货之时。大单相对挂单较大且成交量有大幅改变，是主力

积极活动的征兆。如果涨跌相对温和，一般多为主力逐步增减仓所致。如图
5-4所示。

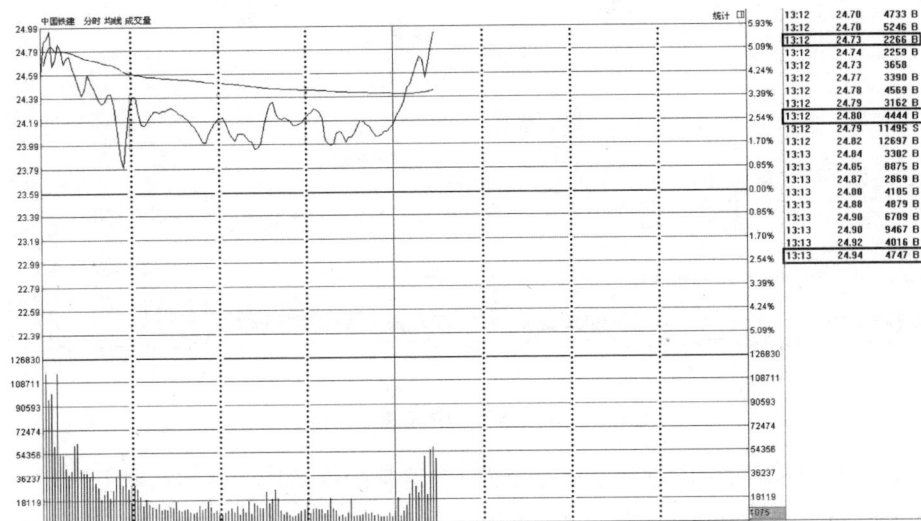

图5-4 2015年4月27日中国铁建连续出现特殊数字挂单

二、扫盘单

在涨势中常有大单从天而降，将卖盘挂单连续悉数吞噬，即称扫盘。在股价刚刚形成多头排列且涨势初起之际，若发现有大单一下子连续横扫了多笔卖盘时，则预示主力正大举进场建仓，是投资人跟进的绝好时机。如图5-5所示。

三、盘整时的大单

当某股在某日单边下跌的运行之中，股价突然被盘中出现的上千手大买单拉回至开盘价附近，或者股价被突然出现的上千手大买单拉升然后又快速归位，表明有主力在其中试盘。主力向下砸盘，是在试探基础的牢固程度，然后决定是否拉升。该股如果一段时期总收下影线，则向上拉升可能大。

四、下跌后的大单

某只个股经过连续下跌，在其买一、买二、买三档常见大手笔买单挂出

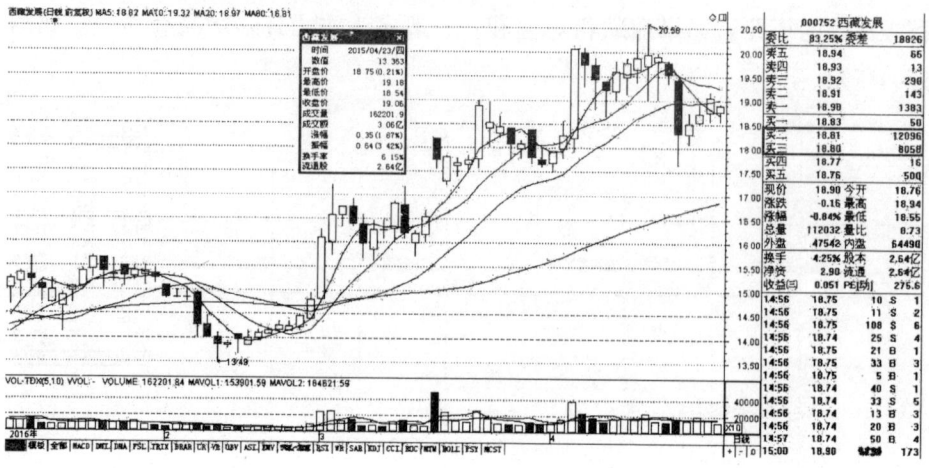

图5-5　扫盘单

（有的显示外盘大于内盘但是就是下跌），这是护盘动作，而不意味着该股后市会止跌；也有可能是掩护出货。所以，此时该股股价往往还有下降空间。如果遇到这种情况，还是随主力一起出局，尤其是跌破关键阻力位时，但可留意该股，待止跌后可以抄底。

盘口异动中的赢利机会

盘口异动就是从分时图成交量上呈现的一些有别于平常走势的现象，比如突然拉高，有大买单，有大托单，有大压单等，都属于盘口异动。常见的盘口异动有以下几种形式。

一、量异动

突然放量或缩量是最常见的盘口异动现象之一，是主力操纵股价的盘口宣言，投资者要高度重视，认真研判。

无理由地异常放量，造出盘中换庄的迹象。盘口表现为几千手的巨量买卖盘同时出现，伴随着数千手的大手笔成交，日换手率达 20% 以上，但股价却明显滞涨。这一般都是主力为了吸引散户的买盘，刻意造出盘面繁荣的假象，这里要观察 30 日均线是否上行、OBV 指标是否上扬，如果以上两个条件一个都不具备，则坚决不参与。

股价阶段性位置是一切技术分析的前提。突然放量的时候，如果股价在漫长的下跌和漫长的缩量整理之后，就具有极高的研究价值，其中不乏投资机会。如果股价处在漫长的、大幅度的缩量拉升之后，就要提高警惕，谨防主力布下的陷阱。

二、价异动

价异动通常在盘口表现为两种类型。一种是股价突然大幅度打高，另一种是股价突然大幅度打低。不管是是哪种情况，都是主力积极运作股价的结果。通过仔细研究这种异动现象，可以发现主力交易的内在意图，为我所用，跟随主力而进退。

有些股票会出现跳低5个以上百分点，集合竞价成交上百万股。这一般来说都是一种信号，即庄家未出局，现在准备往上做，这时候大幅跳空低开是一种震仓洗盘的行为。

有些个股第一天并未涨停，第二天却大幅跳空高开。这有两种可能：一是庄家的试盘动作，看看上方有多少抛盘；二是庄家为了引人注意，主要目的是派发方便，这时候有可能高开低走。如图5-6所示。

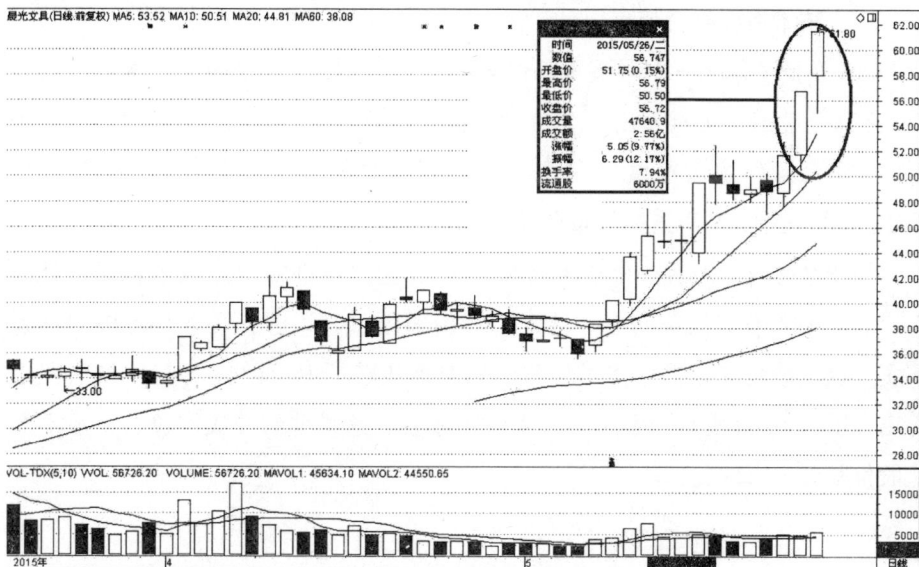

图5-6 首日未涨停，第二日大幅跳空高开

在股票出现异动时，注意不要只看表面现象，要站在主力的立场上想一想。兵法云："虚则实之，实则虚之。"在股市也是如此。如果看不懂主力在做什么，就不去参与，这也算是一种"大智若愚"。

短线看盘重点注意事项

对于喜欢短线操作的投资者来说，看盘技巧更加重要，从盘口的变化来分析主力的动向，进而决定自己的操作方法。看盘中需要注意的事项有以下几点。

一、密切关注成交量

成交量小时分步买，成交量在低位放大时全部买，成交量在高位放大时全部卖。回档缩量时买进，回档增量时卖出。一般来说，回档量增在主力出货时，第二天会高开。开盘价大于第一天的收盘价，或开盘不久高过昨天的收盘价，跳空缺口也可能出现，但这样更不好出货。

二、技术指标结合使用

RSI 在低位徘徊三次时买入。在 RSI 小于 10 时买。在 RSI 高于 85 时卖出。RSI 在高位徘徊三次时卖出。金价创新高，RSI 不能创新高一定要卖出。KDJ 可以做参考。但主力经常在尾市拉高达到骗线的目的，故一定不能只相信 KDJ。在短线中，WR 指标很重要。

均线交叉时一般有一个技术回调。交叉向上回档时买进，交叉向下回档时卖出。5 日和 10 日线都向上，且 5 日在 10 日线上时买进。只要不破 10 日线就不卖，这一般是在做指标技术修复。如果确认破了 10 日线，5 日线调头向下卖出。因为 10 日线对于坐庄的人来说很重要，这是他们的成本价，一般不会让股价跌破 10 日线。

第二节　开盘短线攻略

集合竞价的分析技巧

目前，我国沪深两家交易所均采用集合竞价和连续竞价两种交易方式。

集合竞价是指对一段时间内接受的买卖申报一次性集中撮合成交的竞价方式。连续竞价是指对买卖申报逐笔连续撮合成交的竞价方式。上午9：15－9：25为集合竞价时间，其余交易时间均为连续竞价时间，即上午 9：30－11：30 和下午1：00－3：00。

一、9：15－9：20

这五分钟开放式集合竞价可以委托买进和卖出的单子，你看到的匹配成交量可能是虚假的，因这 5 分钟可以撤单，很多主力在 9：30 左右撤单。

二、9：20－9：25

这五分钟开放式集合竞价可以输委托买进和卖出的单子，但不能撤单。这五分钟你看到的委托是真实的，因此要抢涨停板的一定要看准这五分钟。

三、9：25－9：30

这五分钟不叫集合竞价时间，电脑这五分钟可接收买和卖委托，也可接收撤单，这五分钟电脑不处理，如果你进的委托价格估计能成交，那么你的撤单是排在后面来不及的，对于高手而言，这五分钟换股票一定要利用。

图 5－7 是集合竞价与实盘的比较。

图 5-7　集合竞价与实盘比较

四、14：57－15：00

深圳股票在 14：57－15：00 是收盘集合竞价时间，这 3 分钟不能撤单。

通过集合竞价，可以反映出该股票是否活跃。如果是活跃的股票，集合竞价所产生的价格一般较前一日为高，表明买盘踊跃，股票有上涨的趋势。如果是非活跃股或冷门股，通过集合竞价产生的开盘价格一般较前一日为低，买盘较少，股价有下跌的趋势。

集合竞价时的操作技巧

短线高手常常利用竞价进行操作，具体方法如下：

（1）在开盘前，将通过各种渠道得来的可能上涨的个股选入自选股，进行严密监视。在开盘价出来后，判断大盘当日的走势，如果没有问题，就可选个股了。

（2）开盘后应立即察看委托盘的情况，据此研判大盘究竟会走强或走弱。一般情况下，如果开盘委买单大于委卖单 2 倍以上，则表明多方强势，做多概率较大，短线者可立即跟进；反之如卖单大于买单2倍以上，则表明空方强势，当日做空较为有利，开盘应立即卖出手中股票，逢低再补回。

（3）开盘成交时，紧盯以上有潜力的个股，如果成交量连续放大，量比也大，观察卖一、卖二、卖三挂出的单子是否都是三四位数的大单。如果该股连续大单上攻，应立即打入比卖三价格更高的买入价（有优先买入权，且通常比你出的价低些而成交）。在一般情况下，股价开盘上冲十多分钟后都有回档的时候，此时看准个股买入。如果经验不足，那么在开盘10~15分钟后，综合各种因素，买入具备以上条件的个股，则更安全。表5-1为2015年5月27日中国一重开盘买卖情况一览表，从中可见大笔买单买入，股价涨停。

表5-1　2015年5月27日中国一重开盘买卖情况一览表

601106 中国一重 分时成交明细					Up/PageUp:上翻 Down/PageDown:下翻									
时间	价格	现量	时间	价格	现量	时间	价格	现量	时间	价格	现量	时间	价格	现量
09:25	18.11	43026	09:33	18.23	26382 S	09:36	18.40	2710 B	09:39	18.30	5330 S	09:42	18.60	4405 B
09:30	18.18	16275 B	09:33	18.35	18333 B	09:36	18.37	6587 S	09:39	18.30	4710 B	09:42	18.65	1138 B
09:30	18.16	9982 S	09:33	18.25	19783 S	09:36	18.40	29398 B	09:39	18.30	6098 B	09:42	18.65	2259 B
09:30	18.16	9586 B	09:33	18.28	8031 B	09:36	18.39	5204 S	09:39	18.33	4315 B	09:42	18.66	11179 B
09:30	18.28	6434 B	09:33	18.28	7916 B	09:36	18.38	3689 S	09:39	18.33	2525 B	09:42	18.67	2772 B
09:30	18.29	5096 B	09:33	18.23	7083 S	09:36	18.35	11825 S	09:39	18.32	1860 S	09:42	18.70	3929 B
09:30	18.18	5898 S	09:33	18.25	6232 B	09:36	18.38	6767 B	09:39	18.33	1604	09:42	18.72	4018 B
09:30	18.19	8344 B	09:33	18.37	6205 S	09:36	18.39	14544 B	09:39	18.34	1823 B	09:42	18.74	1835 B
09:30	18.20	26194 B	09:33	18.25	7336 B	09:36	18.37	5057 B	09:39	18.34	2291 S	09:42	18.76	2931 B
09:30	18.28	6921 B	09:33	18.18	7640 S	09:36	18.37	5600 S	09:39	18.37	1280 B	09:42	18.76	1476 B
09:30	18.27	7445 S	09:33	18.19	9558 B	09:36	18.39	10127 B	09:39	18.37	1280 B	09:42	18.78	5136 B
09:30	18.29	13285 B	09:34	18.22	4800 B	09:37	18.40	6259 B	09:40	18.37	1744 B	09:43	18.80	10493 B
09:31	18.30	5319 B	09:34	18.20	4754 S	09:37	18.39	5666 S	09:40	18.39	6957 B	09:43	18.80	3157 B
09:31	18.29	6271 S	09:34	18.22	5022 B	09:37	18.39	4922 S	09:40	18.39	1249 S	09:43	18.80	3977 S
09:31	18.35	7415 B	09:34	18.22	5940 S	09:37	18.39	6257 B	09:40	18.40	1737 B	09:43	18.81	8867 B
09:31	18.32	6511 S	09:34	18.20	9717 S	09:37	18.38	3687 B	09:40	18.40	5385 B	09:43	18.80	18583 B
09:31	18.35	6192 B	09:34	18.20	4308 B	09:37	18.38	11734 S	09:40	18.40	5664 B	09:43	18.79	18542 S
09:31	18.32	6771 S	09:34	18.22	4083 S	09:37	18.38	8839 S	09:40	18.40	4543 B	09:43	18.80	11991 B
09:31	18.44	7553 B	09:34	18.20	4172 B	09:37	18.37	4140 B	09:40	18.42	2519 B	09:43	18.80	15021 B
09:31	18.46	13393 B	09:34	18.25	2248 S	09:37	18.39	6729 B	09:40	18.44	887 B	09:43	18.78	10986 S
09:31	18.35	8722 S	09:34	18.29	2377 B	09:37	18.39	4817 B	09:40	18.45	2809 B	09:43	18.78	11867 B
09:31	18.45	14524 B	09:34	18.29	3039 B	09:37	18.39	3905 B	09:40	18.45	2378 B	09:43	18.75	8032 S
09:31	18.47	17610 B	09:34	18.30	4150 B	09:37	18.38	5817 S	09:41	18.45	4695 B	09:44	18.69	8299 S
09:32	18.50	10759 B	09:35	18.29	4997 S	09:38	18.36	3247 S	09:41	18.46	2354 B	09:44	18.69	18217 B
09:32	18.49	19252 S	09:35	18.30	7359 B	09:38	18.37	5285 B	09:41	18.47	1367 B	09:44	18.64	3959
09:32	18.50	13575 B	09:35	18.33	3614 B	09:38	18.38	4089 B	09:41	18.47	2711 B	09:44	18.60	5357 S
09:32	18.53	13023 B	09:35	18.31	2353 S	09:38	18.35	3618 S	09:41	18.48	2144 B	09:44	18.59	4504 B
09:32	18.49	22764 S	09:35	18.33	2462	09:38	18.32	4672 S	09:41	18.49	2673 B	09:44	18.60	4821 B
09:32	18.48	10194 S	09:35	18.34	2245 S	09:38	18.31	4813 S	09:41	18.50	4401 B	09:44	18.60	4813 B
09:32	18.45	11981 S	09:35	18.34	3152 S	09:38	18.31	4131 B	09:41	18.50	13486 B	09:44	18.55	3974 S
09:32	18.36	21189 S	09:35	18.35	2117 S	09:38	18.28	7919 S	09:41	18.51	12695 B	09:44	18.57	2749 B
09:32	18.40	9936 B	09:35	18.35	3721 B	09:38	18.33	6255 B	09:41	18.53	1527 B	09:44	18.50	4271 S
09:32	18.30	11115 S	09:35	18.35	6983 B	09:38	18.35	3816 B	09:41	18.53	1731 B	09:44	18.58	5644 B
09:32	18.35	8172 B	09:35	18.38	3235 B	09:38	18.30	4616 S	09:41	18.53	2420 S	09:44	18.50	4932 S
09:32	18.30	7251 S	09:35	18.38	3420 B	09:38	18.30	4271 S	09:42	18.57	3874 B	09:45	18.51	3661 S
09:33	18.35	13240 B	09:36	18.38	23883 B	09:39	18.32	2371 B	09:42	18.56	11364 S	09:45	18.55	3655 B

一个股票符合自己的集合竞价条件时，如果你的单子能够在9:25以前委托成功，一般可以打一个比较高的价格，因为它会以开盘价成交。

根据前日收盘分析开盘

开盘是庄家操控股价的开始，庄家如果当日有操盘计划，基本会通过集合竞价来掌控开盘价。所谓的高开或低开都是与前一天的收盘价相比较而言的。大盘会高开或者低开主要是因为利空或者利多消息所产生的。

一、高开

高开主要有两种情况：一是幅度适当的高开，二是大幅高开。适度的高开可以表现出庄家操纵股价的冲动，也有利于庄家控制筹码的稳定性。如果开盘后下打快速拉起或直接走高，上涨概率相当大。大幅高开多出现在利好个股，高开上冲涨停，主要参考因素是看股价位置和是第几个涨停，如果是第一次涨停可以适当跟进；如果是多个涨停，还是要注意控制风险，或者庄家高开出货或者收阴洗盘，但是这两种情况都要回避。另外看开盘价要结合大盘来辅助判断其强弱，特别有参考意义的是在大盘走低而出现高开的个股。

二、低开

低开出现有以下两个原因，一是没有主力运作，开盘随大势所致；二是有意为之，幅度较小的低开可能是庄家为了进行洗盘，洗完后会拉起来，多表现为开盘就拉或在收盘线长时间横盘运行后拉起。还有就是由庄家前日大量出货所致，如果前日大量分时波动较大，次日低开走低，就要第一时间出局了。庄家为了套牢跟风盘，低开是最好的选择，所以投资者最该了解这种危害很大的出货低开，及时回避风险。还有一种情况是庄家故意低开卖货，基本表现是幅度较大，在下面运行时间较长，尾盘多突然拉升再次吸引跟风出货，庄家利用别人捡便宜的心理卖货也有发生。

一般说来，大盘指数和个股股价开得太高或太低，可能在半小时内会回落或回升。如果高开又不回落，成交量放大，是强势表现。有的强势股向上连续跳空吸引更多中小散户和一大批短线客进场，主力目的达到便一溜了之。股价在上升初期或上升途中高开，然后低走，是主力洗盘吸筹行为。还有一种股价高开是诱多行为，形成高开出逃屡见不鲜，称高开低走。

图 5 - 8 反映了高开、低开与平开的情形。

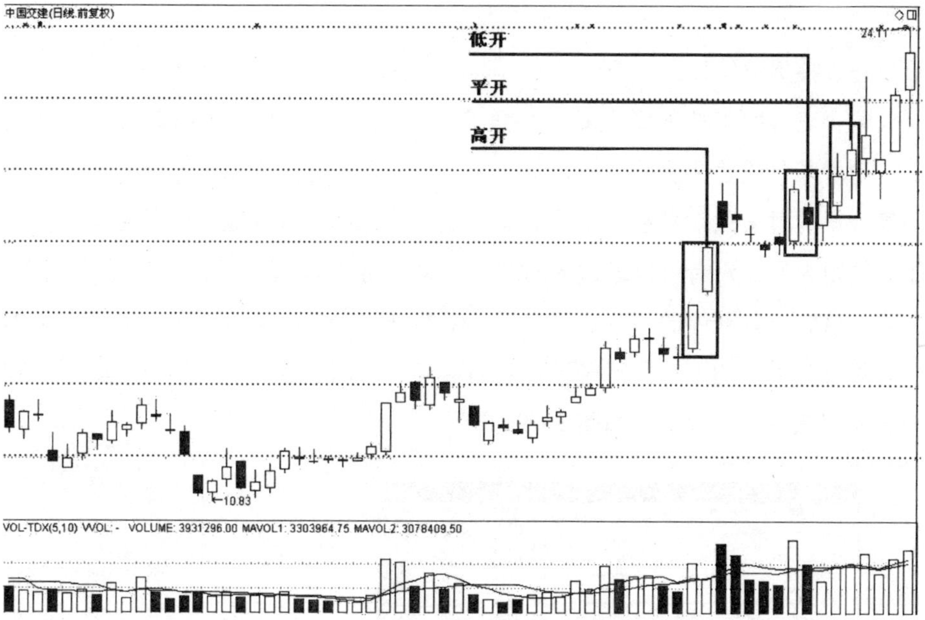

图 5-8　高开、低开与平开

短线点金

上升中的股票低开高走是主力诱空行为，一般不会低开低走；下跌初期股价低开，可能向下跳空和连读跳空，使股价跌得面目全非；下跌末期跳空低开是见底回升信号。

开盘时快速选股技巧

通过集合竞价，能看出大盘开盘的情况（是高开还是低开），能发现个股是怎样开盘的，庄家的计划怎样，在这短短的时间内短线投资者要作出迅速反应。

一、捕捉涨停板

集合竞价阶段往往隐含着主力资金当日运作意图的一些信息。一般情况下，如果某只股票在前一交易日是上涨走势，收盘时为成交的买单量很大，当天集合竞价时又跳空高走，并且买单量也很大，那么这只股票发展为涨停的可能性就很大，投资者可以通过 K 线组合、均线系统状况等情况进行综合分析，在确认该股具备涨停的一些特征之后，果断挂单，参与竞价买入。也可以依据当天集合竞价时的即时排行榜进行新的选择，以期捕捉到最具潜力的股票，获得比较满意的投资效果。如图 5-9 所示。

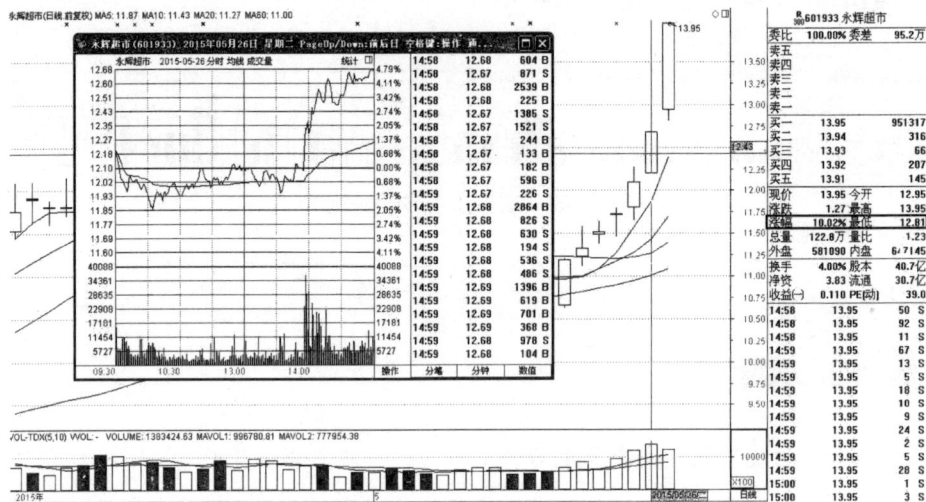

图 5-9　升势尾盘大单买入，第二日易涨停

二、追寻热门股

投资者手中如有前一交易日收于最高价位的热门股，那么就应该在集合竞价时卖出，以减少损失；如热门股前一交易日收盘价位低于最高价，已出现回落，可以略低于前一交易日收盘价的价位卖出。另外，投资者如果准备以最低价买入暴跌的热门股抢反弹，也可以参加集合竞价。因为前一日暴跌的以最低价收盘的股票，当日开盘价可能也就是当日最低价。

在集合竞价中如发现手中热门股有 5% 左右的升幅，且伴随成交量放大几十万甚至几百万股，则应立即以低于开盘价卖出所持有的热门股，以免掉入多头陷阱被套牢。此时一般不应追涨买入热门股。

反之，如果热门股在集合竞价时成交量略有放大，跳空缺口不大，则仍有上行可能，如又有新的利好配合，则有可能冲破上档阻力位，可考虑在冲破阻力位后再追涨买入或待股价回档至支撑位时再买入；如开盘价在支撑位附近，则可以立即买入。

短线点金

集合竞价时间内行情软件上会有一个参考价，会变动。最好在临近 9:25 的时候，高于参考价委托买入，低于参考价委托卖出，就可以买卖成功。

分析开盘的八种技巧

分析开盘的八种技巧如下。

一、跳空倍数法则

早盘高开或低开超过 5 个点的时候，如果在 10:30 还没回补缺口，则通常全天最大跌幅是第一低点（高点）的倍数附近。见图 5-10 和图 5-11。

二、3 个 "15 分钟" 量超法则

早盘高开或低开连续三个 15 分钟的量能时不断放大，而且有连续的三个 15 分钟的阳线或阴线，就会出现全天上涨或下跌的走势。如图 5-12 所示。

三、10:30 高点法则

早盘前 30 分钟上涨或下跌超过 15 个点的时候，通常会出现三波的反向走势，但是如果没有倍量就会在 10:30 左右见到全天的高点或低点。

图 5-10　跳空高开 5%

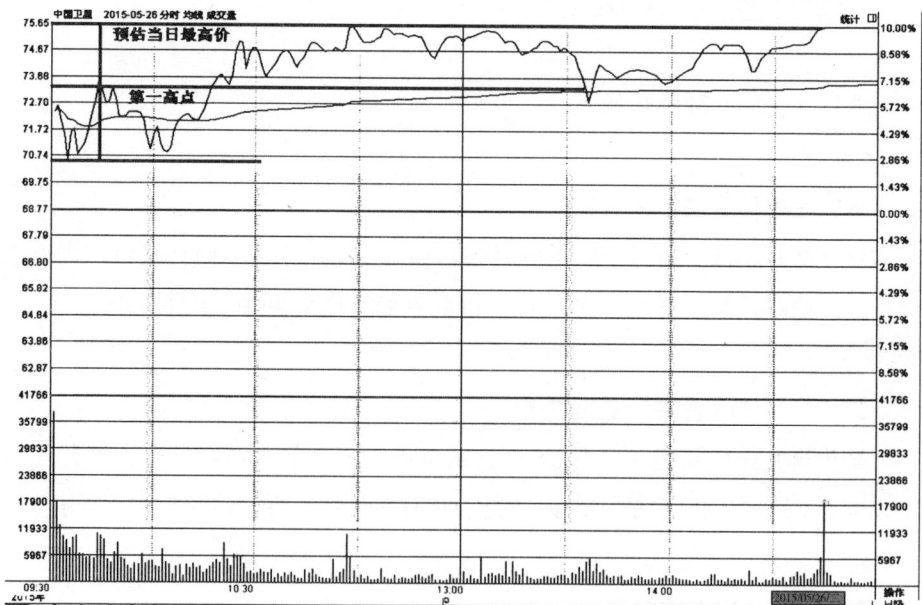

图 5-11　10：30 未补缺口预估当日股价

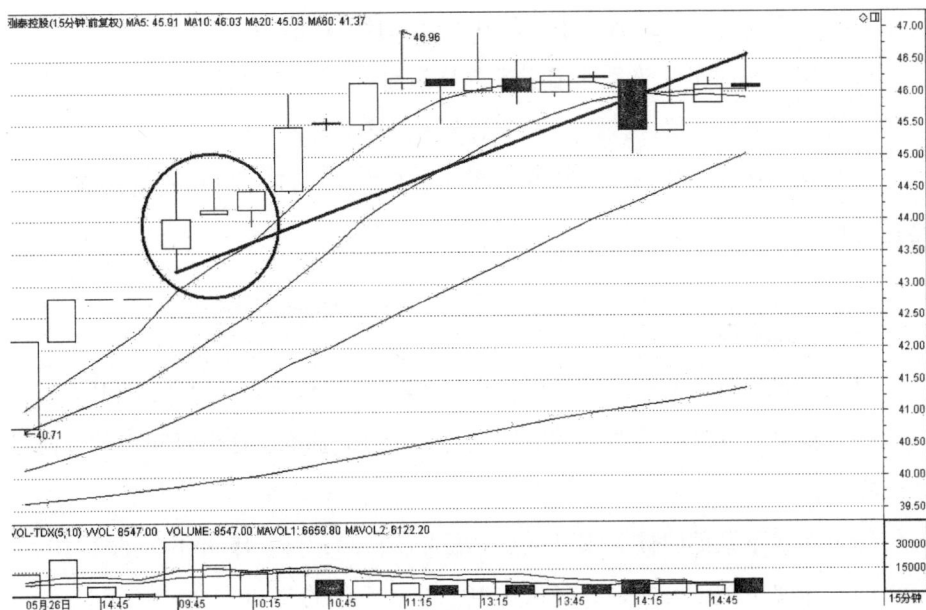

图 5-12 3 个 "15 分钟" 量超法则

四、10:30 倍量法则

在下跌的走势中，早盘到 10:30 的成交量如果没有上个交易日尾盘最后一小时成交量一倍的话，通常反弹的高度过不了 11 点，也不会有大的风云变化。

五、减量反弧法则

早盘高开或低开不补缺口，在第一小时大涨后回落反上，如果第二小时的量缩，再冲高点累计量没有第一高点 1.5 倍，则通常第二高点是假高。全天出上影线。

六、开盘 10:30 量能经验法则

首日收涨（或跌），次日是否保持原趋势看 10:30 的量。

（1）第一小时呈涨势且涨幅是首日最后一小时的 1.5 倍时涨；第一小时

173

呈跌势，且跌幅是首日最后一小时的 0.75 倍时继续跌。

（2）第一小时呈涨势且涨幅小于首日最后一小时 0.75 倍，逢第一低点就逆转。第一小时呈跌势，且跌幅大于 1.5 倍同样逆转。

（3）第一小时呈涨势，涨幅在 0.75 ~ 1.5 之间，11 点没有放量，则 11 点是逆转点。

七、时间法则

（1）早盘涨升的时候最容易见高点在 10：15 和 11 点，下午是 1：45；

（2）涨升的连续性最重要的时间点在 11：15，基本上这个时间点的方向是全天方向；

（3）早盘下跌的时候关键见低点容易是 10：30，11：15 和下午的 2：10；

（4）早盘下跌的方向延续确认在 10：30 和下午的 2：30。

开盘放量的实战分析

开盘后一路挟巨量上冲至涨停，其中整个上冲过程在半小时以内，这是比较常见的涨停形态。短时间内过大的成交量反而露出了主力的尾巴。股价刚起步就让市场跟进，表明主力不愿意再增加筹码，至少主力的成本区域并不在前面的底部，或者说主力也是被套的主力，还有一种可能是短线主力。

图 5 - 13 反映了开盘后巨量冲涨停的情形。

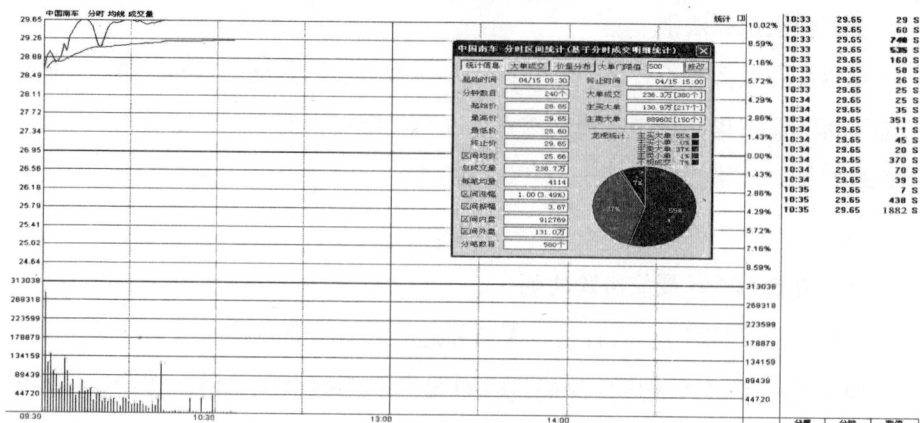

图 5-13　开盘后巨量冲涨停

一个不愿意增加筹码的主力或者短线主力，吸引力自然下降许多。但要较准确地预测股价的走势，还要考虑到其他许多方面。

第三节　盘中时段的短线攻略

早盘的短线机会

早上 9：30 - 10：30 是早盘时间，早盘的股价走势对全天的股价影响非常大。其中开盘后半小时是多空双方交战最激烈的阶段，常常在开盘后半小时就可以看清股价当天的走势。对开盘后半小时的分时走势进行分析有助于对大势的研判。

一般情况下，处于上涨趋势的大盘开盘后半小时之内都会一浪高过一浪地攀高，攀高到 10 点，如果继续攀高，说明当天大盘震荡走高，股指大涨；如果 10 点后大盘掉头向下，可预期尾市大盘有短线回吐压力，但全天的上涨趋势是肯定的。以上两种情况是最典型的大盘涨信号。如图 5 - 14 所示。

开盘后 30 分钟内大盘分时走势逐级盘下，一浪比一浪低，盘中反弹高度不能高出下降趋势线，反弹乏力，直至 10 点半后仍然没有一波有力的反弹，或有强力反弹但最终不能高出开盘后 30 分钟 K 线实体部分，可以判定当日大盘为跌势，股指下调。

将开盘半小时的走势分为三个阶段，第一个阶段是 9:30 - 9:40，第二阶段是 9:40 - 9:50，第三个阶段是 9:50 - 10:00。

开盘三线是指以开盘价为原始起点，以开盘后的第 10、20、30 分钟指数移动点连成三条线段。开盘三线始终在开盘平行线上方游动，且一波比一波高，为涨势盘面。开盘三线始终在平行线下方一路走低，此为跌势。10:00 的

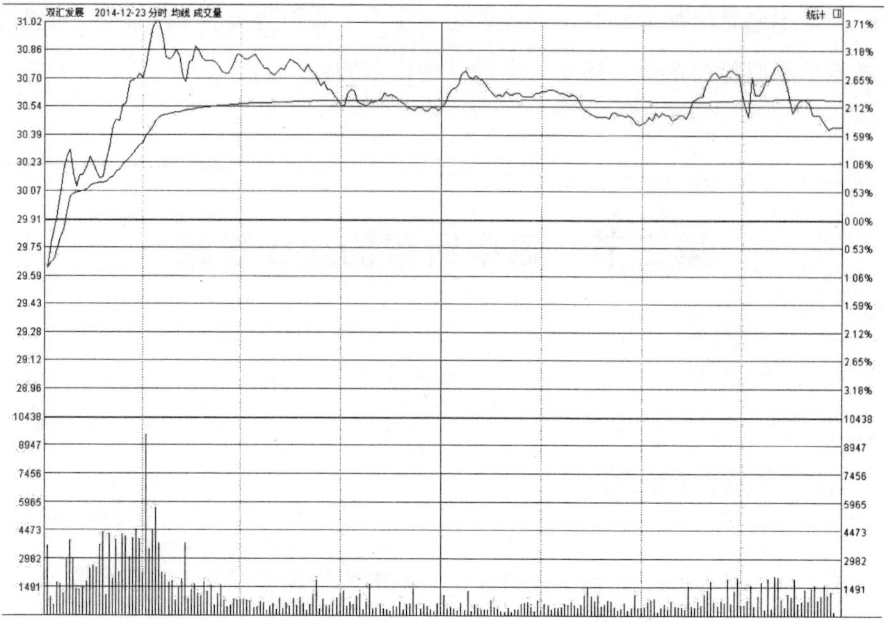

图 5-14　开盘上攻跨 10 点继续攀高，全天震荡走高

买卖盘可信度较大，基本上可成为全天走向的基础。如图 5 - 15 所示。

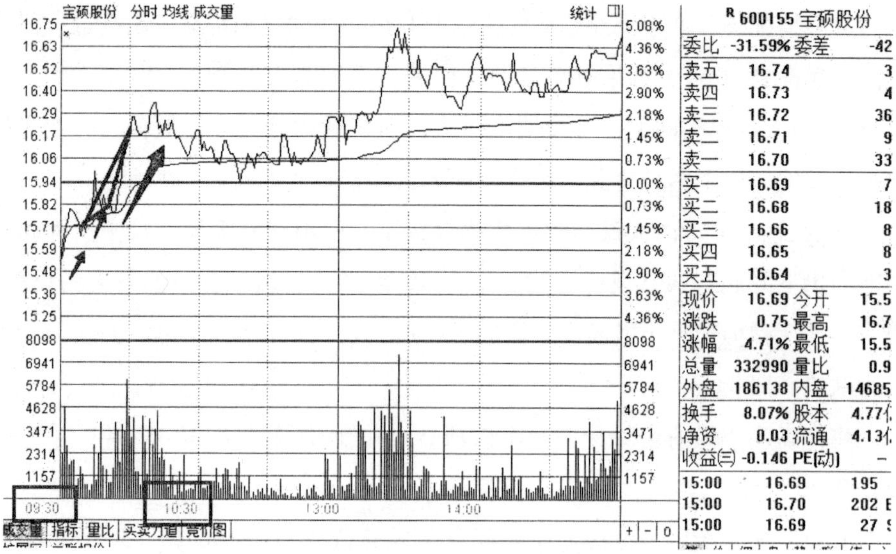

图 5-15　开盘三线指引当日股价运行方向

休盘前和复盘后的短线机会

临近休盘和午后复盘这个时间段是应重点关注的。

上午休市前的走势一般具有指导意义，如大市处于升势，上午收于高点，说明市场人气旺盛，行情向好；反之，若大市处在跌势，上午收于低点，说明市场人气不旺，行情向淡。临近休盘的走势是多空双方争夺的要点。在中午休盘时段，投资者有充足的时间审视前市走向，研究后市的发展方向，然后作出自己的投资决定。因此，主力庄家常利用休市前的机会制造出有利于自己的走势，如升势中上午收于低点，跌势中上午收于高点，来诱使中小散户跟风上套。

下午开盘后应密切注视上午热门股的走势，如果成交量快速放大，股价却不涨，则应警惕主力出货。很多上午停牌的股票，会在下午复牌时有大的动作：有的会因利好而高开高走，短线投资者应在复牌后涨幅不大时抢入；有的会因利空而低开低走，这时候就应该趁跌幅不大时出局，但在操作时应防止庄家借利好出货或借利空洗盘。

复盘后要把休盘前和复盘后的走势作为研判下午走势的一个部分，相互印证。若大市持续下跌，反弹迫在眉睫，主力通常会制造出跌势未尽的假象，于上午休市前故意打压，使之以最低价报收。下午复盘后，中午经过思考下定决心斩仓的人会迫不及待地卖出，指数急挫，但这通常是最后一跌，主力不但能趁机吃进后拉高，还能提高此时追进者的持股成本。因此，中午休盘前的下跌往往是最好的短线建仓机会。

尾盘的短线机会

尾盘是指下午收盘前的半个小时，即 14:30 - 15:00 这段时间。盘尾是多空一日拼斗的总结，故收盘指数和收盘价历来为市场人士所重视。开盘是序幕，盘中是过程，收盘才是定论。尾盘的重要性，在于它是一种承前启后的特殊位置，既能回顾前市，又可预测后市。

在目前 T＋1 的交易制度下，短线投资者一般将买入的时间选择在下午收盘前 15 分钟内。尾市收盘前是买入以最高价收盘的强势股和卖出以最低价收盘的弱势股的最后机会。所有投资者都来抢盘做差价，收盘前抢入强势股，次日开盘后抛出，安安稳稳地获利，风险也小。下午收盘前的短线机会应注意以下几个方面：

尾市收红，且出现长下影线，此为探底获支撑后的反弹，可考虑跟进，次日以高开居多。"买在最后一分钟"可避当日之风险。如图 5－16 所示。

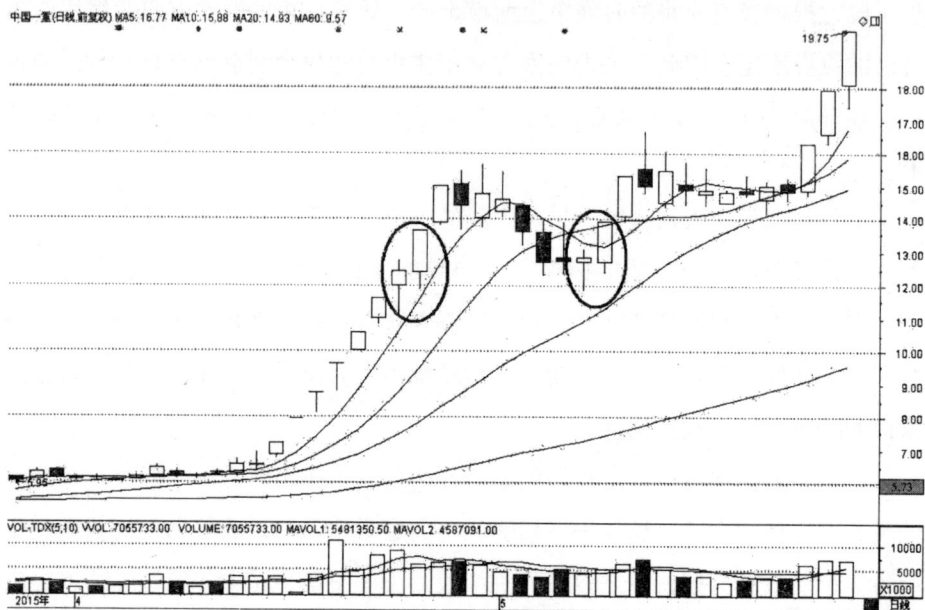

图 5－16　长下影线收盘第二日股价大涨

尾市收黑，出现长上影线，上档压力沉重，可适当减磅，次日低开低走机率较大。

涨势中尾市放巨量，此时不宜介入，次日开盘可能会遇抛压，故不易涨。跌势中尾市放巨量，乃恐慌性抛售所致，是大盘将跳空而下的信号。

跌势中尾盘有小幅拉升，涨势中尾盘有小幅回落，此为修正尾盘，并无任何实际意义。

在收盘前 15 分钟买入风险最小，符合低风险原则。应尽量选未涨的或初涨的个股及热门股，涨幅已大的股票绝对不碰。这种买入法只能在指数基本止跌或企稳回升时使用，以确保安全。

真正上攻的股票，一般都会选择在 14∶35－14∶40 开始上攻。许多情况下，一只股票早上开盘后长时间横盘，在均价附近窄幅整理，遇大盘下跌坚持不动或者稍被大盘拖累后也能迅速返回；而均线基本上保持直线，这种股票通常会在下午耐不住寂寞，向上突破。不过如果是下午开盘就突破，最好不要跟进，因为此时很可能是主力的试盘动作。

短线点金

短线操作者在行情高涨时，应小心谨慎，不可恋战。买进股票后一旦发现判断失误，应快刀割肉出局。如尾盘出现异动或突然跳水、放量下跌、急拉等情况，则应引起警觉。

第六章
短线买卖实战策略及技法

短线操作的真正目的不是不想赚大钱，而是为了不参与走势中不确定因素太多的调整。走势中的不确定因素是一种无法把握的巨大风险，用短线操作的方法，就可以尽量避开这种风险。因此，只要一只股票的攻击力消失，无论它是否下跌，都必须离场，这是短线操作的原则。

第一节　K 线形态提示的买入时机

底部长下影线小 K 线

底部长下影线小 K 线，又称锤子线、探底锤子线等，是在股价底部出现的一种 K 线看涨信号，它的实体较小，位于整个价格区间的上端或底部；具有很长的下影线，下影线的长度至少达到实体高度的 2 倍。底部长下影线小 K 线下影线越长、上影线越短、实体越小，探底动能就越大，反弹力度就越强。如果是接连出现底部长下影线小 K 线，表明底部信号十分可靠，买点基本明确。如图 6 - 1 所示。

股价在下跌的过程中，虽然延续了前期下跌的趋势，但是却在某日的分时图中出现了触底反弹的走势。平淡开盘之后，在分时图中出现触底回升的走势，这就是底部长下影线小 K 线形成的过程。

底部长下影线小 K 线的探底过程，是前期熊市的延续，而见底回升则是多空双方实力发生变化的真实写照。见底回升的底部长下影线小 K 线形态出现后，投资者的建仓机会也就出现了。后期个股如果放量反弹，则更是加仓的好机会。底部长下影线小 K 线形态只是个股短线看涨的信号，而放量反弹的

图 6-1　底部长下影线小 K 线

股价将会从根本上改变前期的熊市行情。

　　底部长下影线小 K 线实体可阴可阳，但是，如果底部长下影线小 K 线的实体是阳线，其看涨的意义则更坚定几分。这是因为如果底部长下影线小 K 线的实体是阳线，就意味着在当天的交易过程中，市场起先曾急剧下挫，后来却完全反弹上来，收市在当日的最高价处，或者收市在接近最高价的水平上。这一点本身就具有看涨的意味。

　　上吊线与底部长下影线小 K 线 K 线形态类似，不同的是底部长下影线小 K 线属于底部反转形态，而上吊线则属于顶部反转形态，必须出现在一段上升趋势之后。上吊线的实体与上吊线次日的开市价之间向下的缺口越大，那么上吊线就越有可能构成市场的顶部。

底部现阳线反转

　　底部现阳线反转，又称早晨之星、启明星、晨星、希望之星，是由三根 K 线组成的 K 线组合形态，它是一种行情见底转势的形态。图 6-2 为 2015 年 5

月 8 日汉森制药股票日 K 线中出现的早晨之星，此后股价一路飙升，由 5 月 8 日的 22.49 元飙涨至 5 月 28 日的 36.63 元。

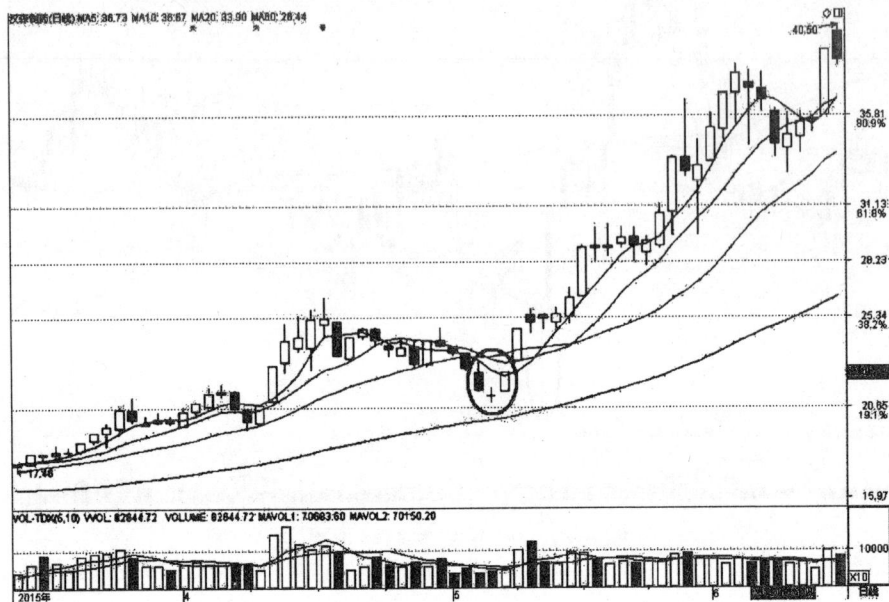

图 6-2　底部现阳线反转

底部现阳线反转的图形特征为：在下降趋势中某一天出现一根长阴实体；第二天出现一根向下跳空低开的星形线，且最高价低于头一天的最低价，与第一天的阴线之间产生一个缺口；第三天出现一根长阳实体。

阳包阴线

阳包阴线反映出股价本来处于下降趋势之中，但是后来出现了一根坚挺的阳线实体，这根阳线实体将它前面的那根阴线实体吞没了。说明之前强势的空方力量开始衰竭，多方开始占据主动并已压倒了空方，是股价触底回升的信号。如图 6 - 3 所示。

投资者宜在阳包阴线形态出现次日，采取逢低吸纳的做多策略。如果投资者依照该形态买入股票，则应将止损位设在阳包阴形态中阳线的最低价上，一

图 6-3 阳包阴线

且股价跌破该价位，投资者应尽快卖出止损。

短线点金

　　在识别阳包阴线信号时，应该看两根 K 线实体部分是否"吞噬"，即后一根 K 线的实体部分是否包住了前一根 K 线的实体部分，而不要将上下影线计算在内，否则会引发错误的操作。如果在发生吞噬的当天，伴随着成交量的放量配合，则可确认为转势信号。如果第二根 K 线的实体能吞噬前面好几天的实体，则表明反转的力量很大。

底部阴线收高开高走阳线

　　底部阴线收高开高走阳线，又称旭日东升，其形态特征为：先是顺势收出一根大阴线或是中阴线，接下来再出现一根高开高收的大阳线或中阳线，且大阳线的收盘价超过了前一根 K 线的开盘价。说明股价经过连续下跌，空方已经无力继续打压，多方奋起反抗，并以得胜终结，后市的前景已经变得十分光明。如图 6-4 所示。

图 6-4　底部阴线收高开高走阳线

短线点金

底部阴线收高开高走阳线形态与底部低开阳线上穿阴线有些类似，差别在于第二天大阳线或中阳线的位置不同。"底部低开阳线上穿阴线"的大阳线或中阳线实体深入到前一根阴线实体的1/2以上处，从技术上来说，该 K 线出现后，暗示跌势已经沉底或者到达阶段性底部，见底回升的可能性很大，也是一个比较可靠的短线买入信号。但总体来说，底部低开阳线上穿阴线的见底信号比底部阴线收高开高走阳线要弱。

低位孕线

低位孕线是指经过一连串的阴跌或整理之后，先出现了一根中阴线或者大阴线，而次日又出现了一根小阴线或小阳线，其实体上下的幅度都有没有超过前一个 K 线的实体幅度。低位出现的孕线表明做空动能已经衰竭，下降趋势可能即将反转。短线投资者可以观望，一旦反转就立即跟进买入。

孕线分"阳孕阴""阴孕阳""阳孕阳""十字星孕线"等。在低价区，上述 K 线组合均为买入信号。如图 6-5 所示。

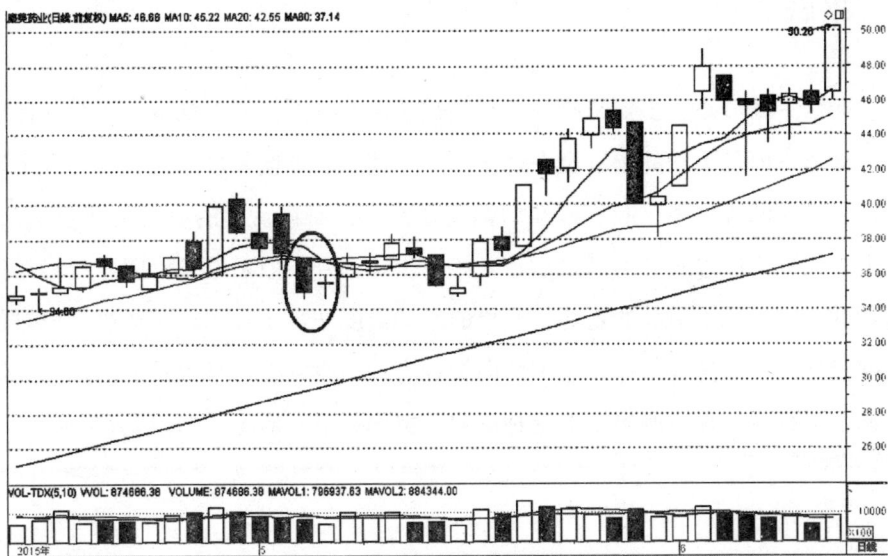

图 6-5 低位孕线

投资者在运用低位孕线时，应注意以下两点：

（1）左边的 K 线为实体阳线时，可以带有上下影线，但如果是无影的中阳线或大阳线并伴随着成交量放出，可信度会比较高。

（2）右边的 K 线实体可以是阳线也可以是阴线，但是绝对不可以超过左边阳线的 K 线实体。右边的 K 线也可以带有上下影线，但是影线越短越可信。

![短线点金]

短线点金

高位出现"阳孕阴"多为天顶信号。孕线出现后，股价至少会出现一波中级以上的下跌行情，投资者要注意及时卖出。低位出现"阳孕阴"多为大底信号。孕线出现后，股价至少会出现一波中级以上的上涨行情，投资者应多加关注此处的孕线形态，一旦确认，就应该果断进场，以免错失进货良机。

平底形态

所谓平底形态，主要是指股价在经过长期并且大幅度下跌后，下跌的速度逐步放缓，而且下跌的幅度也在逐步缩小。随后股价便在进入筑底的过程中运行，在筑底的过程中，股价波动的幅度非常小，而且盘中的成交也相当清淡。或者是在股价进入底部区域之后，开始逐步地回升，但是当股价回升到半年线附近的时候出现了横盘的走势，股价的波动幅度非常小。而且在经过一段时间的横盘之后，股价在某一天里突然向上发力，一举突破了半年线上的阻力并继续向上运行——盘中所出现的这种迹象，被称为平底形态。如图6-6所示。

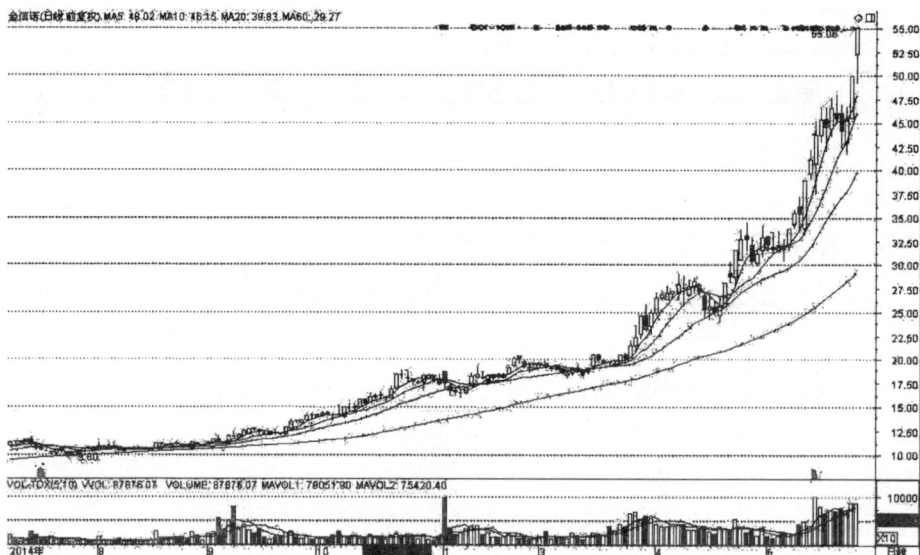

图6-6　平底形态

盘中一旦出现这种平底形态时，就可以基本断定其中有庄家在活动。

平底形态出现在下跌末端，代表空方力竭，多方严阵以待，随时会发起反击。如果在下跌途中出现，代表空方短线受阻，空方开始巩固阵地，突破后此处将成为多方的一个重要压力。

平底形态在上涨途中，代表多方力强，在此形成了强支撑，空方难以逾越。出现在上涨末端造成反转的时候也非常多。平底形态虽然代表下方有支撑，但如果出现在顶部，而空方最后突破这种支撑，这时平底形态的支撑反而会成为多方的压力。

K 短线点金

平底形态因为 K 线组合比较自由，所以代表的反转力度差别也很大。比如在某些特定的组合中，组成该形态的两根 K 线，如果其中之一是具有反转形态的锤子线、倒锤子线等线体形态，则是更大、更强、更准确的反转信号。如果是两根星体形态，则反转的力度会很小，甚至可以忽略掉。所以在实际应用中也要视组合的情况而定。

塔形底

塔形底是指股价经过一段时间的下跌后，先在低位收出一根大阴线，随后股价在这根大阴线的收盘价附近窄幅整理，其间小阴小阳交替出现，最后再以一根大阳线向上突破，且大阳线的收盘价接近或超过大阴线的开盘价。塔形底是一种见底反转信号。如图 6-7 所示。

一般来说，股票价格在低位形成塔形底后，并且有成交量的配合时，往往会有一段较明显的涨势出现。投资者见此 K 线组合后，应抓准机会，跟进做多。

股价经过大幅下跌之后，探明了底部区域，然后开始震荡上升，如果在这个过程中出现回调，回调过程中出现塔形底，这时要敢于及时跟进。

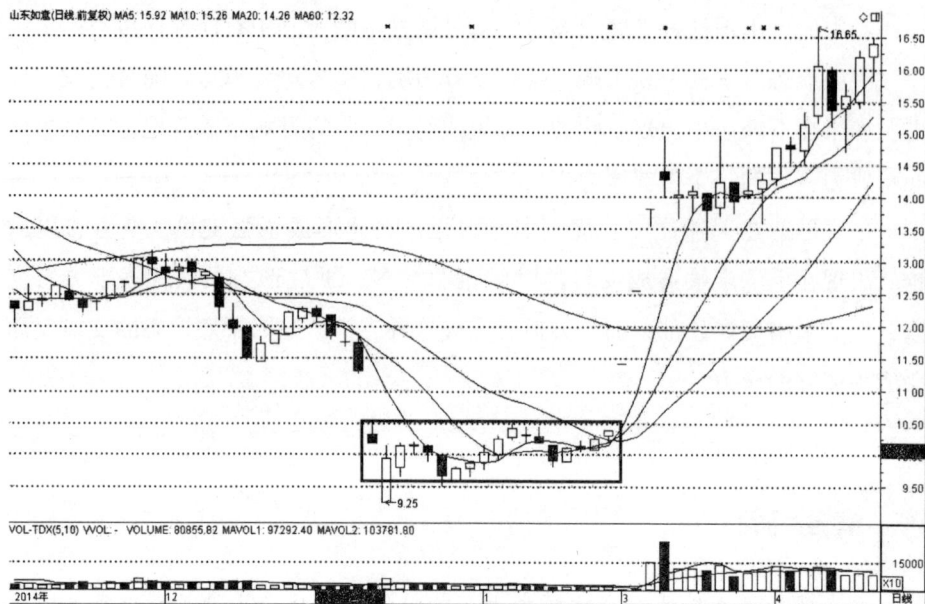

图 6-7 塔形底

　　如果股价处于明显的下跌趋势中，在反弹过程中出现了塔形底，只能轻仓参与做反弹，一旦有不好信号，就要及时出局。

短线点金

　　塔形底是一种较为坚实的底部形态，反转的可靠性较高。但如果股价随后跌破了该形态的最低点，则说明这是一个失败的塔形底，后市可能继续下跌。塔形底右边的大阳线若伴随成交量的放大，则反转更可信。

连续三阳线

　　连续三阳线是由三条上升的阳线组成的图形。如图 6-8 所示。在暴跌行情之后，空方已无力继续打低股价，股价在低价区呈"一"字形窄幅波动，小阳线与小阴线交替出现，成交量萎缩。经过较长时间整理之后，多方积蓄了足够上升的能量，伴随着成交量的均匀放大，盘面出现连续上升的三根小阳线，使股价突破盘局开始上升。

图 6-8　连续三阳线

连续三阳线的形成原理为：股价在经过一段时间的下跌之后，机构或多数投资者认为股票已经跌到自己能够接受的价位了，开始逐步建仓，股价由于主动性买盘的增加而慢慢上涨。一些持币观望的投资者看见股价已经止跌，也积极跟进，主动拉抬股价。由于投资者买入股票的信心逐渐恢复，股票被投资者的积极买入，一般说明股价还有进一步上涨的空间。

连续三阳的 K 线组合形态的特征为：在股票运行过程中连续出现三根阳线，每天的收盘价高于前一天的收盘价，每天的开盘价在前一天阳线的实体之内，每天的收盘价在当天的最高点或接近最高点。

连续三阳如出现在市场底部，说明市场发出强烈的反转信号，股价将逐步拉升，后市看好。如股票在较长时间的横盘后出现连续三阳的走势形态，并且伴随着成交量的放大，则是股票即将启动价格上涨的前奏，可密切关注。

多日孕线收高开阳线

价格经过一段时期上涨，在一根大阳线或中阳线之后，接连出现三根小阴线，但三根小阴线都没有跌破前面这个阳线的开盘价，并且成交量也开始减少，随后就出现一根大阳线。多日孕线收高开阳线预示后市将继续上行。多日孕线收高开阳线分标准型和非标准型两种，非标准型前阳线和后阳线因长度不够时，均可由两根中小阳线代替。中间的三根小 K 线也可以少于三根或多于三根。标准型和非标准型均是可信的继续做多信号，据此操作，一般会有满意的回报。如图 6-9 所示。

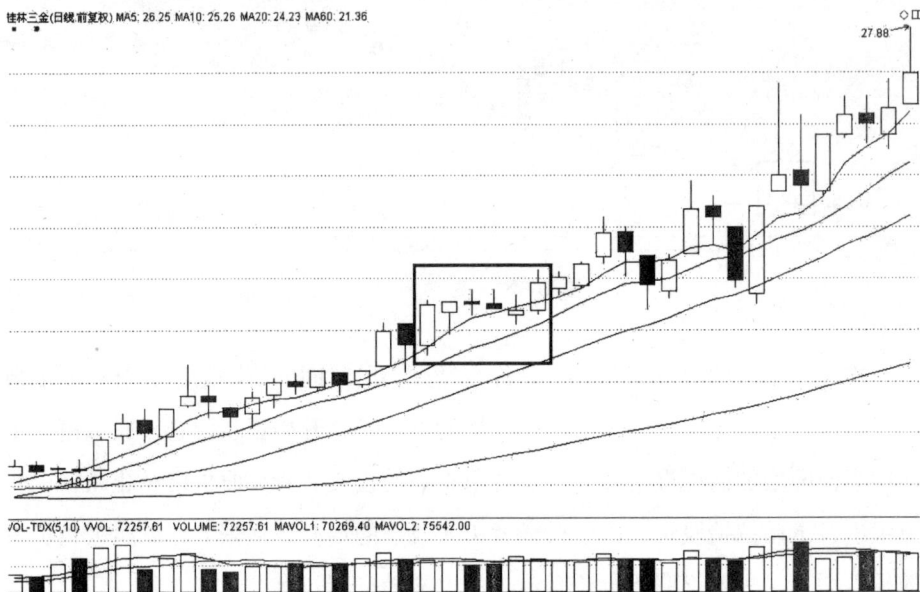

图 6-9 多日孕线收高开阳线

多日孕线收高开阳线形态可出现 1~3 次，第一次出现时，应果断进场，第二次出现时，应快进快出，见好就收，不要贪多恋战，第三次出现时，最好停止做多。该形态最佳做多点位须依据后阳线实体的长度决定。后阳线的收盘价略高于前阳线的收盘价时，最佳的做多点位就是后阳线的收盘价附近。

第二节　K 线形态提示的卖出时机

顶部上吊线

顶部上吊线是指出现在上升趋势末端的一根阴 K 线，下影线较长而实体部分较小，近似于"T"，通常情况下下影线长度至少应是实体部分长度的两倍。表示收盘价已乏力回升至开盘价位的水平，见顶回落的可能性较高。如图 6－10 所示。

图 6－10　顶部上吊线

顶部上吊线表明顶部缺乏买力。在一个上涨的趋势发生之后，市场行情看涨，市场开盘之后价格就会高开低走，但是交易即将结束之时，多方开始发力，并使得交易价格回升到成交价格幅度的上限。这就产生了一个具有长下影线的小实体的蜡烛形状。这代表空方开始进入市场。如果第二天市场的情况为下跌的势头，则证明空方继续进入市场。

实战中，下影线越长，如超过实体部分两倍，则见顶的可能性越大；因为是根据一根 K 线来进行研判，所以顶部上吊线为次要转势信号，实战中要结合缺口与下一个交易日进行综合研判，在顶部上吊线出现后，第二天股价跳空低开出现缺口，反映出顶部上吊线日买入的投资者已经被套牢。如果次日股价没有出现缺口，但只要拉出一根阴线，收盘价低于吊颈形态的收盘价，也可认为见顶。

短线点金

当上吊线出现时，一定要等待其他看跌信号的证实。次日，如果市场开市在较低的水平，那么，凡是在上吊线当日的开市收市时买进的交易者，此时统统被"吊"在上面。

顶部现阴线反转

顶部现阴线反转，俗称为"黄昏之星"，指的是在高位跳空高开，并且形成一个上下影线都很长的十字星形状的 K 线，通常如果遇到的是阴线，并且放量，那么黄昏即将到来。

顶部现阴线反转的形态特征：顶部现阴线反转是由三支阴阳烛组成的转向利淡形态，通常在一个上升趋势后出现。顶部现阴线反转由三个交易日的 K 线组成：第一日，在上升趋势中出现一根实体较长的阳线，买盘强劲，显示出继续上涨的趋势。次日，阳线之后出现了裂口高开后的十字星或纺锤。此讯号显示买方压力逐步得以舒缓，价格大有可能已见顶。倘若第二支烛有着与射击之星相同的上影线，又可称之为黄昏十字星，利淡转向讯号的可靠性更大为提高。第三日出现阴线，并且下跌吞食第一根阳线实体的一部分或全部，抹去了前两天大部分走势，显示出卖盘的强大力量，此时市况已发生根本转变，跌势一直持续到收市。如图 6-11 所示。

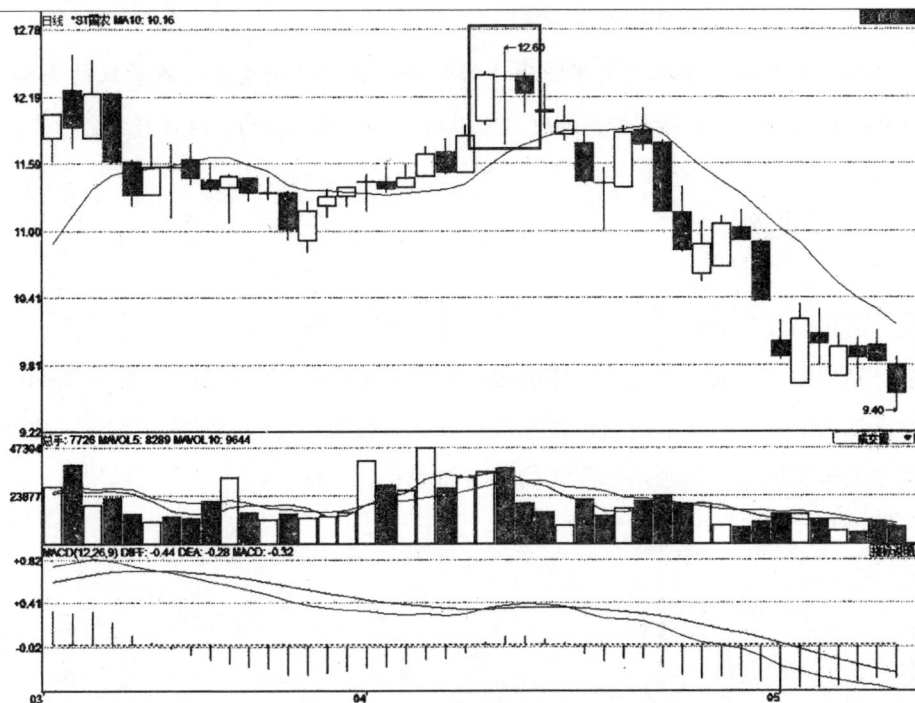

图 6-11　顶部现阴线反转

顶部现阴线反转是较强烈的上升趋势中出现反转的信号。上升趋势中出现顶部现阴线反转表示股价回落，是卖出信号。对于激进的短线投资者来说，顶部现阴线反转当中的第三根 K 线即阴线本身就是一个较好的止损点或止盈点，投资者应伺机抛货。

短线点金

投资者在操作中遇到顶部现阴线反转时，最稳健的做法是静静等候两三天，仔细观察大盘走势，然后再决定是走是留。

（1）如在阴线之后出现反弹，且反弹能吞噬掉昏星第三根阴线实体2/3以上，说明买盘仍具有一定的实力，投资者不必过早离场。

（2）如在二至三天内反弹未能吞噬掉昏星第三根阴线实体的2/3，说明卖盘已占上风，下跌趋势已确立。

（3）如果在二至三天内不出现小幅反弹，甚至自由落体出现暴跌的态势，说明卖盘力量占据绝对优势，此时要快刀斩乱麻，趁早出局，以持有现金为主。

阴包阳线

阴包阳线，又叫阴包阳信号，一般由两根颜色相反的 K 线实体构成。在上升趋势中，当前一个白色实体被后一个黑色实体吞没后，即后一根阴线的开盘价远高于前面阳线的收盘价，并且收盘价远远低于前面阳线的开盘价，由此构成阴包阳信号，属于顶部反转信号。如图 6 - 12 所示。

图 6-12　阴包阳线

阴包阳形态出现在一轮明显的上升趋势中，因为长期的上涨，多头累积起来巨大的获利空间，平仓的意愿强烈，随后市场上突然出现了一根中阴线，它将前一日的阳线全部吞没，巨大的反差使投资者意识到空方的咄咄攻势，于是投资者纷纷获利了结，使市场进入下跌趋势。看跌形态是经典的头部技术形态之一。

阴包阳信号在 K 线图中是一个重要的反转信号。说它重要，是因为它一旦出现，市场往往变化极大。

在此阴包阳形态中，第一根 K 线的实体非常小，而第二根 K 线的实体非常大，则阴包阳的意义更强。吞没信号出现在超长期的或非常急剧的市场运动之后。在此信号中，第二个实体伴有超额的交易量，而且第二天的实体向前吞没的实体不止一个。

顶部高开阴线下插阳线

顶部高开阴线下插阳线是股市中最常见的一种出货形态。它是以一根无影的大阴线为出货标志。在这种图形中，首先是一根相当长的大阳线，紧接着是高开低走的大阴线（开盘价是高于前一个交易日的收盘价的），就像一团乌云盖过了上一根阳线的顶部。如果这根大阴线出现在市场顶部，且收盘价已经穿破上一根阳线的中点，常常被认为是一种反转。如图 6－13 所示。

图 6－13　顶部高开阴线下插阳线

还有很多K线形态可以被认为是顶部高开阴线下插阳线的变形，这都取决于阴线盖过阳线的程度。例如，一种形态是：在下跌趋势中，在长阴线后面出现了一根跳空低开的小阳线，小阳线的收盘价在阴线的最低处，并且无影线；另一种形态是：阳线开盘价大大低于阴线最低价，但其收盘价却大大高于阴线最低价；还有一种形态是：阳线收盘价稍高于昨日阴线最低价，为熊市信号，今日价格没有超过阴线收盘价。三种形态稍有区别，但是它们基本的市场意义是一样的。

顶部高开阴线下插阳线的K线组合结合角度、均线以及形态等一起研判，其准确性更高。假如该组合的运行角度大于75，以3天均线为出货标准，即股票的收盘价跌破3天线就可以考虑出货。假如该组合的运行角度在60~75度之间，以5天均线为出货线，最多再参照10天均线，即当股票的收盘价跌破5天线时卖出部分股票，跌破10天线时，即可考虑短线全部卖出股票。假如该组合运行角度在45度左右，以25天均线为出货线，即只要股票收盘价不跌破25天线，就可以持股待涨，而股票收盘价跌破25天线，就开始考虑短线获利离场。

短线点金

在实战操作中要看股价所处的位置和涨幅。如果股票前期涨幅过大（超过70%），一旦出现顶部高开阴线下插阳线形态则应尽快清仓；涨幅若小，则可继续观察。其次，要看成交量。下跌放量就是顶；反之，若下跌无量，则很可能是主力在洗盘。

顶部阳线收低开低走阴线

顶部阳线收低开低走阴线是在上涨过程中先收出一根中阳线或大阳线，接着收出一根低开中阴线或大阴线，阴线收盘价低于阳线开盘价。

顶部阳线收低开低走阴线是见顶反转信号，后市看跌，卖出。

短线点金

顶部阳线收低开低走阴线和底部阴线收高开高走阳线是相对的 K 线形态。顶部阳线收低开低走阴线展现了多空双方力量在一日之内骤然转换的过程，同时体现了道氏理论定义下的短期趋势逆转过程，是较为强烈的见顶反转信号。交易者见到倾盆大雨，可以减仓或清仓。

高位孕线

高位孕线是在连续上涨后，出现一条开盘收盘完全孕育在前一根大阳线的阴线。如果出现在相对高位，是见顶信号。若第二日收上影阴线，则是暴跌的前奏。

如前日以大阳线报收，正常走势次日应跳空高开，结果次日开盘却跳空低开，而且以阴线报收。根据 K 线理论，该涨不涨，应该看跌。很有可能前一交易日主力机构在拉升过程中已经出货，次日的一个低开使追高进场的投资者根本没有获利离场的机会，但仍心存侥幸，以为调整一下是正常的，还会继续上涨。如果接下来是一根大阴线，则宣告头部的成立，下跌开始。

这种 K 线的含义也是极其清晰的，在相对高位收出一根阴线时，已经说明有做空力量出逃，次日跳空高开，本应上涨，但却仍以阴线收盘。根据黄金 K 线理论，该涨不涨，应该看跌，这里的高开只是又一次诱多出货而已。

连续三阴线

连续三阴线是一种 K 线组合形态，是指行情在运行时突然出现连续三根阴线的 K 线组合，是一种下跌的信号。连续三阴线是由三条收盘价与开盘价首尾相接的阴线组成的图形。如图 6-14 所示。

从图形上说，三根阴线的收盘价都应当处于当日最低价或近似最低价；并

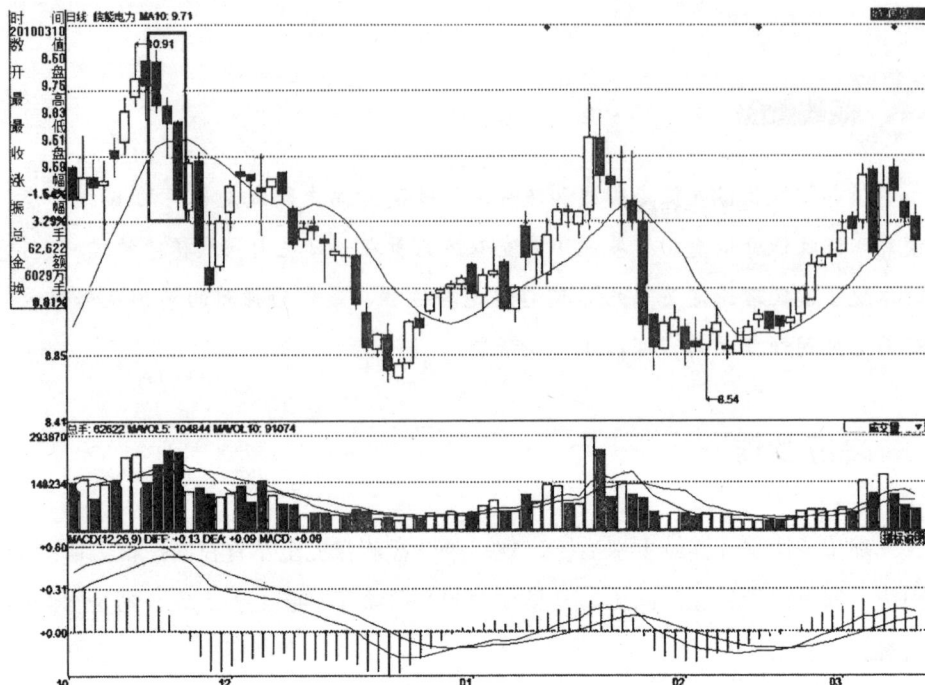

图 6-14　连续三阴线

且每根阴线的开盘价都应该是在前一根阴线实体之内。理想状态还要求第一根阴线的实体是前一根阳线的最高点以下。

连续三阴线多数出现在股价的天顶部位和波峰顶的高位，是强烈的见顶信号，应卖出股票。但有时也出现在上升途中和股价深跌后的低位，此时的连续三阴线只有其名而无其实，显示的不再是卖出信号，而变为买入信号了。

连续三阴线的标准形态在实际走势中一般难以见到，多数为非标准形态，主要是三条图线实体之间的长短不合要求，不是没有达到应有的长度，就是排列组合不够规范。但不规范的连续三阴线其见顶信号的强烈程度，并不弱于标准的连续三阴线，均可放心操作。在判断是否为连续三阴线形态时，不要过分强调是否标准，只要类似就行。连续三阴线最佳的卖出时间就是该形态出现的当天。

短线点金

处在高位的连续三阴线很少在转势的峰顶部位出现，多数在行情转势三五天后才出现。出现在下降途中的连续三阴线与处在高位的连续三阴线有时较难以区分，因为处在高位的连续三阴线其实也是处在下降途中。不过这两种黑三鸦都是卖出信号，区分不清也不要紧，连续三阴线出现后，及时卖出就是了。

多日孕线收低开阴线

多日孕线收低开阴线又称下降三步曲或三阳做客，是多日孕线收高开阳线的对应形态。多日孕线收低开阴线是由五个交易日的 K 线图形组成的。第一个交易日的 K 线图是一根实体较长的大阴线，之后三天的 K 线图分别是三根呈逆市上升趋势的小阳线，第五个交易日又重新拉出一根实体较长的大阴线。如图 6-15 所示。

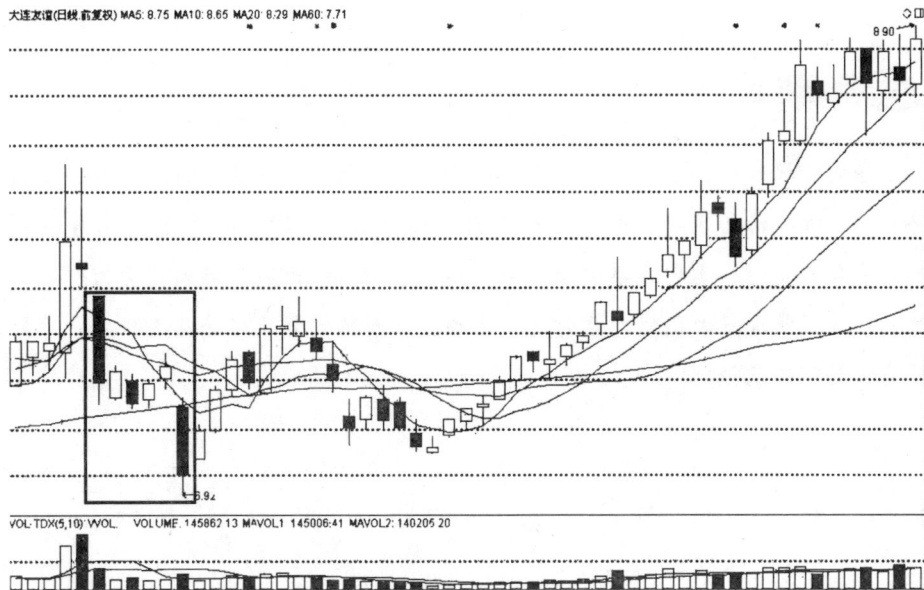

图 6-15　多日孕线收低开阴线

多日孕线收低开阴线信号被认为是下降趋势的修整。第一个白色蜡烛日的出现使得空头开始紧张起来。当看到多头的势力没有足够的力量来进一步使得价格上升时，空头重新恢复了信心并开始卖出。第一个白色蜡烛日的出现使得投资者对空头阵营产生了疑问，而第二天也是同样的情形。至第三天，空头开始确信多头的势力没有足够的力量来进一步使得价格上升，因此，重新恢复了信心并进入市场。

多日孕线收低开阴线是股价在下跌时先出现了一根实体较长的阴线，使其跌势得到加强。随后连续拉出了三根向上攀升的实体较为短小的阳线。但其走势与既定趋势相反，最后一根阳线的收盘价仍比前一根长阴线的开盘价要低，这些短小的阳线实体全部位于第一根长阴线的高、低价范围内。阳线最后一天的开盘价应该在前一天的收盘价附近，收盘则创出新低，宣告市场休息时间结束。三个小阳线的出现表示在下跌趋势中多方企图拉升股价，对空方进行了三天奋力反抗，但最后在空方的打击下溃不成军，股价重新顺应原来的趋势。之后紧接着又出现一根长阴线，把前面三根小阳线全部或大部分都吞吃掉，可以看出多方不堪一击，空方耀武扬威，股价将进一步下滑。

短线点金

在实际操作中，多日孕线收低开阴线的出现表明多方虽然想做反抗，但最终无力支撑股价的下滑，所以它是卖出的强烈信号。因此投资者见此 K 线图形后应顺势而为，卖出股票出局观望。第三个小阳线出现的当天是卖出的最佳时机，或者是次日大阴线开盘时卖出止损。如果投资者错过这两次机会，可能就有被套牢的危险。

第三节　量能异动提示的买入时机

低位放量下跌

一般而言，低位是指股价经过一定时间的调整，绝大多数技术指标已经在低位运行，也是指股价的绝对涨幅不高。通常情况下，低位放量中的低位是指前期没有出现过的低位，当然不是指最低价，最起码是在这次放巨量之前，还没有出现过很大的量。如果放巨量之前，底部累计的建仓量也不大，可以看出放巨量明显不是出货，而是资金大规模介入。如图6-16所示。

图6-16　低位放量下跌

从市场的操作经验来看，资金大规模介入表明有强庄入驻，如果主力不准备将自己套死，那么股价迟早是要上去的。一般情况下，如果投资者遇到股价下跌，主力不计后果地疯狂拉升，很有可能是前期被套在高位的老庄大规模建仓、拉升，主要是在股价最低处降低前期持股成本，然后通过短期突击拉升，不突破前期高位，达到顺利出局的目的。所以跟庄要眼疾手快，发现不对，立即出局。

总而言之，在大盘低位时，低位向下破位放量说明市场处于恐慌性杀跌中，股票放量下跌意味着砸盘，吓出套牢盘。

低位盘整温和放量

盘整是指股价在一段时间内波动幅度小，无明显的上涨或下降趋势，股价呈牛皮整理，该阶段的行情振幅小，方向不易把握，是投资者最容易感到迷惑的时候。

低档盘整是指股价经过一段时间的下跌后，股价在底部盘旋，加之利多的出现，人气逐渐聚拢，市场资金并未撤离，只要股价不再下跌，就会纷纷进场，由空转多，庄家在盘局中不断吸纳廉价筹码，浮动筹码日益减少，上档压力减轻，多方在此区域蓄势待发。

通俗来说，温和放量就是成交量温和放大。一般情况下，成交量温和放大的直观特征就是量柱顶点的连线呈现平滑的反抛物线形上升，线路无剧烈的拐点。如图 6-17 所示。温和放大的原因是随着吸筹的延续，外部筹码日益稀

图 6-17　低档盘整温和放量

少，从而使股票价格逐步上升，但因为是主力有意识地吸纳，所以在其刻意调控之下，股价和成交量都被限制在一个温和变化的水平，以防止引起市场的关注。从市场的实际操作可以看出，在相对低位和长期地量后出现的温和放量才是最有技术意义的。

一般来说，温和放量的时间不会太长，否则持续吸筹不容易控制股价，也会引起市场注意。在不同时期参与市场的投资群体和投资心理也会有很大变化，所以一个实力主力介入个股的前期为了获取筹码，会采用多种操作手法，但温和放量无疑是其中最主要的一种手法。

短线点金

温和放量有可能是长线庄家的试探性建仓行为，所以虽然也许会在之后会出现一波上涨行情，但一般还是会走出回调洗盘的走势；也有可能是长线庄家的试盘动作，会根据大盘运行的战略方向确定下一步是反手做空打压股价以在更低位置吸筹，或者在强烈的大盘做多背景下就此展开一轮拉高吸货的攻势。因此最好把温和放量作为寻找"黑马"的一个参考指标，寻低位介入。

低位放巨量

量是价的先行，量的变化会影响到价的变化。同时，量也是对价的肯定，一个价格如果要被支撑住就必须有成交量相配合。因此，巨量必然会伴随着股价的大幅上涨。所谓巨量，一般是指与最近一段时间的成交量比较而言，也就是近期较大的成交量。低位放巨量，通常情况下是庄家在快速建仓。当股价经过大幅下跌后，又进行了较长时间的横盘整理，如果股价上涨，低位连续放出大成交量，可以短线跟进。如图 6-18 所示。

一般来说，如果个股在低位放出巨量，日 K 线已冲过长期下跌的趋势线，或冲上 24 日移动平均线，可等待回档时介入。也可以在第二天股价跳空高升、回档时介入。如没有回档，可以加价买入。值得投资者注意的是，如果股价在

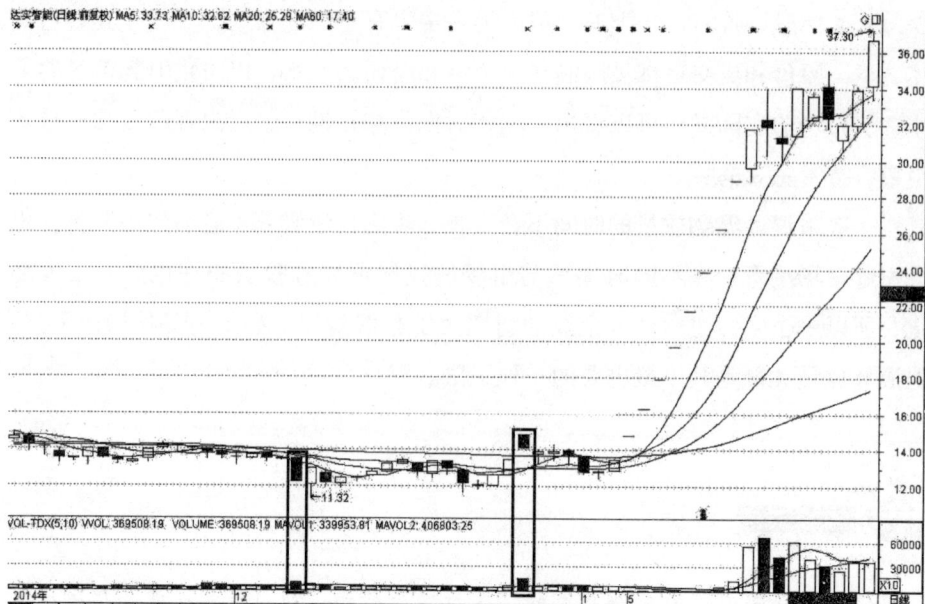

图6-18　低位放巨量

低位启动出现连续的两到三个涨停之后，成交量急剧放大，达到历史天量，当时换手率达20%以上，此时就是非常好的买入时机。

对于投资者来说，一旦发现巨量出现之后成交量不能继续放大，此时一定要谨慎操作，最保险的做法是先清仓出局，观望后继走势。

短线点金

放出巨量时股价应处于相对低位，如果大盘已有较大涨幅，个股也有超过一倍升幅之后出现的放巨量现象，应引起高度重视，这有可能是庄家在拉高出货。股价在低位整理时间越长，出现巨量后股价上涨的概率越大、升幅越高。

巨量打开跌停板

跌停板是交易所规定的股价在一天中相对前一日收盘价的最大跌幅，不能超过此限，否则自动停止交易。跌停板通常是由于重大利空或主力为了快速建仓时采用的惯压法而产生的，使其能在一天之内建仓完毕，但有时跌停会一连三天。何时跌停可以买，何时不可以买，这是由当时的大盘局势加之主力的操作意向所决定的，手法千变万化。

通常情况下，巨量打开跌停板时，是中短线买入时机。概括来说，在涨跌停板制度下，若跌停，买方寄望于明天以后更低价买入，而后缩手，结果在缺少买盘的情况下成交量小，跌势反而不止。其后，如果开盘仍为跌停，但中途曾打开，成交量出现巨量，说明有买盘主动介入，股价反弹或反转在即。而且，跌停的中途被打开的次数越多，时间越久，且成交量越大，则行情反转上涨的可能性越大。

值得投资者注意的是，巨量打开跌停板买入后，要密切注意后几天股价走势。如果其后两三天股价不再创新低且成交量明显萎缩，可确认是中短期底部；如果股价仍创新低下跌，说明跌势尚未结束，特别是庄家打压出货的股票，当股价再创新低时应止损出局观望。

短线点金

股价跌停或持续跌停，一般来说都是受到重大利空消息的影响或庄家在高位打压出货所致。前一种情况，如果利空已经兑现，巨量打开跌停，应是较佳买入时机，后市必涨；如利空未出，则等利空兑现后放量急跌时再买入。

缩量整理

通常情况下，当股价已经过一轮涨升时，获利盘涌出，使股价继续上升受阻。如要继续上升，需先经过一段时间的蓄势调整。此时成交量的特征是：成交量逐步萎缩，并经常呈递减态势，当成交量萎缩到一个较低的位置时，股价也小幅下跌至一个相对低点。事实上，这个时候一般是比较明确的买入时机，随后，当成交量重新开始放大，将展开又一浪升势。特别是股价快速上涨后调整成交量显著萎缩时更应该大胆买入。这一般是庄家震荡洗盘的表现，要不了多久，庄家就会再度拉升股价。通常来说，在股价第一次快速上涨后的调整中，成交量明显萎缩时买入非常可靠，以后再被拉升后调整缩量时是否是买入时机，要视庄家的行为和股价形态而定。如图 6-19 所示，北方导航在 2014 年8 月进行缩量整理后继续上涨，至 11 月初涨至 31 元，涨幅达到 40%。

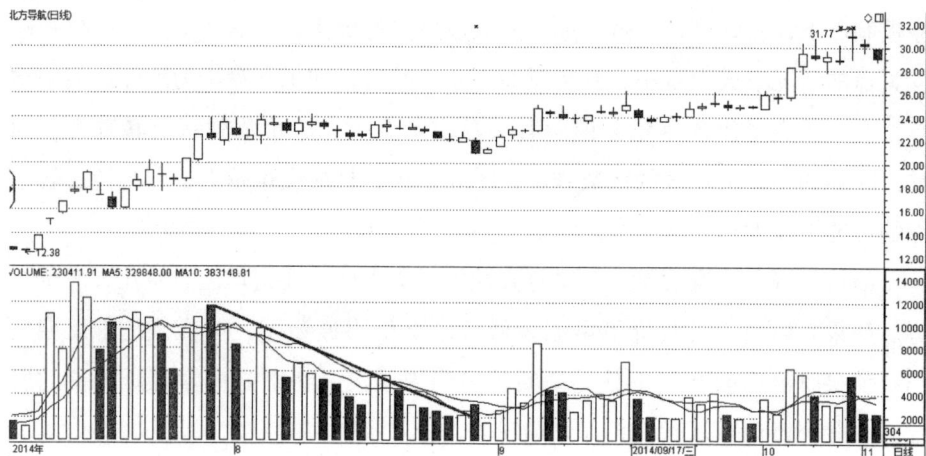

图 6-19　缩量整理

值得投资者注意的是，在上升趋势中，股价的上涨必须有成交量的配合，而回调时成交量就明显缩小，这样后市才会继续上涨。如果只见放量不见上涨，或上涨无量下跌有量，或看似调整但成交量却无明显萎缩，就要小心庄家出货或多空双方的力量在向空方倾斜。一般来说，投资者可以把止损位设定在买入后股价不涨反而有效跌破 30 日均线时。

底量超顶量

一般来说，当某只个股形成头部时，是必须要放出巨大成交量的，就算这种放量不能和上市头三天相比，也必须是相对性的天量，同时出现天价，之后股价才一路下跌。但是，有些个股在形成头部之时，成交量只是象征性地放大，换手率根本不足，而股价却开始下跌，给人的感觉是庄家来也匆匆，去也匆匆。当这只个股到达阶段性底部后，成交量却突然异常地放大，同最近的时间段相比，该股的成交量放大速度往往高达 10 倍以上，就算和形成头部时的成交量相比，也是有过之而无不及，往往大大超过当时放量的规模。这就是"底量超顶量"现象。如图 6－20 所示。

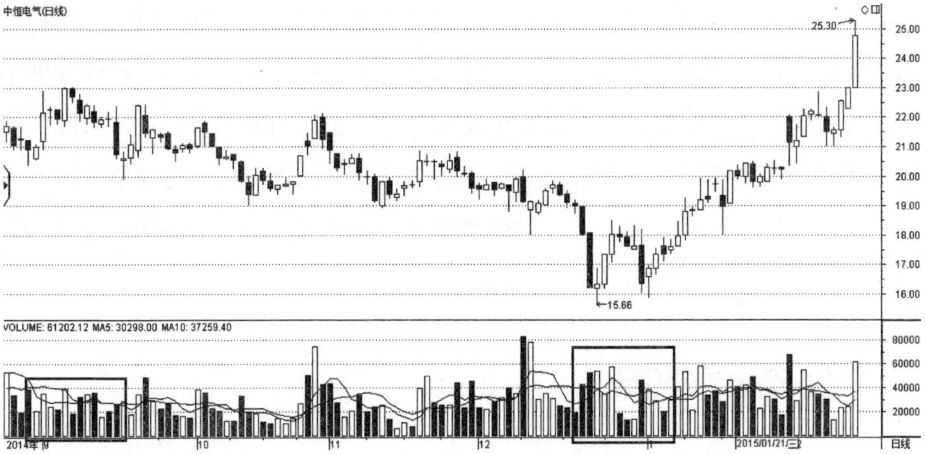

图 6－20　底量超顶量

底量超顶量的图形特征可以归结如下：第一，当股价从头部滑落一段时间后，会有一个见底回升的过程。第二，这个头部区间的成交量称为顶量，见底回升时的成交量称为底量。第三，如果底量能大大地超过顶量，则较容易通过顶量造成的压力带。

底量超顶量的市场意义可以概括为以下几个方面：第一，天量通常见天价，地量通常见地价，这便是"先见量，后见价"在股价走势中的常有规律。第二，若某只个股的成交量只是短暂地放大，之后不能持续，则说明这多属庄家的试盘现象，可以置之不理，因为这类个股很快便会平静下来。第三，若某只个股在形成头部时，成交量确实没有过分放大，且换手率确实相对不足，则说明这类个股的庄家只是拉高建仓，并没有退场之意。日后，这类个股的庄家会利用收集到的筹码打压该股，以便在低位摊低成本，于是便出现了底部放量现象。第四，庄家一般在股价下跌通道中收集筹码，因此一边打压股价一边买入，其成交量不可能放大。只有当股价跌到庄家满意的低价区时，庄家才肯大力收集筹码，此时成交量会急剧放大。第五，虽然当时的股价还在前一头部之下，能否冲上去还令人担心。但是急骤放大的底量如果远远地大于前顶量，则说明庄家并不将前头部看在眼里，甚至把它看成新行情的底部。第六，如果该股的底部放量远大于顶部放量的话（即底量超顶量），则说明该股的上涨幅度会很大，远远高于形成顶部时的位置，这便是底量超顶量的特殊意义。第七，股价未动，成交量却已大幅变化，随后才是股价大幅上涨，这是一种极佳的中短线买入机会。若成交量的大幅变化远大于见顶之时的情况，则买入该股的投资者不必担心前期顶部的压力。第八，通常情况下，这种底量超顶量往往要靠利空消息来协助构成。同时，这种情况的另一面则显示出了庄家的非凡实力，说明该股的庄家志存高远。

跳空放量后收阳

一般来说，所谓跳空是指两根并列的 K 线在价格上不连续，即一根 K 线的最高价比另一根 K 线的最低价还低。跳空通常在股价大变动的开始或结束前出现。

就跳空现象来看，当股价受利多影响上涨时，交易所内当天的开盘价或最低价高于前一天收盘价两个申报单位以上，称"跳空而上"。当股价下跌时，当天的开盘价或最高价低于前一天收盘价在两个申报单位以上，称"跳空而下"。值得投资者注意的是，有的跳空具有技术意义，有的则很一般，这要从跳空的部位、大小来判断市场趋势之强弱和真假之突破。

股价在低价区经历了较长时间横盘，成交量萎缩，股价波动幅度小，日 K 线小阴、小阳相间。这种表面上的平静，往往孕育着大行情的即将来临。某一日，股价突然受某种利空消息刺激，向下跳空开盘。令人意外的是，股价最终却在巨大买盘的推动下收出了一根实体较长或下影较长的阳线。这个强烈的反差预示着向下跳空开盘只是一种诱空陷阱，或是一种骗筹行为。股谚云，"放量不跌，理应看涨"，那么未来股价很可能会走出一波升幅可观的中级行情。

投资者在应用跳空放量后收阳时应注意以下几个方面的情况：

第一，股价位于低价区域接近中价区。

第二，股价经历了较长时间横盘，时间越久，未来升幅也越大。

第三，横盘时期，日K线多为小阴、小阳线，成交量低迷。

第四，在向下跳空前两三个交易日，股价与成交量往往有异动。

第五，向下跳空当日，日K线最终以收盘价接近最高价大阳线或长下影阳线报收，同时要有巨量配合。

放量突破前高

所谓放量，就是指该股今日成交量比前几日大增。举例来说，昨天全天的成交量是1亿，今天忽然变成4亿了，就是放量。如果今天变成了1.1亿，就不算。放量是相对而言的，昨天1亿，今天变成1.5亿，也可以说它放量了。

一般来说，突破是在技术分析上所用的一个术语，指价格升破阻力位（通常是前一高位），或跌穿支撑位（通常是前一低点）。有效突破，是指突破某一支撑或阻力位后，不再回到先前的运行范围。所谓放量突破，需要满足以下几个条件：收盘价至少3天最好5天以上收在压力位以上；收盘价大于压力位3%~5%个点；回抽压力位获得支撑，即俗称的压力变支撑；第一次突破后，成交继续活跃，量价齐增，不能衰竭；大阳突破，走势生猛，明显有别突破前，股性大变。需要说明的是，这几个条件并不需要全部具备，有时只需一条就可以，满足的条件越多，有效性就越强。

在实际操作中，当一只股票经过一段时间的上涨，之后开始进入回调，经过一段时间的调整后，再次开始放量攻击前期高点时，就是买入点。然而，对于投资者来说，这里最难把握的是主力的假突破，很容易上当。因此，投资者需要作出正确判断。

此外，投资者还需要注意突破前高的陷阱。一般来说，要识别突破前高是有陷阱，最重要的是看股价的整体位置。如果股价前期涨幅已大，则主力随时有可能潜逃，突破前高只是主力拉高股价出货的陷阱。反之，如果股价处于上升的初期或中期，突破前高则相对可靠一些。其次要看成交量。如果价涨量缩则要小心是陷阱，上涨的时候一波比一波成交量缩小，说明做多意愿越来越淡。相反，上涨的时候有量能的配合则更可靠。最后要看后市的走势。如果后市上涨乏力，甚至跌破均价线，则可能是陷阱，投资者应及时出局。

第四节　量能异动提示的卖出时机

高位价涨量缩

在上升行情的末期，股价经大幅上涨，在高位出现了价增量缩的价量背离，预示着股价即将出现顶部反转，将出现一段下跌行情。如图 6-21 所示。

当出现高位价涨量缩的价量背离时，稳健的做法就是平仓出局，其理由是：股价上涨的动力是股票的成交量，其动力来源可以分为庄家推高股价的动力和市场普遍看好后市的跟庄动力。原动力不足意味着该股一种动力或两种动力都不足，股价将不可避免地出现回落或反转。抢在行情反转之前出局，可以保留前期战果，避免损失。

高位价涨量缩一般出现在经历了一段股价放量上涨的上升行情之后。高位价量背离是明显的顶部征兆，投资者应及时卖出股票。

短线点金

如果在价涨量缩的次日，成交量立即能够配合股价的续涨而增加的话，应

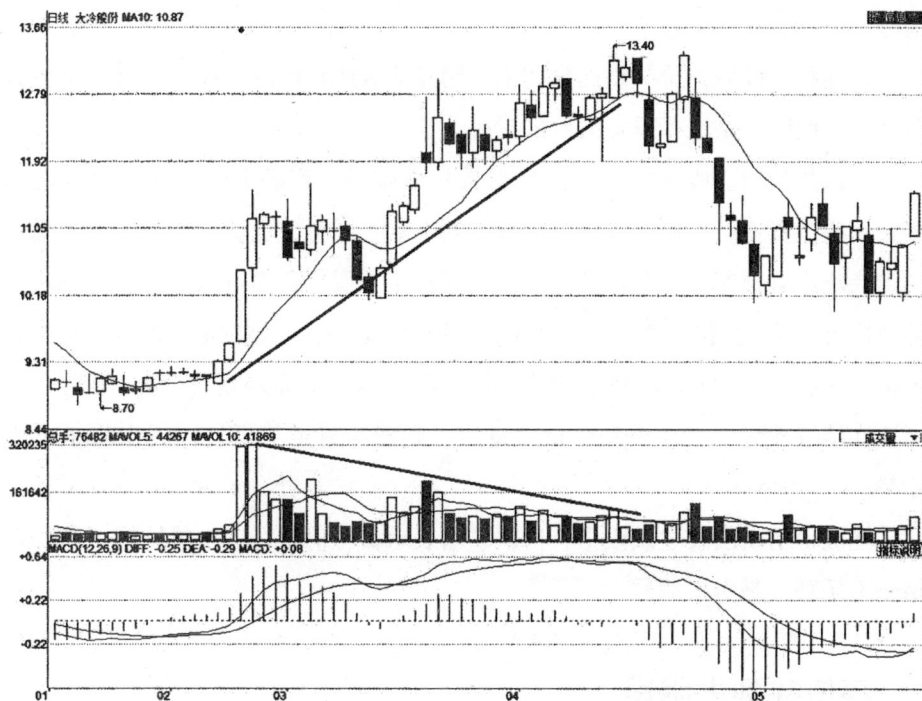

图 6-21　高位价涨量缩

视为业已"补量"，此时应改变观念，以价涨量增的原则来看待它，这种情况
不再是顶部反转的征兆。

高位价跌量增

价跌量增主要是指个股（或大盘）在成交量增加的情况下，个股股价反
而下跌的一种量价配合现象。量增价跌现象大部分出现在下跌行情的初期，也
有小部分出现在上升行情的初期。不过，量增价跌的现象在上升行情和下降行
情中的研判是不一样的。

在升势初期，当股价经过一段比较长时间的下跌和底部较长时间的盘整
后，有的股票会出现价跌量增现象。此时主力为了获取更多的低位筹码，采取
边打压股价边吸货的手段，造成股价走势出现价跌量增现象，但这种现象会随
着买盘的逐渐增多、成交量的同步上扬而消失。这种量增价跌现象是底部买入

信号。

在连跌一段后，价微跌而量剧增，则意味着股价已落入底部，后市可望止跌回稳。此时，是选择投资购股的时机。

在跌势初期，股价经过一段比较大的涨幅后，市场上的获利筹码越来越多，一些投资者纷纷抛出股票，股价开始下跌。同时，也有一些投资者对股价的走高仍抱有预期，在股价开始下跌时还在买入股票，多空双方对股价看法的分歧造成了股价高位价跌量增的现象。这种成交量放大，同时收盘时往往还留有上影线的现象，意味着后市将继续下跌。因此高位价跌量增现象是卖出信号。

在持续涨势中，如果发生价跌量增，则意味着走势反转，后市将呈下跌走势。

在股价初跌段及主跌段中，价跌量增表示卖压仍重，后市料持续下跌，行情仍不乐观，是卖出信号。

高位并列大阴量

阴量主要是指股价下跌过程中的交易量。它往往出现在调整或下跌行情中，预示着空方力量强，即卖盘大。并列大阴量就是由两条连续大阴量组合成的图形。如图 6 - 22 所示。并列大阴量是强烈的卖出信号，投资者应及时卖出股票。并列大阴量根据两条阴量所处的不同位置，又可以分为"高位并列大阴量"和"下降途中并列大阴量"两种形态。这里主要讲述的是高位并列大阴量。

庄家往往在低位收集股票筹码，在高位进行派发，以赚取可观的差价。在高位派发股票不是一件容易的事，一些庄家利用利好消息发布或送配除权、填权之际，大量派发股票，致使该股在高位出现长阴线，成交量也急剧放大，形成大阴量。既然高位大阴量揭示了庄家派发筹码的秘密，投资者应当顺势而为，与庄家共进退，加入做空的行列，出货走人。

高位大阴量多在上升波段的顶部出现，是股价见顶的迹象，投资者应迅速抛出手中的股票，离场观望。

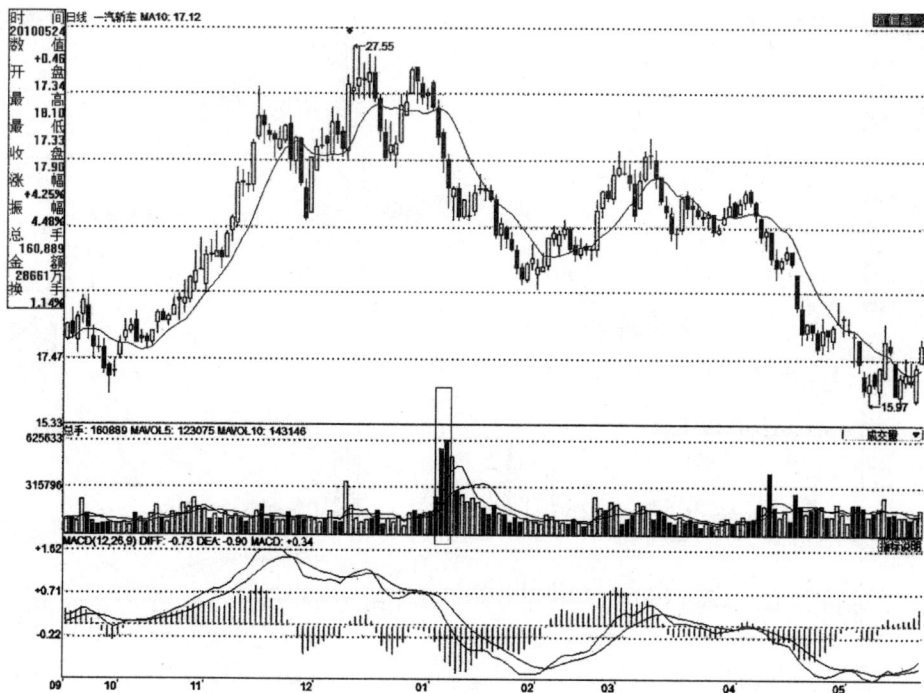

图6-22　高位并列大阴量

高位并列大阳量

阳量是指股价上涨过程中的交易量。它往往出现在调整或上升行情中，预示着多方力量强，即买盘大。所谓"并列大阳量组合"，是指由接连两条基本相等或相近的大阳量组成的图形。所谓"高位"，是指股价已上涨50%以上。当股价上升至高位后，在热烈气氛的推动下该股放出巨量，股价也随之拔高，形成第一条大阳量。第二个交易日，旺盛的买力使股价再创新高，但成交量却增加不多，或与前持平，甚或略低，形成高位并列大阳量。高位并列大阳量的卖出信号特别强烈，在高位上出现并列大阳量组合，往往意味着该股顶部的到来，投资者应择机卖出。如图6-23所示。

并列大阳量相对应的K线同时显示见顶信号时，应在大阳量组合形成日卖出，这天无论何时卖出，都可认为是最佳的卖点。如果高位并列大阳量相对

图 6-23　高位并列大阳量

应的 K 线尚未发出明显的卖出信号，可在第二天选一高点卖出，这一卖点就
是最佳卖点。

　　股价创新高，而成交量却不增加，或增加幅度甚微，表明做多意愿减弱，
也或是多方的实力已消耗过大，再无力增加能量，股价需要调整。并列大阳量
明白无误地告诉投资者，应转为做空，抛出股票，离场休息。

短线点金

　　如果高位出现大阳量的量值相差太大，超过 10% 时，就不应当作高位并
列大阳量对待，只能通过其他技术指标来判断股价是否走到了尽头。

巨量打开涨停板

停板是指因股票价格波动超过一定限度而停做交易。其中，因股票价格上涨超过一定限度而停做交易叫涨停板，因股票价格下跌超过一定限度而停做交易叫作跌停板。目前国内规定涨跌幅度为10%，ST个股为5%。

一般来说，实行涨跌板制度以前，价增量升、价跌量缩是股价向上走的条件，但在实行涨跌板制度下，大涨和大跌趋势继续下去，却以成交量大幅萎缩为条件。

在涨跌停板制度下，价量之间的关系是：涨停量小，续涨；跌停量小，续跌。

在涨停板制度下，如果某只股在涨停时没有成交量，那是因为卖方目标更高，想今后卖好价钱，因而不愿以此价抛出，买方买不到，所以才没有成交量。第二天，饥渴的买方会追买，因而才会出现续涨。反之，当出现涨停，但中途打开，而成交量放大时，说明想卖出的人增加，买卖力量发生变化，下跌有望。因此，短线操作者应在发现巨量打开涨停的第一时间卖出，以免贻误战机带来损失。图6－24显示了巨量打开涨停板的情形。

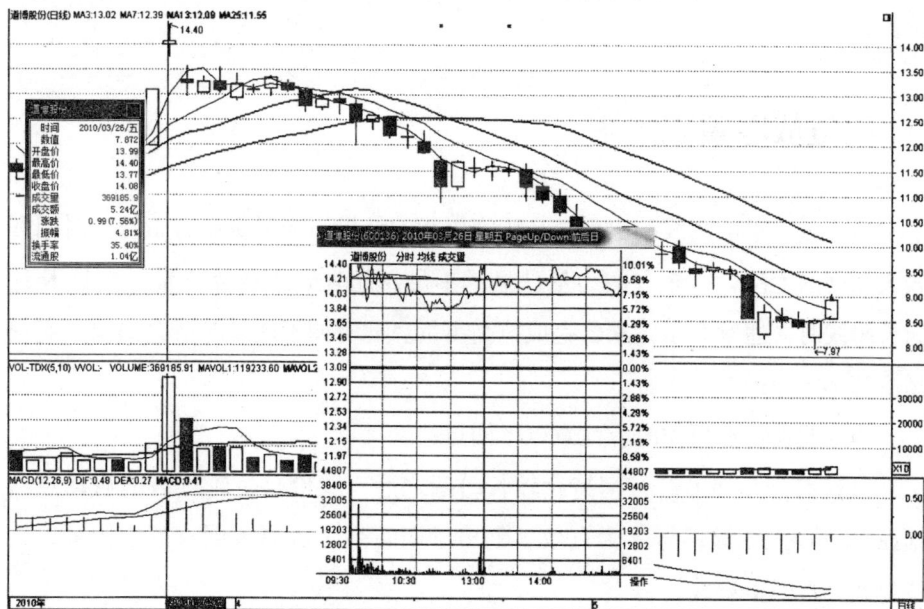

图6－24　巨量打开涨停板

由于价量关系在涨跌制度下的特殊性，所以，当 10% 涨停板的情况出现时，投资者往往不知所措。卖吧，担心明天会再涨 10%，犹豫不决时，良好的卖出时机就会错过。

高位巨量抛盘

股价从高位向低运动时，一般经历高位震荡、缓慢滑跌、加速暴跌、减速滑跌和价位震荡五个阶段。在高位震荡中，庄家的任务是尽量维持震荡时间，以便更多地在高价区派发。由于接盘不力，股价开始缓慢滑跌，此时庄家处于矛盾状态：一方面要维持高位股价，这就需要缓派力量；另一方面又要加大派发力度，增加派发度，这就很难维持高位震荡。庄家一般采取能拖则拖的策略，不能拖则进一步压价派发，于是股价进入加速暴跌阶段。研究股价缓慢滑跌到加速暴跌的临界点是为了充分利用临界点的短暂时间，尽快地大量派发。

实战中，巨量抛盘一般会诱发大跌势。在缓慢滑跌和加速暴跌的临界点，通常会出现巨额抛单，有时会出现 5 位数的大抛单，说明股价正在越过临界点向暴跌阶段发展。因此，在临界点附近发现有巨额抛单涌出，应毫不犹豫地压价清仓。

高位放巨量收大阴

高位放巨量的阴线的出现常是庄家出货的结果。当股价已有了较长时间和较大幅度的上涨后，多方的力量已显示不足，此时如忽然放巨量，当日 K 线为长阴线时，通常表示庄家已完成拉高出货。此时如不能及时清仓出局，必被高位套牢。如图 6-25 所示。

利用此种方法操作时应注意以下四点：

（1）必须是在上升行情持续较长时间之后，股价自一轮行情的启动点涨幅在 30% 以上，该信号才为有效。创出近期新高之后向下倒放的中阴线，往往带有较长的下影线。

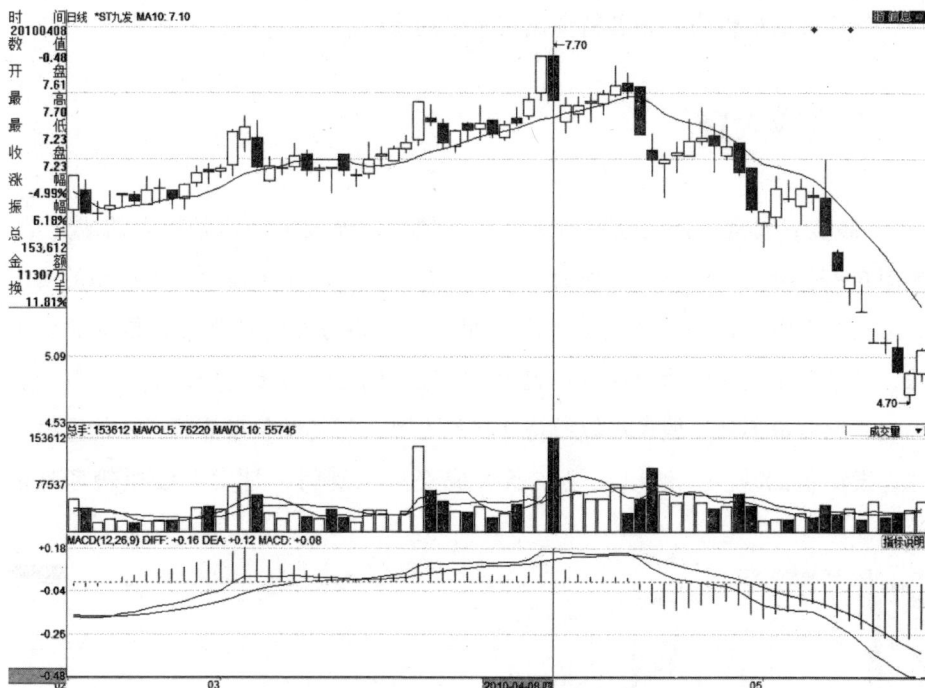

图6-25　高位放巨量收大阴

（2）要注意两种行情的高位概念：其一，上攻行情的高位是从本轮行情的启动点计算；其二，反弹行情从反弹点计算，在满足高位升幅和近期巨量特征后，对于反弹行情而言，其前期高点附近往往是反弹顶部的形成区域。

（3）顶部大量有几种状态要注意：其一，股价大跌，庄家出货意愿坚决；其二，股价大涨如成交量已连续放大表明庄家可能强势拉高出货；其三，顶部大量同时表现为两相邻大阴大阳相吞，是较强烈的顶部信号。有一种情况使这种见顶信号表现得更加明显，这就是一只在底部盘整的股票因为突发消息或其他原因而在某一日开盘后直接封在涨停板上，在日K线图留下跳空的一个点；第二天又直接开在接近涨停的位置，然后开始震荡下行并伴随巨大的放量，从而形成此种走势。这种情况下短线见顶的概率更大。出现这种第一天跳空涨停、第二天就放量见顶的情况，往往是某些机构埋单之后短线炒一次快进快出的典型手法。

（4）对超级强势股要结合其他相关技法对其顶部性质或洗盘性质重新确

认，但稳健的操作应在顶部特征出现时出局观望。

高位双大量

"高位双大量"指的是股价上升到高位后，连续出现两条较大的成交量。如图 6-26 所示。该形态出现后，股价多有一跌，应卖出股票。该形态的卖出原理较好理解，这是因为：第一条大量，显示多方力量的强大，推动股价上涨，当第二条大成交量出现时，表明多方投入的力量过多过急，损了元气，会出现后续力量不济、股份难以维持升势的走势，须经调整蓄势后，才能重振士气，发动新的攻势。所以在第二条大成交量出现时，是卖出股票较理想的时机。

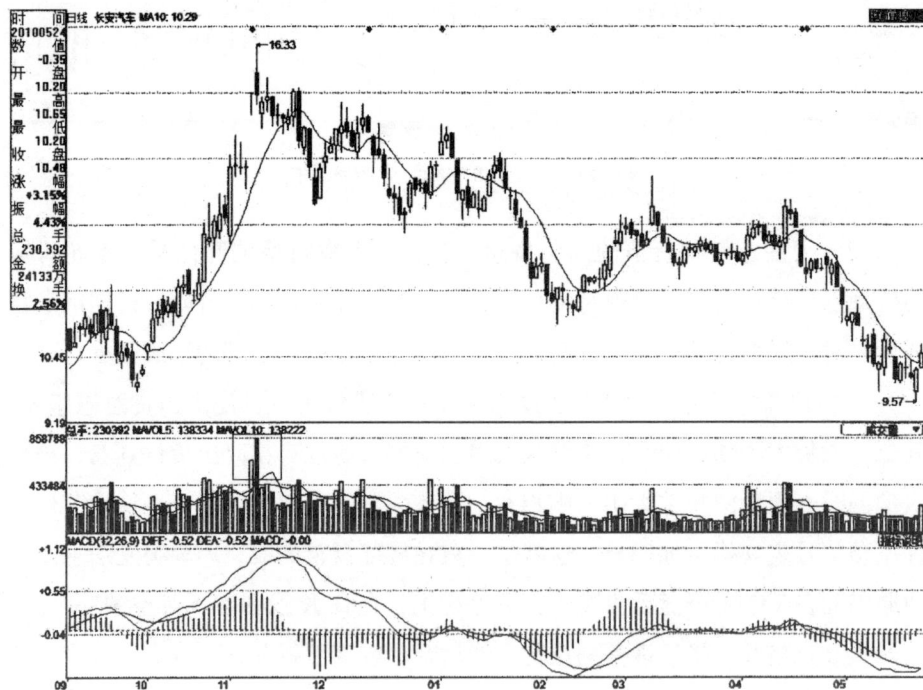

图 6-26　高位双大量

高位双大量走势出现在下降途中时，成交量的换手率一般不怎么高，但与前一日的成交量相比，增加的幅度却相当大，也可称为"大成交量"，其卖出信号也是不可忽视的。

高位双大量形态虽是强烈的卖出信号，但要根据不同的情况进行不同的操作。根据经验，高位双大量形态中的两条成交量柱线如果是红色，即相对应的K线为阳线，应在第二天选一高点卖出；高位双大量的两条成交量柱线如果是绿色，即相对应的K线为阴线，应在当天收市前卖出，以防第二天低开低走减少收益。

在实战中，连续在高位放出巨大的成交量，说明天价就在眼前。操作上投资者需要观察对应天量成交的K线形态，进而选择卖出时机。如果高位双大量的两条成交量柱线为红色（K线为阳线），一般应选择第二天卖出，反之应在当天收盘前卖出，因为天量如对应着长阴或"长箭射天"等星形K线，代表多头已经后续乏力，第二天跌势会更为凶猛。

短线点金

高位双大量形态出现后也有可能产生股价小幅上涨（实际是庄家制造的多头陷阱），或者处于长期横向整理走势，致使股票在较长一段时间缺少交易机会。而无论哪种形态都是极强的转势信号，因此在高位连续异常放量时应果断卖出手中的股票。

堆量滞涨

所谓堆量，指的是成交量在某个价位附近出现持续放大，每天的成交量都非常大。这些巨大的成交量堆积在一起，就像是一座小山。所谓堆量滞涨，指的是出现堆量后股价并没有上涨，而是出现反复震荡，或者即使上涨力度也很弱，量价配合严重背离。实践经验证明，堆量滞涨属于危险信号，应该卖出股票，而不是买入，落入主力的陷阱。同时，股价也出现强势特征，普通投资者很难分辨其危害性。

堆量滞涨的实质就是主力资金通过堆量造成一种股价即将上涨的假象，诱骗众多散户进场买入，而主力乘机出逃。

堆量滞涨主要表现为以下两种形态。

一、刚刚除权的股票

除权是由于公司股本增加，每股股票所代表的企业实际价值（每股净资产）有所减少，需要在发生该事实之后从股票市场价格中剔除这部分因素，而形成的剔除行为。有些股票除权后出现明显的堆量滞涨，这是主力利用除权后的"廉价"效应造势骗人。其特点是成交量持续放大，股价强势横盘或小幅上涨，给人以放量走高的印象。一般而言，除权后出现堆量的股票，往往会出现破位下行，并且幅度相当大。所以说，对于这种除权堆量股票，短线投资者一定要高度警惕，果断出逃，且不可盲目买入。

二、弱市逞强

"弱市中不宜入市"，"清仓放假"，"观望为上策"，这是投资专家对广大散户的公式式的训导。许多散户面对疲弱的市道茫然不知所措，吃进怕套牢，抛出又怕踏空。有些主力被套后喜欢逆市拉升。因为在大盘持续走低的情况下，放量堆高非常容易引起市场的关注，也容易引起投资者的介入。这种股票很多都是过去曾经大幅炒作过而主力又未顺利出逃，并且仓位很重。为了尽快出逃，主力经常采取不计成本杀跌的方式出货。

短线点金

堆量滞涨的欺骗性极大，这种技术形态之所以能欺骗众多投资者，主要是因为其成交量持续放大，交投非常活跃。

下跌行情放量

下跌行情放量，简单来说就是在股价下跌的同时成交量也同时放大（与前几个交易日相比较）。所谓放量，就是说大盘或某一股票在某天或某一时段成交踊跃，成交量大幅增加。比如平常每天成交量是几百万手，突然一天成交量达到几千万手，这就叫放量。放量交易是代表了这只股票会出现行情，或涨或跌那就要具体分析。放量或缩量从任何股票软件上都能看到。

股价从波峰往下跌的时候，成交量的变化规律呈现出"两放三缩"的变化态势，也就是所谓的"缩量—放量—缩量—放量—缩量"。投资者在股价下跌过程中，一般存在着两次逃命的机会。第一次放量下跌，大部分投资者还存在侥幸心理，不会舍本逃命。那么，对于第二次放量下跌，投资者就不能再错过最后的逃命机会了，甚至亏本也在所不惜。如果再错过这次逃命机会，恐怕将会严重套牢。下跌行情放量的卖点风险相对于其他卖点风险更大，但是投资收益并不是很高。所以，投资者应尽量少采用这种卖出法。

一般来说，最好在第一次放量下跌时就果断出货，尤其是逢到第三波行情时，更可以放心地确认出货时机。

短线点金

下跌行情中出现放量的情况是最强烈的卖出信号，尤其是对应的 K 线图也收大阴的情况更是如此。但是，千万不要以为对应的 K 线图为阳线时就可放心。因为庄家可以在收市的最后几分钟将本来收阴线的 K 线图改成小阳线，所以，当投资者遇到那种小阴小阳下跌的情况，千万要提高警惕，因为那十有八九是庄家麻痹投资者的骗局。

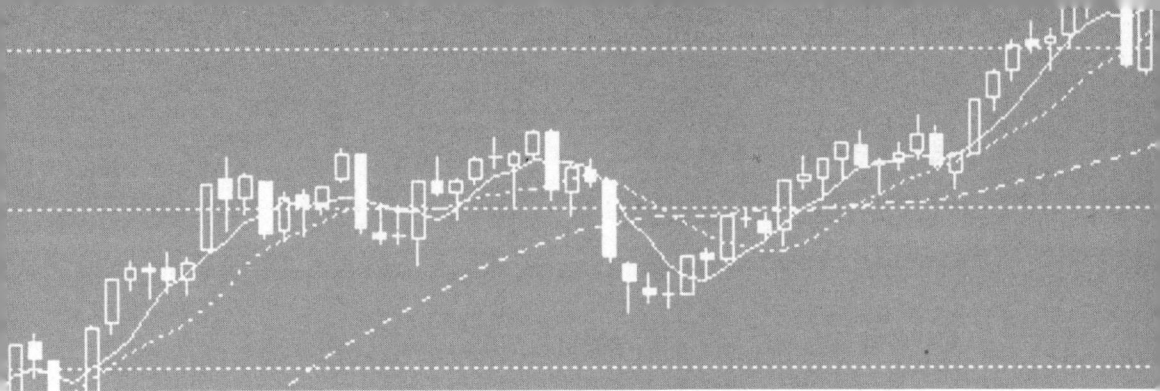

第七章
短线追涨技巧

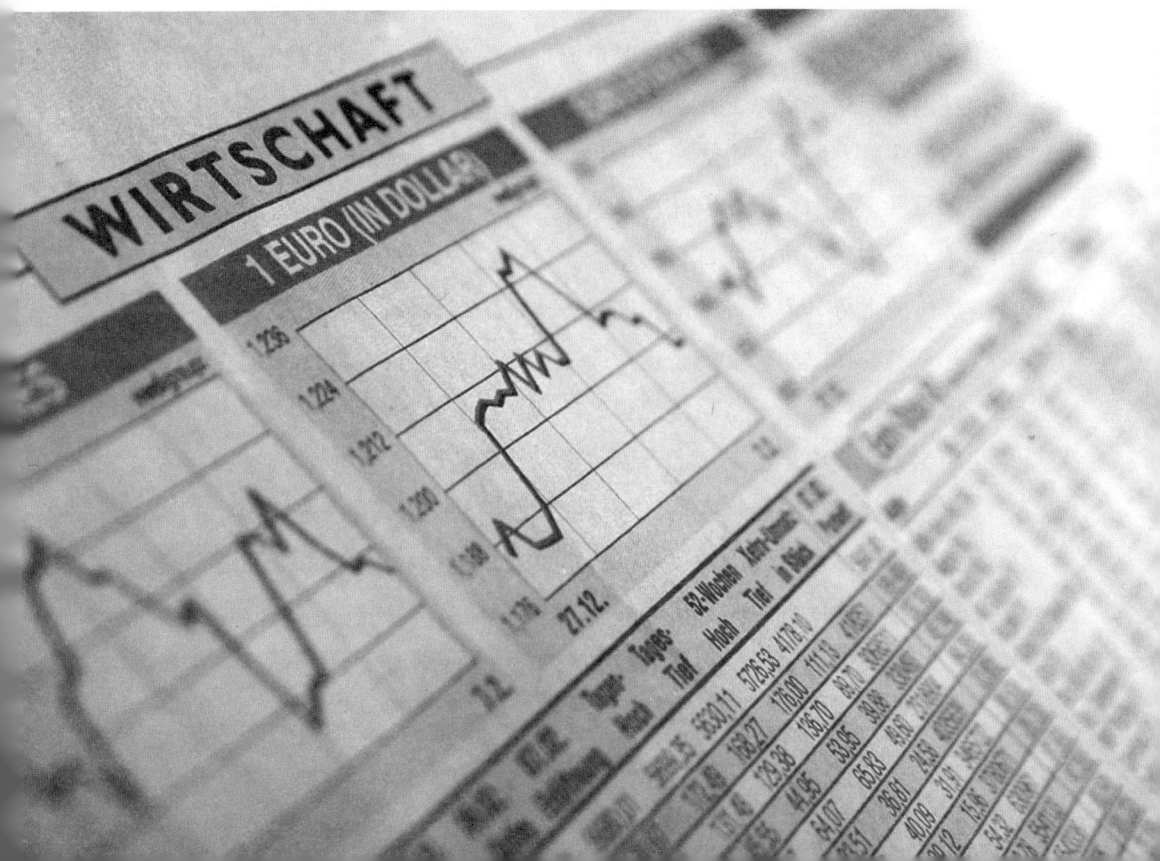

短线操作的目的是为了不参与股价运动中的调整，以便使投资者在最短的时间里达到成功避险，或获取最大的安全利润的目的。专业的短线操作，其最终目的就是为了在最短时间内最大限度地获取利润，同时不参与个股行进过程中的调整。

第一节　短线追涨的技巧性策略

短线追涨要顺势而为

要顺应大势，大盘跌势凶猛时个股难有作为，再好的股票也难敌大势，逆市上扬的个股毕竟寥寥无几，因而跌势追涨是炒股之大忌。投资者想要追涨获利，就必须顺着股价的走势顺势而为，即追涨买入，如果逆势而为那么一定会损失惨重甚至一蹶不振。因此选择追涨买入的前提就是顺势而为，在具体的操作中千万不能忽视也不能盲目去追涨。

股价的走势分为三种，即长期趋势、中期趋势和长期趋势。

长期趋势在时间跨度上是指持续一年以上的趋势，这种长期趋势包括上涨趋势的多头排列以及下跌趋势的空头排列，其中趋势走向一浪接一浪，均线理论也给出了均线走势呈逐步上升以及逐步下降的形态。

中期趋势是指时间跨度上一般持续在两周到三个月的一种趋势，股价的反弹或者回档幅度至少应该到达前一次上涨或者下跌幅度的1/3。而短期趋势一般是指股价在两周以内的变化。如图7-1所示。

天沃科技(日线) MA5: 15.84 MA10: 14.91 MA30: 14.31

短期趋势

中期趋势

17.77

7.31

VOL-TDX(5,10) VOLUME: 804597.25 MA5: 672825.63 MA10: 531078.38

MACD(12,26,9) DIF: 0.82 DEA: 0.63 MACD: 0.37

2014年 12   1   2   3   4   5   日线

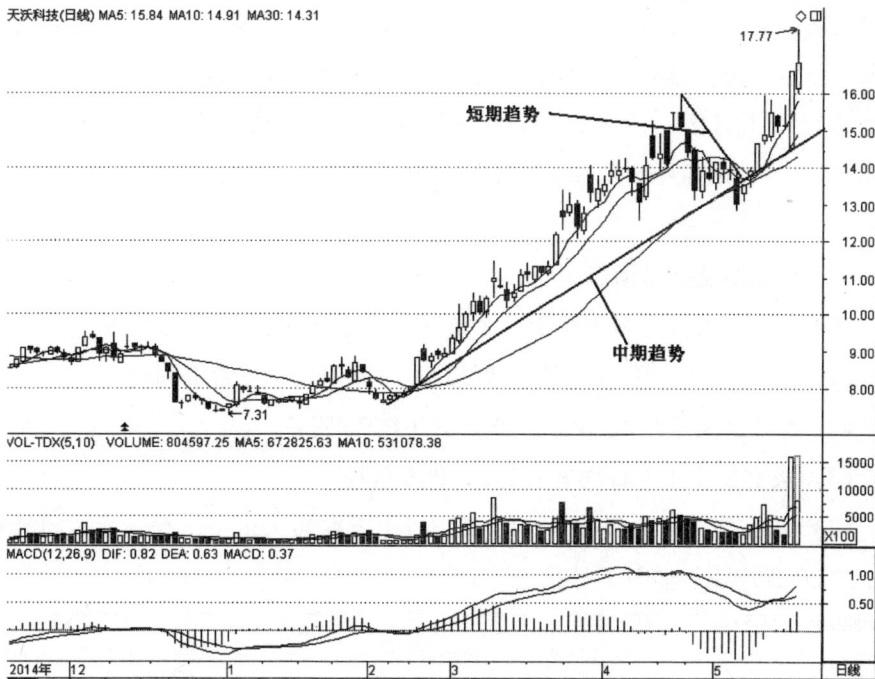

图7-1 中期趋势和短期趋势

　　一般而言，股价在波动过程中通常是由这三种趋势组成的，因此短线操作者在选择追涨时，要立足于中长期趋势，着眼于短期趋势，在确定长期趋势呈上涨的态势中顺势而为，并且在短期趋势中寻找上涨点并追涨买入，相信必能获得不菲的利润。

短线点金

　　市场沿趋势移动，趋势到一定程度会面临背离，技术分析常常用背离来判断转势。止损可以用于在看错趋势时作为保护。

识别短线追涨信号

　　对于短线来说，公司的基本面可以不用考虑太多。短线的选股方法主要可以分为两大类：一是追涨，二是抄底抢反弹。在操作上要考虑技术指标是否发出买入信号、资金流向、市场情绪如何。个股起涨前夕，K线图、技术指标及盘面上有一些明显的特征。善于总结与观察，可望在个股起涨前夕先"上轿"，等待主力的拉抬。这些起涨信号大致有以下几种。

一、K线图及技术指标

从K线图及技术指标方面看，个股起涨有以下特点：

（1）股价连续下跌，KD值在20以下，J值长时间趴在0附近。

（2）5日RSI值在20以下，10日RSI在20附近。

（3）成交量小于5日均量的1/2，价平量缩。

（4）日K线的下影线较长，10日均线由下跌转为走平已有一段时间且开始上攻20日均线。如图7-2所示。

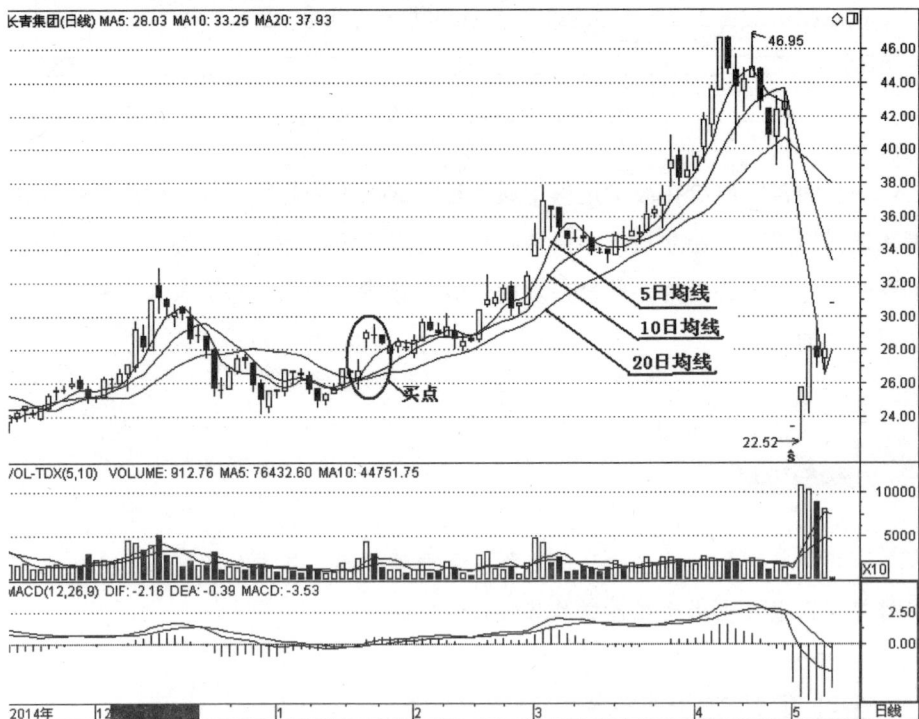

图7-2 10日均线走平上攻20日均线

（5）布林线上下轨开口逐渐张开，中线开始上翘。

（6）SAR 指标开始由绿翻红。当股票股价从 SAR 曲线下方开始向上突破 SAR 曲线时，为追涨信号，预示着股价一轮上升行情可能展开。

在上述情况下若成交量温和放大，可看作底部启动的明显信号。

二、个股走势及盘面

从个股走势及盘面上来看，个股起涨有以下特点：

（1）个股股价在连续小阳后放量且以最高价收盘，是主力在抢先拉高建仓，可看作起涨的信号。

（2）个股股价在底位，下方出现层层大买单，而上方仅有零星的抛盘，并不时出现大手笔炸掉下方的买盘后又扫光上方抛盘。此为主力在对倒打压，震仓吸货，可适量跟进。

（3）个股在低价位出现涨停板，但却不封死，而是在"打开—封闭—打开"之间不断循环，争夺激烈，且当日成交量极大。这是主力在利用涨停的假象震荡建仓，这种情况往往有某种突发利好。

（4）个股低开高走，盘中不时往下砸盘，但跟风者不多，上方抛盘依然稀疏，一有大抛单就被一笔吞掉，底部缓慢抬高，顶部缓慢上移，尾盘却低收。这是主力故意打压以免暴露痕迹。对这种情况可在尾盘打压时介入。

（5）个股在经历长时间的底部盘整后向上突破颈线压力，成交量放大，并且连续多日站在颈线位上方。此突破为真突破，应跟进。

超短线追涨买入的研判要点

一般来说，追涨是当股票涨起来时及时追进去，杀跌就是一旦判断股票下跌趋势已成及时杀出来。追涨是盈利手段，杀跌是避免亏损或减亏的手段。操作时应注意以下几个研判要点：

（1）当个股攻击技术颈线位且成交量有效放大，价格上涨幅度在2%左右时，可以考虑快速介入。

（2）在低位温和放量之后出现了一根带量长阳（或涨停），同时成交量为上叉阳量托，马上直扑追涨。

（3）股价出现长时间下跌调整，突然出现立桩的时候，可考虑在当日收盘价或第二日在前一天收盘价附近介入。

（4）重要的技术阻力位的突破后，回踩时也是介入机会。股价依托底部形态（V形、W形、圆弧底），向上冲击大均线（即年线），若涨停突破，直接在涨停板追涨买入，牛熊不败，是必胜的K线形态。

（5）一轮中级以上行情，通常会有连续三个涨停板的个股，成为龙头，投资者可在第三个涨停附近追涨买入，后势还有15%以上升幅，是短线高手必胜的招数。如图7-3所示。

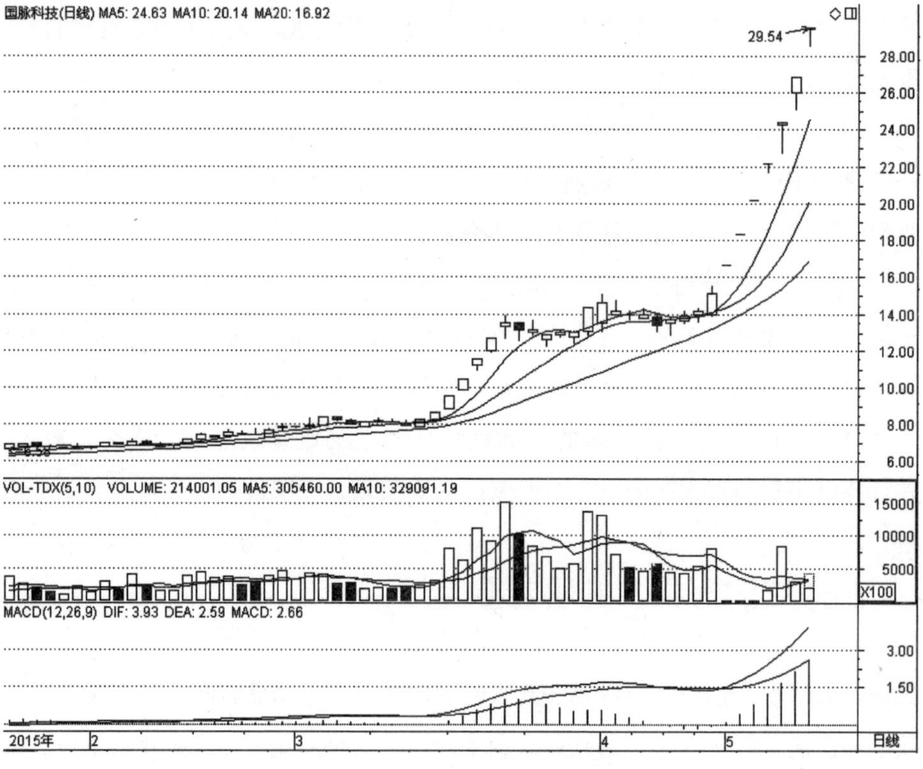

图7-3　国脉科技日K线图

（6）个股产生一波快速拉升，突然出现第一次下跌，一直跌破五日线回到十天线，或回到二十天线时，都是较好的介入位。连续涨停的股票第一次突然打开，与前一天的收盘价持平或低于前一天的收盘价，都是较好的介入机会。

（7）市场经过一轮下跌后，会切换出新的热点和领涨个股，通常龙头个股第一个涨停板会开闸放水，是短线投资者追涨买入的最好时机。

短线追涨的注意要点

追涨杀跌本身是一个很好的炒股方法，但是它需要很高的技术。对于大多数股民而言，追涨都容易掌握不好时机，或者追涨的时候心里相当纠结，这就是没有完全掌握追涨方法的原因。短线追涨的注意要点有以下几项。

一、追涨要及时、果敢

许多强势股在启动后，都会有一波相当凌厉的涨势，所以，追涨就应该及时、果敢。因为在这个时候追入，收益不但非常大，而且在时间成本上也非常低。如果在个股的盘整阶段或者震荡洗盘阶段追入，不但一时赚不到钱，而且浪费许多机会成本。有的投资者甚至因耐心不够而中途退出。追得及时，追在起涨点，就可以做到既赚钱又不会承担多大风险。

二、必须追在个股低位点

股价处于低价圈时，涨幅靠前、量比靠前的个股，就说明主力的真实意图在于拉高股价，而不是诱多。如图 7 - 4 所示。若在高价圈出现涨幅靠前、量比靠前的个股，其中可能存在陷阱，参与的风险较大。低价圈的判定方法很多，相对前期的高点而言，股价跌幅在 60% 以上的都可称为低价圈。

三、追在回落整理阶段

当一只股票已经发动行情，而且连涨几天了，那么就不应再追入，而应该等到该股冲高回落一段后再追入。纵观牛股走势，都会有一波波脉冲式的上

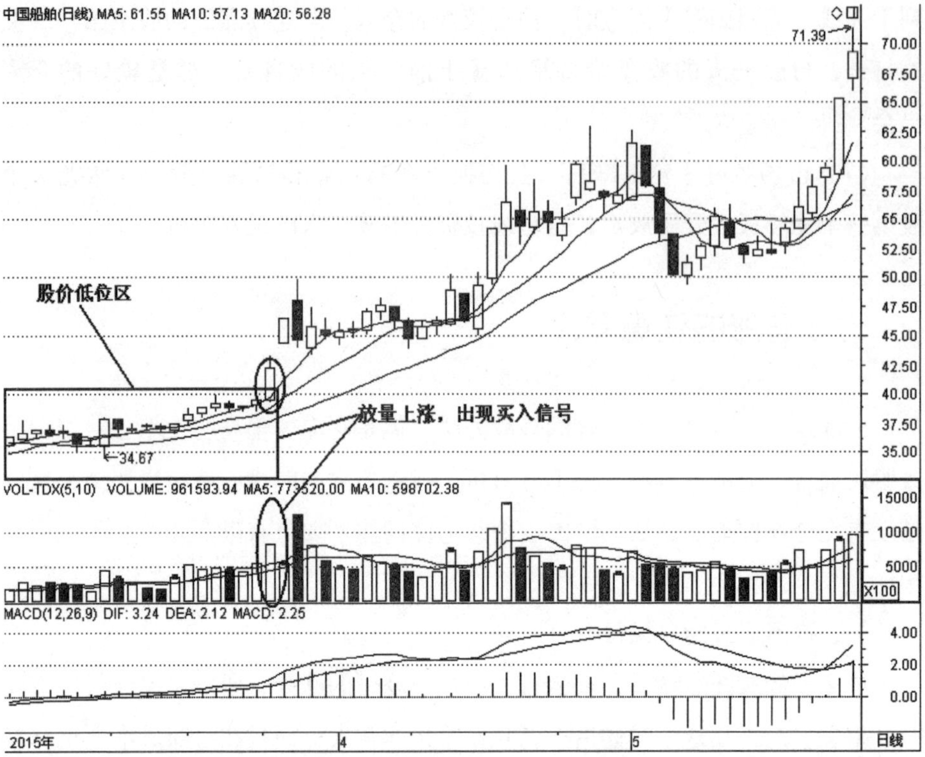

中国船舶(日线) MA5: 61.55 MA10: 57.13 MA20: 56.28

71.39

股价低位区

放量上涨，出现买入信号

VOL-TDX(5,10) VOLUME: 961593.94 MA5: 773520.00 MA10: 598702.38

MACD(12,26,9) DIF: 3.24 DEA: 2.12 MACD: 2.25

2015年

图 7-4　股价低位区放量上涨

涨，所以回落后再追入就能够减小风险。通常情况下，一只牛股绝对不会是几天的行情，它会不断上涨，往往是涨一波后回落一段，然后继续上攻。如果是一只大牛股的话，甚至会出现数倍的涨幅。把握牛股运行的特征后，就可以抓住牛股的回落整理阶段追入。

四、追快速涨停股票

　　追涨停板的个股对于中小投资者来说是非常需要勇气的事情。许多散户投资者不敢追迅速拔高直冲涨停的个股，结果第二天又是高开高走甚至是直接涨停。所以，要关注开盘后不久直接上冲直奔涨停板的个股。如果个股在高位突然放量涨停，就不要盲目追入了，因为后面很可能是高开低走。对于在平台整理较充分的个股，一旦放量冲高，直奔涨停，那么就可以马上追入。

短线点金

投资者还可以参考量比来追涨。量比越大，说明当天的放量越明显，这也证明了该股的上涨是得到了投资者追捧的。所以，追涨量比靠前的个股比较稳健。有的个股在尾市放量拉升，这或多或少有投机取巧的成分，因为很多主力故意在尾市急速拉升，以吸引散户投资者跟进，结果第二天就跳空低开，而且往往是低开低走。

规避短线追涨易犯的错误

短线操作是一种高技术含量的操作，它追求的是在最短时间内实现最大的收益，如果漫无目的地操作，不可能实现短线操作的目的。短线投资者追涨时常犯的错误有以下几项。

一、分散资金

一些人资金量并不大，但分散投资，买了一大堆股票，有的还有权证、基金、B股，只要能买的都买上。股票也是高价、低价、蓝筹、题材的都有。他们的投资理论是"不要把鸡蛋放在一个篮子里"。十只鸡蛋放在十个篮子里，结果在行情的大起大落中，往往是鸡飞蛋打。

二、不设止损

短线没有常胜将军，止损是短线操作的保护伞，不会止损的人不适合短线操作。没有止损这个保护伞，短线操作注定会失败。不管分析能力有多强，都逃脱不了失败的命运。

短线操作的时间周期较短，因此也是在短时间内获利，但是有些短线投资者设置的盈利目标太低，赚点小钱就沾沾自喜，落袋为安，但亏损时却总是要等亏得受不了时才止损，这样操作也犯了同不止损一样的致命错误，就是让风险和收益不对等。

三、逆市操作

顺势而为是短线投资者和长线投资者需共同遵守的原则，但是许多操作短线的投资者习惯逆市操作，这种贪便宜的操作手法，在很大程度上会降低操作的成功率。

四、频繁操作

有些投资者认为只有短线操作才可以赚大钱，因此最近几年，越来越多的投资者青睐操作短线。短线可以快速赚钱是毋庸置疑的，但是频繁地操作短线也是不妥的。因为短线只是长线的调味剂，切不可本末倒置。

五、基本面选股

很多短线操作的投资者往往把基本面的好坏当作买进股票的依据，这种方法并不是最佳的选择。虽然依据基本面可能会选出好股，但事实证明好股不一定马上涨，有些好股可能会潜伏很久，下跌也很正常。基本面选出的股票不适合短线操作，短期来说，股价的涨跌同上市公司基本面好坏没有关系。

第二节　决胜涨停板

追根溯源说涨停板

涨停板是股市专用术语之一，它是指在股票交易中，股价达到上限，股票涨停板时的股价叫作涨停板价。通过对股价的限制，以保护股民的根本利益，控制市场的异常股价波动，减少投资者的风险。

以中国证券市场为例，一般 A 股的涨跌幅以 10% 为限，当日涨幅达到 10% 为上限，称为涨停板，如买盘持续下去，则一直以涨停板价格进行交易，直到收盘或卖盘涌出，打开涨停板后回调。ST 类股的涨跌幅设定为 5%，达到 5% 即为涨停板。

涨/跌停板常常成为主力控盘的有力工具，从建仓、拉升、洗盘到出货，几乎每个环节都可以通过涨/跌停板来实现主力操纵市场的目的。对于短线投资者来说，涨/跌停板具有无法抗拒的力量，只有它才能在最短时间内实现投机价值的最大化。如图 7-5 所示的暴风科技，上市首日开盘价 9.43 元，较发行价上涨 32%，开盘后股价升至 10.28 元，封停当日最大涨幅 44%。随后暴风科技股价一路涨停，斩获 30 个涨停，前 29 天都是一字板，一举超越了此前兰石重装创下的 A 股新股上市连续涨停纪录。

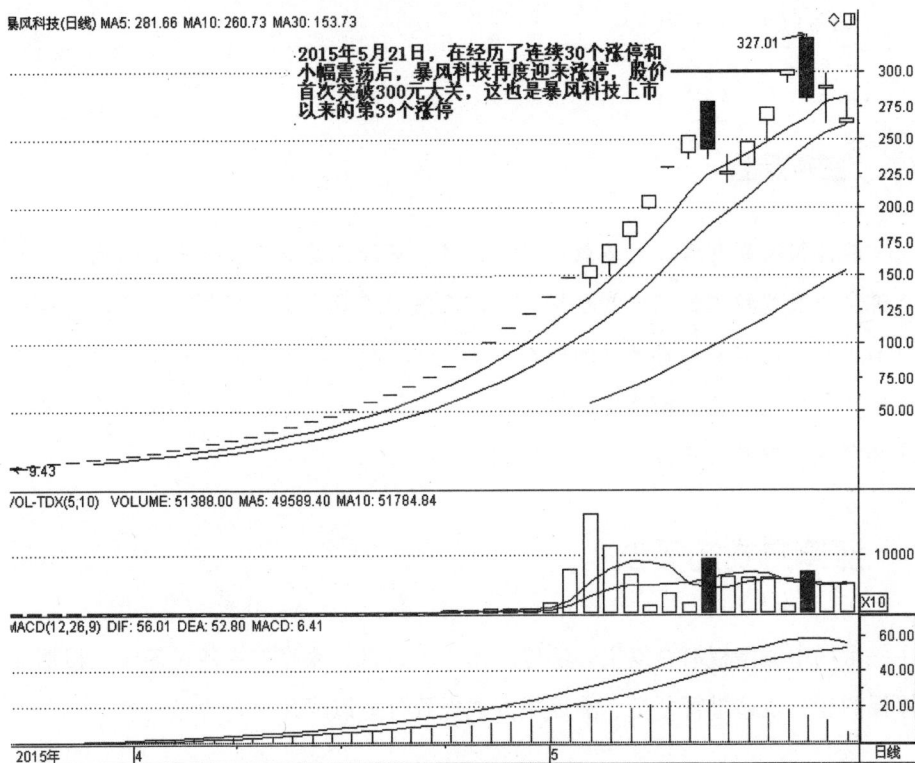

图 7-5　暴风科技 30 个涨停

自中国股市实行涨/跌停板以来，几乎每一只股票都有过涨/跌停板的市场表现，即使在大熊市中，涨停板的个股依然存在，这说明涨停板的市场机会无所不在。

涨停板蕴育着无数机会，然而同样存在着无数风险。涨停板交易的风险主要表现在三个方面：

一是在行情启动初期买入涨停板，有可能是买在了主力的试盘阶段，第二个交易日很可能会被拖入个股继续调整的阶段，从而迫使短线投资者亏损出局。

二是在行情拉升阶段买入涨停板，有可能该股立即展开回调，即边拉边洗，缓步走高，此时，短线投资者必须接受资金使用效率低下的现实。

三是如果在行情末端买入涨停板，特别是看错了行情，即把行情末端看成行情中部，则有可能当日即亏损 20%，而且次日可能无法出局，直到第三天亏损 30% 以上。

短线点金

涨停板有真有假。大多数情况下，股票涨停就是为了拉出出货空间，也就是说主力在边拉边出，出货顺畅，第二天随时变盘；出货不顺畅，第二天继续拉高出货。这需要投资者详细辨别。实战中，投资者不可能及时知道主力的出货情况，所以，见涨停就追的做法是不可取的。投资者要追的，仅仅是一些在底部形成突破时的股票。

涨停方式知多少

市场中涨停板时有发生，涨停次数千千万万，涨停方式各式各样，根据涨停板的运行轨迹进行分析，涨停板方式大致分为以下几类。

一、一波式涨停

指股价开盘后，沿着某一角度上涨，中途没有回调，直至涨停板。一波式涨停板具体可分为三种情况。如表 7-1 所示。

表7-1　一波式涨停板的三种情况

情况	分析
开盘涨停板	全天涨停板日 K 线如汉字"一"一样，分时走势轨迹简单明了，平行一条线。这说明市场庄家手中已经掌握了该股的大量筹码，能够完全控制筹码，左右二级市场中的股价，操纵市场运行状况
高开不回调，直奔涨停板	股价在上个交易日收盘价之上开盘，然后直线无回调上涨，直至涨停板，均线大体似一条斜线。跳空高开，多头攻击力量大，投资者对该股前景看好，愿意以高于昨天收盘价格买入。盘中均线向上，成为攻击行情的有力支撑
在昨天收盘价附近开盘，拉至涨停板	股价在上个交易日开盘价附近开盘，而后迅速拉至涨停板。在昨天收盘价附近开盘，表明股价在开盘时供求双方大体平衡，多空力量基本一致，只是随着行情的展开，多空双方的力量才发生质的变化，多方成功地阻击了空方的力量。同时表示仍在加紧收集筹码，盘中均线向上，攻击力量获得了有力的支撑

二、二波式涨停

二波式涨停是指股价开盘后回调并获得支撑后，股价再次掉头沿着某一角度直线上涨至涨停板。二波式涨停板具体可分为三种情况。如表 7-2 所示。

表7-2 二波式涨停板的三种情况

开盘方式	涨停方式	分析
涨停开盘	打开涨停板后二次涨停	这种涨停方式是多头能量极强的表现，反映着市场投资者非常看好该股的后市。由于部分获利盘集中大批出货，股价被迫打开涨停板，而后又由于主动性买盘能量强盛，从而推动股价涨停。最终多头占胜空头牢牢地控制着市场
高开	高开回调后涨停	这种开盘方式表示多头攻击力量强大，同时也给市场部分投资者带来了获利空间，致使抛盘加重，从而迫使股价回调。多头在退却中不断储备力量，并且在较短时间内成功阻击空头的进攻，向上发力，从而推动股价涨停板。盘中回调幅度不大，说明庄家不愿让市场跟风盘获得更多的廉价筹码
平开	平开下跌后涨停	这种开盘方式表明市场多空双方力量旗鼓相当，相对平衡市况只能随着市场的变化而变化。股价回调，表明市场观望的力量占上风，或者庄家有意打压。涨停板说明多方的力量不断在增强，控制着市场，改变着股价运行的轨迹，最后达到了完全的胜利——涨停板

三、三波式涨停

三波式涨停是指股市开盘后，股价上涨到一定高度后开始回调，在获得支撑后，股价再次掉头沿着某一角度上升并涨停。如表7-3所示。

表7-3 三波式涨停板的三种情况

情况	分析
冲高回落，在关键点位获支撑后上涨至涨停	股市开盘后直线涨停，稍后涨停被打开，股价开始回落，在下跌至黄金分割点等重要市场价位后，股价企稳并再次涨停。股价再次涨停，表明多方力量反攻空方力量获得极大成功，市场完全掌握在多方力量手中

续表

情况	分析
高开冲高回落，在均价线处掉头上涨至涨停	股价以高开高走直线上涨到一定幅度后开始回落，在均价线处获得支撑，股价再次涨停，分时走势图的运行轨迹就像"N"形
高开高走后回落，在开盘价处获支撑后上涨至涨停	个股在上个交易日收盘价之上高价开盘后上涨，在达到一定涨幅后回调至当日开盘价处获得支撑，市场企稳后股价拉至涨停。这表明市场庄家做多能量充沛，做多意愿坚决

四、多波式涨停

股市早盘跳空高开，股价在上升过程中多次回调在均价线处获得支撑而重新上涨，分时图的高点越来越高，低点也同步越来越高，一波三折，最后股价上涨至涨停板。

股价跳空高开，表示多头攻击力量强大，后市向好。均价线向上是股价上涨的有力支持和保障，表明庄家不愿让市场跟风盘获取较低廉的筹码。不断创新高，上档堆积的卖盘被一网打尽，说明庄家收集筹码的意愿坚决。多波式涨停分时走势图比较复杂。

五、突破箱体式涨停

突破箱体式涨停是指股价在某一个箱体中运行一段时间，然后突破箱体上方，沿某一角度上涨至涨停板。突破箱体式涨停板具体可分为三种情况。如表7-4所示。

表7-4　突破箱体式涨停板的三种情况

情况	分析
突破单一箱体涨停	股市开盘后，股价在相对一段时间内呈箱体上下震荡运行，在整理末期，股价突破箱体上方直线上涨直到涨停板。涨势坚决、果断，此是强庄特征，后市必涨，投资者可积极介入
突破多重箱体涨停	股市开盘后，股价分时图运行轨迹犹如层层梯田，股价随梯田拾级而上，涨至涨停板。这种涨停是市场庄家积极做多、拉升股价的具体表现

六、低开式涨停

股价以低于上个交易日收盘价开盘，然后直线式震荡向上走高，直到最后涨停。此种方式的涨停板常常是市场庄家为了避开空头抛压而采取的一种操盘手法，能较好地掩盖庄家的操作意图。但如果是由于市场中的重大利空消息而产生的股价低开则不属此种范畴。

七、高开式涨停

股市以高于上个交易日的收盘价开盘，而后上涨至涨停板。如图7-6所示。高开表示市场庄家愿意以更高的价格买进股票，同时防止市场散户捡到便宜货。涨停说明市场处在强势之中，多头完全控制盘面。但要排除被动性高开涨停，如市场突然出现重大利好等。

八、开合式涨停

股市开盘涨停后，不久涨停被打开，股价下跌，但回调幅度不深。其后股价再次涨停，稍后停板又打开，股价下跌，但同样回调幅度不深。股价走势呈涨停-打开-涨停的多次循环走势，成交量变化有序，上涨有量，下跌缩量。

这种走势很可能是由于受到大盘走势的影响形成的，或者庄家有意在其中操纵，以扰乱投资者的视线。

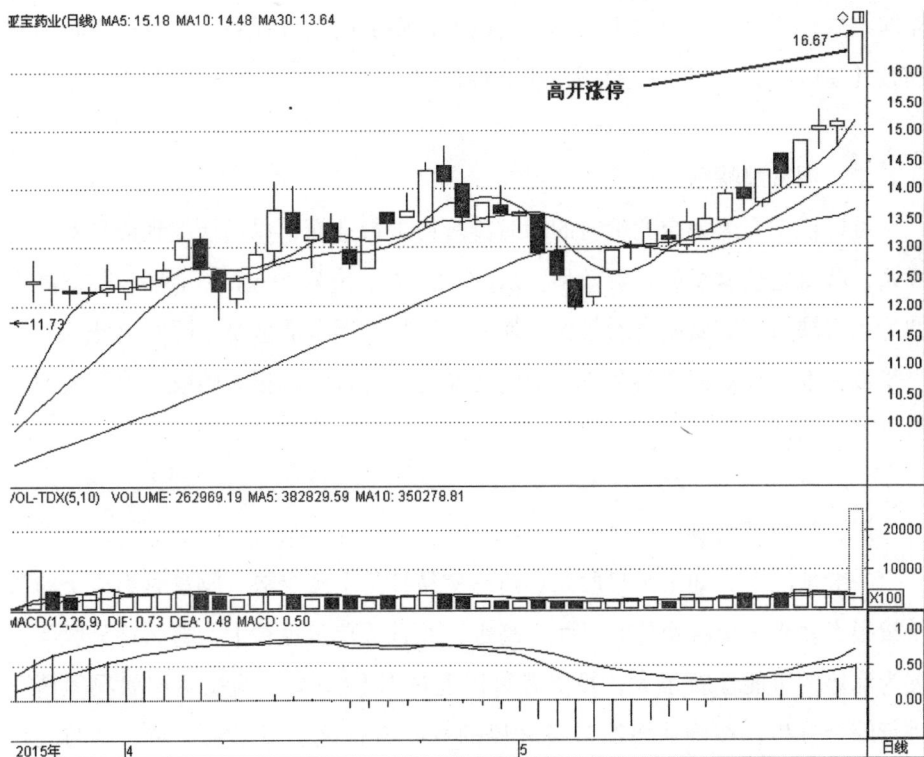

图 7-6　亚宝药业高开涨停

集合竞价瞬时抓涨停的技巧

集合竞价抓涨停的技术，是指在集合竞价的时间 9：25 - 9：30 这段时间里找到最有可能当天封在涨停板上的股票技术。要想集合竞价买入涨停板，要做到快、准、狠。在快速判断和准确分析后，买入价格要高几个价位，才能确保买进。集合竞价抓涨停的技巧如下。

一、开盘后立即察看委托盘

开盘后察看委托盘，据此研判大盘究竟会走强或走弱。一般情况下，如果开盘委买单大于委卖单 2 倍以上，则表明多方强势，做多概率较大，短线者可立即跟进；反之如卖单大于买单2倍以上，则表明空方强势，当日做空较为有利，开盘应立即卖出手中股票，逢低再补回。

二、观察涨幅榜

可以依据当天集合竞价时的即时排行榜进行选择，以期捕捉到最具潜力的股票，获得比较满意的投资效果。从9%依次看下来，一个一个翻，跳空高开的为兴奋缺口，需要配合看量比和换手。K线的形态最重要，同时追涨的时候以指数为准，指数回档再买进。但注意要避免连续涨幅很大的股，涨幅大的会有剧烈的回调。

三、分析开盘价

一般情况下，如果某只股票在前一交易日是上涨走势，收盘时为成交的买单量很大，当天集合竞价时又跳空高走，并且买单量也很大，那么这只股票发展为涨停的可能性就很大，投资者可以通过K线组合、均线系统状况等情况进行综合分析，在确认该股具备涨停的一些特征之后，果断挂单，参与竞价买入。

投资者在对自己重点关注的股票进行分析、研究集合竞价情况的时候，务必结合该股票在前一交易日收盘的时候所滞留的买单量，特别是第一买单所聚集的量的分析。这对当天捕捉涨停板能够起到积极的作用。

短线点金

集合竞价阶段往往隐含着主力资金当日运作意图的一些信息。因此，投资者认真、细致地分析集合竞价情况，可以及早进入状态，熟悉最新的交易信息，敏锐发现并能抓住集合竞价中出现的某些稍纵即逝的机会，果断出击，提高涨停板的捕捉概率。

捕捉最佳涨停板的介入点

追击涨停板时要遵循强势原则，专挑那些短期爆发力十足的个股做短线。选股有两大思路。首先，在技术上寻找处于"两极"的股票，即处于上升趋势加速段的极强势股和远离套牢区、处于超跌中的极弱势股；其次，寻找基本面变化对股价构成重大影响的股票。

个股涨停时间离开盘越早，则次日走势越佳，如果某只股票在收盘前涨停，其次日走势均不理想。况且，大部分个股涨停后在盘中总是有一次打开涨停板的机会，最佳介入时间应为再次封涨停的瞬间。

如果盘中出现热点板块整体启动，找放量涨幅超过3%的票，看看前一天是否出现半量柱或倍量柱，如果有则是秒杀第一涨停的好机会。如果当天没买进，收盘发现倍量涨停一阳穿多线的股票，第二天跳空高开，直接买入。如果从前几天出现涨停的股票中，发现五日线已经上穿十日线，近三天缩量调整至十日线附近收出半量下尖针的，尾盘买半仓，次日盘中根据分时图形双龙齐飞突破半量尖针高点再买半仓。另一种情况是五日线上穿十日线只有几天，前几天明显放量收出了倍量上尖针或倍量十字星，这样的股票，突破上尖针时可以开盘价买进。

开盘即涨停如何追涨

个股开盘即涨停通常有三个原因，一是出现重大利好，机构在前一日收盘后得到确切信息，今日开盘后立即以涨停价抢盘。二是个股主力经过吸纳、试盘、震仓后进入急速拉抬阶段，由于主力操盘手法特别凶悍，以涨停价开盘，以避免散户抢到廉价筹码。三是有些个股主力希望所坐庄的个股充当大盘或板块领头羊的作用，以某个涨停价开始连续拉抬几个涨停板，创造赚钱效应，吸引散户入市跟庄。一般来说，开市即封涨停的股票，势头较猛，只要当天涨停板不被打开，第二日仍然有上冲动力。如果股票开盘就涨停，投资者一般很难介入，但这种股票往往会有后续上涨的势头，投资者要学会追踪这类股票，在合适的位置介入。

高开涨停封不住的个股追涨策略

有时候，股价高开被拉至涨停位，就是不封住涨停，或刚才涨停了，一会儿又打开。但股价又不深跌，下跌很小幅度又拉回至涨停价，然后再小幅下跌，再拉上去，如此反复，给人的感觉是涨停封不住。这种现象经常出现在相对低位或相对高位。

一般情况下，如果出现在相对低位，说明主力在拉高建仓，接收市场抛盘，同时还有清洗浮筹的作用。这个封不住的涨停常发生在第二个涨停板处。次日可能小幅低开后很快拉高，多数情况下直接高开。这种股票主要吸筹处为第一和第二个涨停板处，是典型的游资做盘手法，后市至少能有20%空间。

如果出现在相对高位，则是主力在出货，把追高买盘打掉后破涨停，又封上涨停再打掉，其目的是出掉部分或全部筹码。出现这种现象时，一般情况下都成交量巨大，内盘远大于外盘。对于究竟是庄家在吸筹还是在出货，要看所处位置和次日走势。如果股价处于高位，波段已运行相当一段时间，处于波段运行末期，前期出现了多条大阳线，乖离率偏大，则出货的可能性偏大；如果处于相对低位，前期出现盘整走势，较少出现大阳线，乖离率较小，均线系统刚走好甚至还处于比较零乱的状态，则吸筹的可能性偏大。

如出现这种现象后次日仍强劲上扬，则为吸筹无疑；如出现这种走势后次日低开低走，或走势偏弱，股价虽然短时上冲，但跌到均价线下方后总是不能冲过并站稳在均价线上方，则为出货无疑。

短线点金

对于出现封不住涨停现象的个股，当日一般不要介入，待次日确定是在吸筹后，再行介入不迟。如果自己手中就有这种个股，如无绝对把握，最好先退出观望，当确定是在吸筹后，再次介入即可，虽损失了一小段利润，但保证了资金安全。

涨停次日的操作策略

投资炒股，恐怕没有比抓住涨停板更激动人心的事儿了。高兴之余，投资者往往忽视了涨停次日的操作，导致获利折半。其实，涨停次日，投资者同样需要密切关注涨停股的走势。

一、次日继续涨停的个股操作策略

买入涨停后第二天，倘若该股开盘继续涨停，可不急于抛出，但要死盯着买一上的买盘数量。一旦买盘数量迅速减少，则有打开的可能，此时须立即抛售，获利了结。如果一直涨停至收盘，则可以继续持股至第三天再考虑。

二、次日低开个股的应对策略

涨停板的个股如果次日低开，但并没有出现单边下跌，反而被快速拉起，应视为洗盘，如果大势不好可短线卖出。这种情形大多数是前期潜伏的庄，利用题材概念短线炒作，边拉边出，巧妙利用人气推至涨停，再采取虚假委托（委托后偷偷撤单）抛售股票。

三、次日高开个股的追涨策略

涨停板的股票在次日都会高开，如果高开后出现上冲，可继续持有。如图7-7所示，2015年5月25日，中国重工以17.04元涨停价收盘，26日跳空18.10元开盘，然后二波冲击涨停收盘。涨停次日高开二波冲击不能涨停时，可短线卖出。

如果涨停后大幅高开，最终巨量收阴，说明主力采用突然拉高股价、然后顺势下滑、佯装出拉高出货的态势，引诱散户抛出股票，而主力却在大量买入散户抛出的筹码，收出有巨大成交量的阴线，此时有多少抛盘主力就会买入多

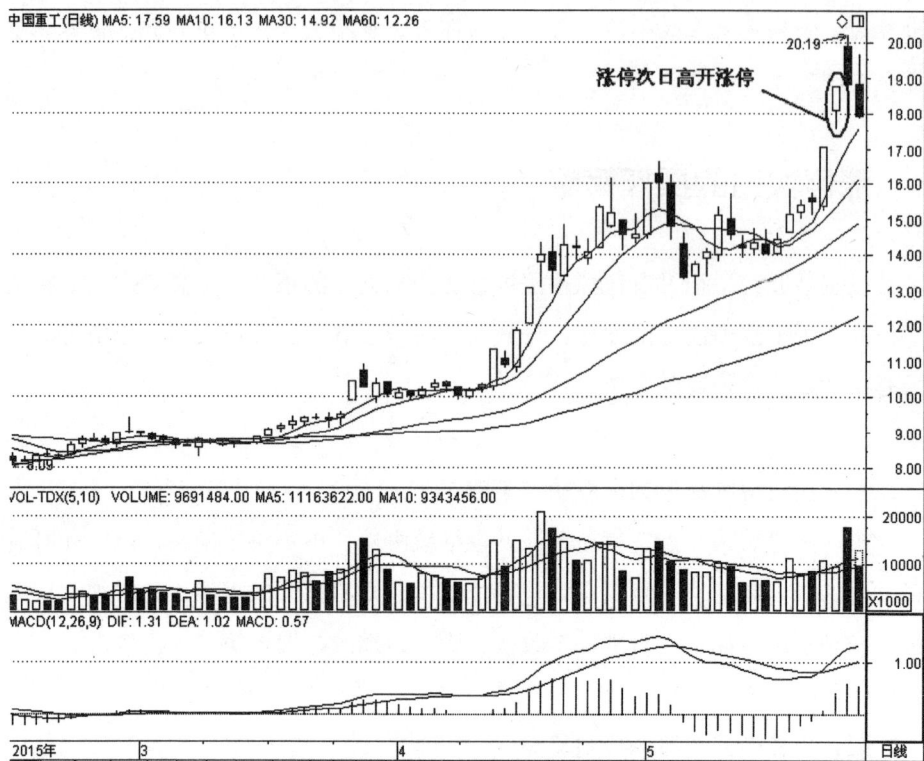

图 7-7　涨停次日高开涨停

少，为后续拉升做准备。

短线点金

　　无论高开还是低开，操作的根本在于当日板块整体的走势。如板块整体强势上攻，则高开也可追入。如板块当日小幅上攻，则板块走势分化，高开的可能回落，平开的可能上攻，要结合个股的位置和技术形态而论，不可一概而论。如当日板块弱势，则除了超强龙头股外，其他都不应介入了。

涨停第二日如何追涨

个股涨停后如果第二天继续高开走高，则短线可持有；如果第二天高开走弱，立即获利了结或平仓出局；如果第二天就套牢，则止损出局。具体情况如表 7 - 5 所示。

表7-5　涨停次日的操作技巧

具体情况	操作手法
开盘就涨停	可不急于抛，但要死盯着买盘数量。一旦买盘迅速减少，则有打开的可能，此时须立即抛售，获利了结。如果一直涨停至收盘，则不必抛，在第三天的时候再考虑
高开低走（涨幅在3%以上）	要立即抛售，并以低于卖方价格报单，因为按照优先原则（价高的让位于价低的），可以迅速成交，而成交价一般都会高于自己的报价。如果在第一天涨停的过程中，出现一笔大单迅速使股价上涨3%以上，则更要以低于价位1%以上的价格报单，这样做既能保证成交，又能保证最大利润
高开高走	死盯着股价，一旦出现涨势疲软（指股价回调下跌一个点），则立即报单
平开高走	死盯着股价，一旦出现涨势疲软，则立即报单
低开高走	死盯着股价，一旦出现涨势疲软，则立即报单
平开后迅速一跌	趁反弹时择高点出货
低开低走	择高点立即出货（此情况极少出现）

一般来说，次日会涨停或大涨的短线个股有下面几种情况：

（1）次日大盘大涨，此种情况将会有很多个股涨停或大涨，其中流通盘小于5000万股（盘小，一般抛压就轻），日 K 线组合较好（最好符合一些经典的上攻或欲涨图形），5 日、10 日、30 日均线呈多头排列或准多头排列，技术指标呈强势的个股非常容易涨停。此种情况，需要对管理层对大盘的大利好政策能及早知晓，选择符合利好政策及符合上述特征的个股进入，这样的个股涨幅大、持续上涨的时间长。

（2）某个股突然有特大利好并为较多的市场人士知道，股价还未上涨反应，这样的个股次日在市场强烈的抢买下往往很快就会涨停。

（3）有灵通消息知道某股次日庄家要拉涨停或大拉。

短线点金

一般个股在涨停次日早晨迅速大幅上攻，冲高回落的可能较大。即使再次迅速涨停，短期内也没有油水了，追高的意义不大。如果早晨冲高幅度在3%左右，而后回落的，下午再度发动攻势，说明主力往上做的决心很大，可以在明显放量上攻的第二波介入。

连续无量涨停个股的追涨策略

无量涨停一般指股票在成交量很少的情况下就达到了涨幅限制（即涨停板）。一般情况下，出现这种涨势的个股都有非常大的利好和巨量资金的热捧，之后走势很可能再拉涨停，至少第二天也会来个高开。当然第二天下跌的情况也有，但从概率上来说，这种几率很小。

我国的涨跌停板制度与国外制度的主要区别在于股价达到涨跌停板后，不是完全停止交易，在涨跌停价位或之内价格的交易仍可继续进行，直到当日收市为止。

及时监控市场上这种少之又少的超级强势股，可以借助黄金眼主力异动指标，在大资金拉升疯涨之初及时介入，在股价拉升一段涨幅之后大资金并无流出盘整时买入。根据后期走势、成交量和资金进场出场情况，动态警示功能将及时发出风险预警，主动出击，大大提高胜算率。

牛市追涨停的技巧

追涨停板是猎庄中最惊心动魄的操作，看起来风险最大，但是在牛市中，追涨停板的股票风险却最小。在牛市中追涨停的技巧如下。

一、追买龙头股

当一波行情来时，立即到沪深涨幅排行榜查看涨幅第一榜的个股，看看什么板块的个股多、涨幅大，谁先放量上涨，谁的成交量、涨幅位于整个板块中前三名。要买就买领头羊，因为它是上涨空间最大的股。如图7-8所示，作为国内装备制造行业龙头企业的沈阳机床，每每都能在工业4.0、智能制造的风口浪尖上受到各路投资者的追捧，截至2015年4月22日，沈阳机床已经出现了连续6个涨停。

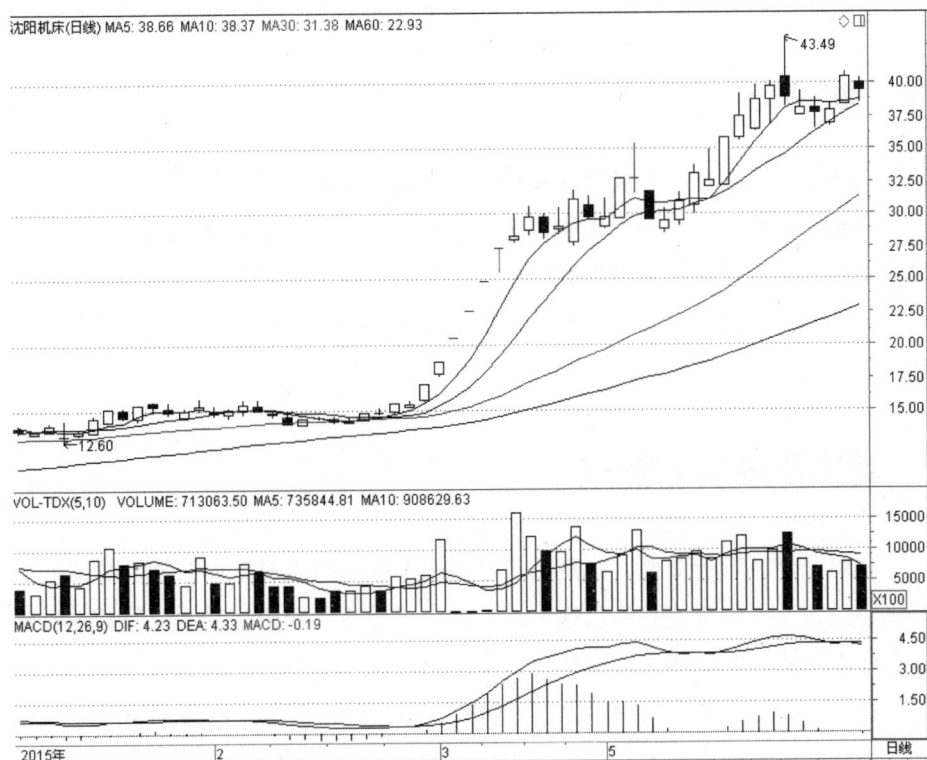

图7-8　沈阳机床连续6个涨停

第一次即将封涨停时，换手率小的比大的好。在大盘处于弱市和盘整时这一点尤其重要，理想情况是普通股换手低于2%，在大盘处于强势时这个换手条件可以适当放宽，对龙头股也可以适当放宽。

二、追涨停的时机

经验表明，每日开盘半小时内涨停的个股大部分具有追的价值。开盘半小时内涨停的个股一般都是高开6%以上。涨停时间最好限制在10：10以前，第2天一般都是高开5%以上，短线赢利空间足够。

上午开盘半小时后午市收盘前涨停的个股，盈利机会小于前者，日成交量已经很大，封盘较少，后市打开涨停板的次数较多，有些个股打开封盘后就不再封住了，因此这段时间内涨停的个股风险较大，不是不可追，仓位要小。

午后乃至尾市才涨停的个股，一般为跟风庄家，封盘不坚决，封盘量很小，这类涨停股风险较大，坚决不追。

短线点金

投资者不仅要观察个股的涨幅情况，还需要观察涨幅榜中与该股同属于一个板块的个股有多少。如果是市场热点，那后面继续上涨的空间就很大，不要轻易卖掉。热点板块的量能积聚过程非常重要，只有在增量资金充分介入的情况下，个股才具有持久性。而量比的有效放大，则在一定程度上反映了量能积聚的程度。

追击涨停的注意事项

利用涨停板进行交易，并不是只追逐涨停板，而是要把握涨停板后续的市场机会。如果投资者能够明白这一点，就应该知道，即使是涨停板的地方也一样有介入价值。在具体实际交易中，投资者要注意以下三点：

第一，在极强的市场中，尤其是每日都有5只左右股票涨停的情况下，要大胆追涨停板。极弱的市场切不可追涨停板，因为其成功概率相对偏小一些。

首先，选有题材的新股，上市数日小幅整理，某一日忽然跳空高开并涨停的；其次是选股价长期在底部盘整、未大幅上涨涨停的；再次，选强势股上行一段时间后强势整理结束而涨停的。

第二，要时刻关注高开2%以上的股票。如果股票是高开，很可能是在刚开盘就缩小和涨停板之间的差距，给短线跟风者一个信号，提示其快速参与，使股票奔向涨停板。要快速地查看它的K线图、均线图、成交量、买卖挂盘、流通盘、市盈率、首笔成交数量、板块性质、信息雷达等情况。同时，快速地分析股价目前的高、低位，个股是处于上升趋势抑或是下降趋势，还有主力的意图和介入的报酬/风险比，以此判断哪一只股票最有可能快速涨停并值得参与。

第三，后续上涨势头较好的涨停板，一般涨停后被打开的次数不会超过两次，涨停被打开的时间不会太长，其缺口也不会太深，这是因为它是市场一致看好的力量。如图7-9所示，2015年5月28日，在大盘暴跌189点的情况下，闽东电力仍逆市拉涨停，并且牢牢封住。

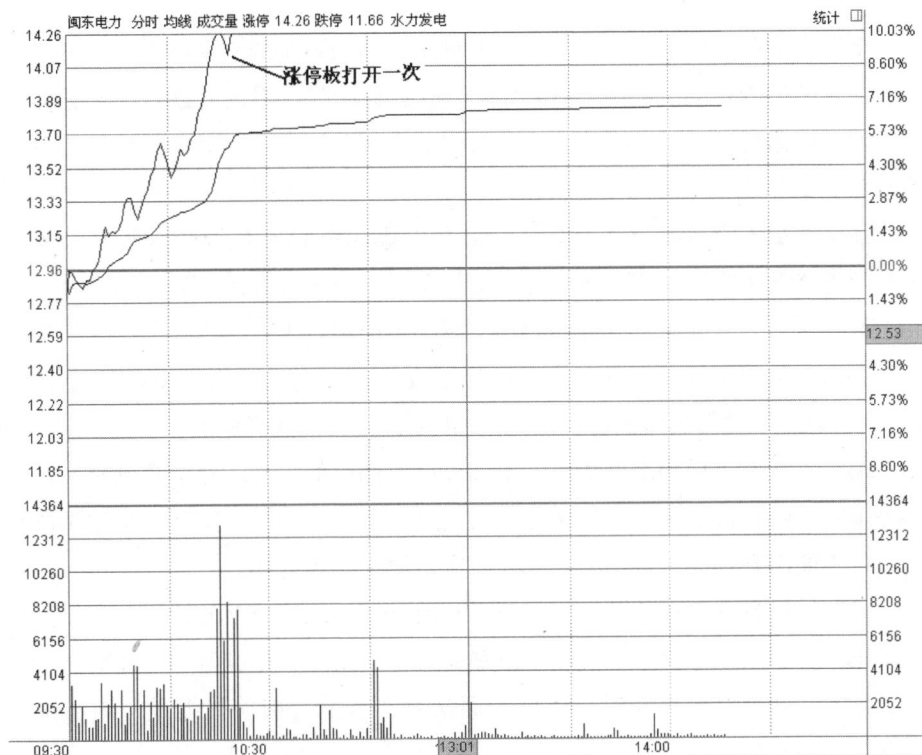

图7-9　闽东电力逆市拉涨停

涨停板被打开的次数过多，通常是行情趋弱的征兆，或主力吸筹、减仓的表现，至少不会是主力想快速拉升股价的迹象。对于这样的涨停板，如果投资者不慎介入，就要及时出局。如果是虚假的涨停板，即使有巨大的封单量，也往往会在大盘不济的时刻突然撤单，或者被更大的抛盘吞没，导致涨停板被迅速打开，所以投资者不要因其封单量大就看好其后势。

第三节 追涨不追高的战略战术

涨停首日不宜过度追涨

个股涨停固然都是由于资金买盘的推动，但因资金的出发点不同，可能会导致迥异的后续走势。如图 7-10 所示。追板有风险，跟风需谨慎。只有那些基本面的确出现了实质性变化，有望吸引后续买盘源源不断涌入的个股才可以追涨停。

涨停首日不宜过度追涨，要结合大盘走势和个股 K 线及均线形态，才能更有效地降低风险。具有以下条件的涨停个股可以选择介入：

第一，从开盘算起，到涨停时止，时间不能超过 15 分钟。

第二，从成交量方面看，从开盘起至收盘止，当天的换手率不超过 10%（具体问题或个股要具体分析，下同），否则第二天要逢高抛出。

第三，从开盘后到涨停之前，不容许有对倒盘的出现。即单笔成交不可能多是 100 手的整数倍；应该是先拉高后放量，不能先放量后拉高；超过 4 位数的卖单不能出现在同一价位，若真有，应该被一次性打掉。

第四，一旦涨停板打开，则要求打开的时间不能超过 1 分钟。

第五，必须是以下形态被封至涨停板：直线型、二波型、三波型。

第六，若第一天涨停时放了巨量而次日再次涨停时明显缩量，则可继续追击。

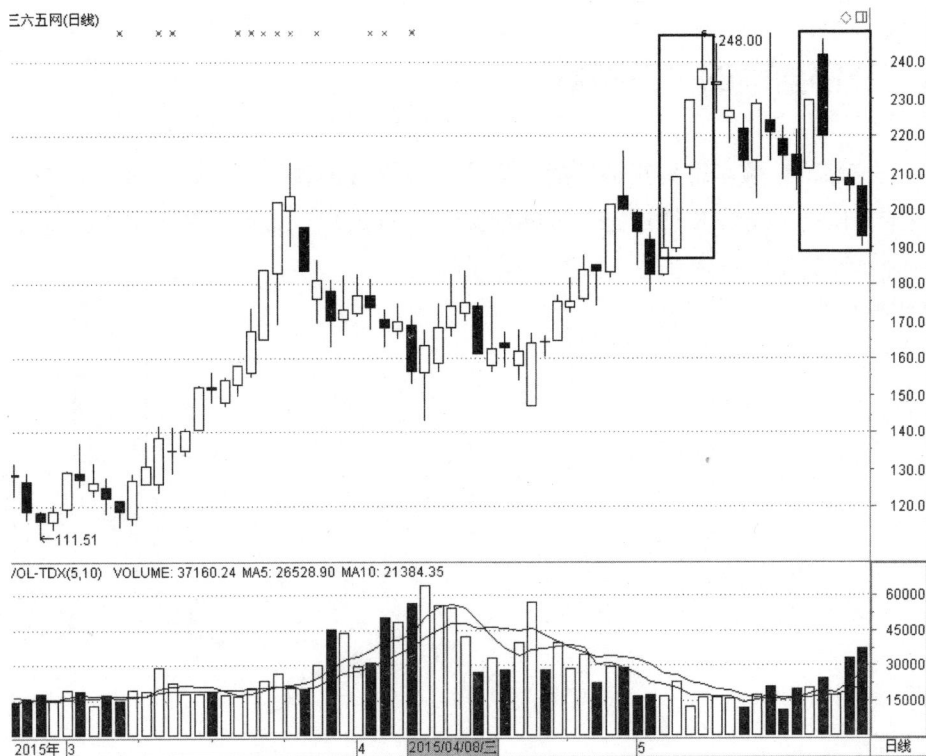

图 7-10　涨停后截然不同的走势

第七，所要追击的涨停个股不属于自弹自唱类个股，即非暴炒类个股。

第八，所要追击的涨停个股的超短线型移动平均线不能死叉，只能作多头排列。

短线点金

无论是缩量涨停还是放量涨停，在其涨停后不出现大抛单就是好品种。只有在突破成交密集区和前期头部回抽（洗盘兼测支撑强度）确认时，一定要求缩量。尤其创新高后缩量说明满盘获利无抛压，洗不掉的是主力筹码，为高控盘庄股。

涨停射箭的个股勿追

"射箭"，顾名思义就是像箭一样拉升，然后再跌下来，收盘时形成了一根带有长上影线的 K 线形态。这样的图形一旦出现，必然下跌。涨停射箭是一种典型的庄家出货手法。如图 7-11 所示。

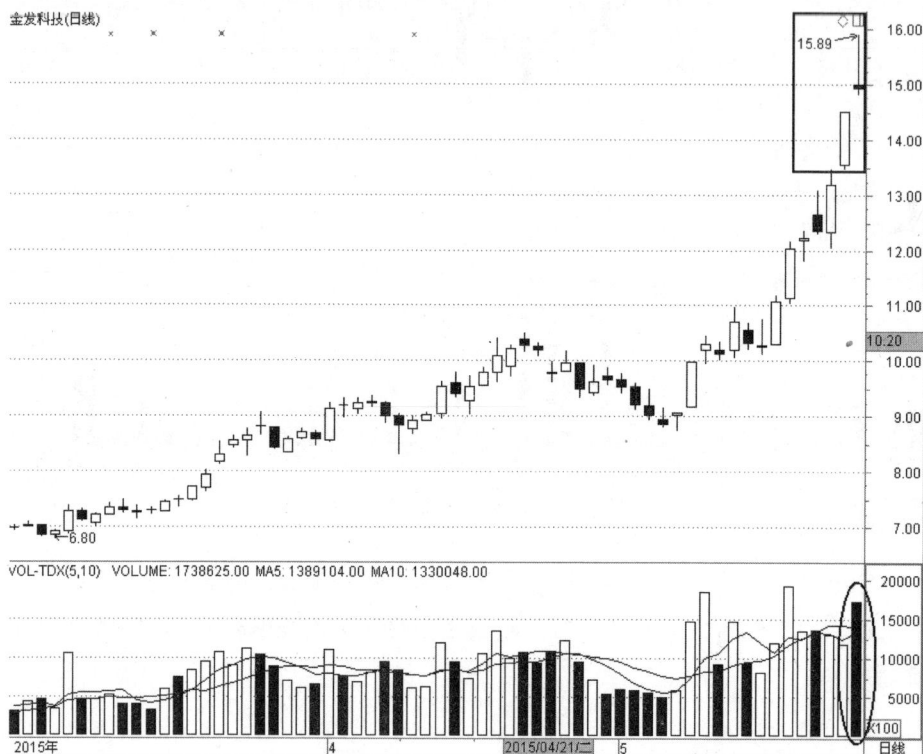

图 7-11　涨停板射箭

股价在涨停板的第二天，跳高开盘，急剧放量，投资者在股价的拉升途中千万不能追高；特别是股价经过不断的上升，一旦出现涨停板之后的射箭图形，表明上升动力严重不足，空方势力十分强大，会利用投资者迫切的赚钱欲望引诱其上钩。随着成交量的放出，股价下跌的趋势在短期内将无法阻挡。

短线点金

需要说明的是，涨停板"射箭"不论出现在股价涨升初期还是进入高价区，杀跌空间在30%以上，因此看到这种形态要及时卖出。这里特别强调在涨升初期出现涨停板射箭必须卖出，个别情况射箭后又开始拉升，可以再买回。

追涨要注意资金运用

根据追涨资金的多寡，可将追涨分为大资金追涨和小资金追涨两种。

一、大资金追涨

大资金追涨就是指跟风盘对有确切题材或有消息刺激的个股追涨，前提是有大主力大手笔买入。大资金追涨的目标股条件，一是巨量热门股、题材股，投资者追涨可一次性追入几十万股甚至上百万股，都是安全的。当然这种追涨行为必须建立在对大盘趋势、目标股背景及盘势特征三者结合起来的情况下，因此投资者追涨必须建立在明了情况的基础上，并对股票情况在事前有周密的研究。

二、小资金追涨

小资金追涨是指中小机构或散户投资者根据股价、指标、图表等参考要素，在合适的点位买入，并根据大盘走势、主力的操盘特征、个股的位置、自身的资金实力等各种不同的条件，确定追涨资金量和操作资金的比例关系。

短线点金

即使是自己非常看好的股票，最好也不要采用满仓追涨的方法。因为目前我国的市场实行的是T＋1交易制度，买入的股票只有第二天才能卖出，这段时间如果股票下跌，投资者是无法规避其风险的。在实战中，投资者最好采用半仓追涨，留一半资金根据行情的波动情况灵活操作，适当地高抛低吸做差价。这样可以相对有效地控制风险，将 T + 1 变相地变换成 T + 0 操作。在控制仓位的同时，以滚动操作的方式获取利润的最大化。

追涨时别忘看眼跌幅榜

大多数参与股市的人都喜欢盯着涨幅榜看，看哪个股票涨幅大，便会出现追入的冲动，这是人难以克服的本性。这样做在牛市行情里面很管用，往往追进去都会获利，甚至有时获利极其丰厚，那是因为市场大环境配合，处于浓厚的多头氛围，股价正在快速冲向不断被高估的价值区域。但是，在调整市道或者熊市里面，这样做就会很危险。

在追涨的时候，除了肯定要关注涨幅榜之外，还必须关注跌幅榜。如表7-6所示。尤其在市场出现放量滞涨的关键时候，从跌幅榜同样可以窥见市场主力资金的动向，从而判断出当前市场是处于一般性调整，还是处于主力们已经达成共识的出货阶段。如果是前者，可以谨慎看多甚至逢低吸纳；如果是后者，则应该果断逢高离场，对于空仓者则绝不入场。

表7-6 2015 年 5 月 28 日 A 股跌幅榜

▽	代码	名称	*	涨幅%↑	现价	涨跌	买价	卖价	总量	现量	涨速%	换手%	今开
1	600446	金证股份	×	-8.87	205.58	-20.02	205.10	205.60	110998	617	-1.14	4.18	225.00
2	300244	迪安诊断	×	-8.11	112.10	-9.89	112.10	112.21	113165	601	0.10	6.36	120.00
3	002207	准油股份		-7.98	32.16	-2.79	32.16	32.18	218084	5476	-0.43	12.41	34.90
4	002293	罗莱家纺	×	-7.83	78.05	-6.63	78.05	78.06	248721	2287	-0.06	8.86	85.71
5	002354	天神娱乐		-7.12	96.97	-7.43	96.97	96.98	49961	599	0.00	8.26	103.99
6	300020	银江股份		-6.78	81.94	-5.96	81.93	81.94	151778	1944	-0.03	5.84	87.50
7	300295	三六五网		-6.64	192.62	-13.69	192.62	192.69	37160	328	0.06	5.83	206.50
8	300081	恒信移动		-6.62	72.10	-5.11	72.10	72.20	55596	269	0.12	6.68	77.50
9	002462	嘉事堂		-6.60	65.41	-4.62	65.41	65.42	64505	651	-0.42	3.31	69.80
10	300059	东方财富	×	-6.52	78.52	-5.48	78.52	78.53	827814	7942	-0.17	6.44	83.60
11	300033	同花顺		-5.93	101.55	-6.40	101.55	101.56	231311	1842	-0.09	8.83	106.00
12	002055	得润电子	×	-5.79	53.68	-3.30	53.68	53.69	187835	1925	-0.13	4.66	56.80
13	300359	全通教育	×	-5.56	161.50	-9.51	161.47	161.50	71551	2378	-0.82	9.01	168.87
14	600161	天坛生物		-5.45	49.95	-2.88	49.95	49.96	154011	85	-0.17	2.99	52.88
15	002634	棒杰股份		-5.42	36.30	-2.08	36.30	36.35	63368	337	-0.16	8.99	38.00
16	300231	银信科技		-5.39	36.00	-2.05	36.00	36.03	288612	4009	-0.96	11.27	39.00
17	600848	自仪股份		-5.36	28.07	-1.59	28.09	28.10	184613	77	-0.24	6.32	29.66
18	002227	奥特迅		-5.30	44.68	-2.50	44.68	44.69	93290	1184	-0.06	4.28	47.21
19	002657	中科金财		-5.28	141.56	-7.89	141.56	141.57	102196	1035	0.02	6.18	152.02
20	300378	鼎捷软件		-5.25	113.81	-6.30	113.81	113.93	30185	386	0.38	5.90	120.00
21	300212	易华录	×	-5.24	75.81	-4.19	75.81	75.82	79871	991	-0.25	2.70	80.15
22	002098	浔兴股份		-5.10	42.05	-2.26	42.04	42.05	61227	1048	-1.24	3.95	44.24
23	300030	阳普医疗		-5.10	34.05	-1.83	34.05	34.08	109158	1000	0.02	4.53	35.15
24	601113	华鼎股份		-5.00	14.43	-0.76	14.46	14.47	189891	52	0.55	2.97	15.18
25	600680	上海普天	×	-4.95	28.42	-1.48	28.43	28.44	108978	28	-0.24	4.23	29.90

跌幅榜里找到的股票和涨幅榜里找到的股票风险是一样的，其实跌幅榜里有很多是属于洗盘性质的好股票，需要仔细甄别。每天也可以在跌幅榜里找好股票，选择合适的机会介入。

短线点金

在大盘良好的情况下，跌幅榜里的股票相对风险要小于涨幅榜里的股票，但选择时应该具备以下几个必要条件：

（1）短期必须强势。

（2）当天杀跌不能放巨量，最好缩量。

（3）维持比较高的换手率。

（4）近期没有放过巨量。

（5）呈多头形态。

（6）前期没有被大幅炒过。

将追涨股卖在最高点

对此买进股票后该怎样才能把追涨股票卖在最高点，获取更多的收益呢？大部分投资者对此都很迷茫。

一、到达阶段性涨升目标

股票的操作，在买入前一定有一个基本的判断：对于买入行为是中线操作、波段操作还是短线操作，一定有一个原则上的界定。如果是短线操作，预期收益是多少？所有这些问题，必须在买入前确定好。否则在实际操作中，就很容易出现"短线变中线、中线变长线、长线变贡献"的结果。

二、顺势而为

超短线最看重气势，气势非凡、顺畅，则坚定持股。气势淤滞、孱弱，则需要择机卖出。在这里一定不要受自己买入价位的影响，而要根据大盘环境、个股走势作出判断。如果政策消息偏空，个股走势呆滞，就不要考虑盈亏了，无论是赔是赚，都一定要无条件地出局。留得资金在，不怕没机会。这是超短线卖出的核心原则。

三、根据技术信号卖出

技术信号总体原则是该股已经出现上涨乏力现象，量能不能持续放大，上攻动能明显不足，这时超短线就应考虑卖出了。

一般来说，一旦股价阶段性涨升目标基本达到，又远离均线，如果这时再出现 K 线短线见顶组合，那么股价即将调整的可能性就比较大。

短线点金

股价一旦远离均线，由于短线乖离过大，调整必然会到来。对于波段和短线操作，是否远离均线，以 5 日线为准；一般可以看该股以前乖离放大到何种程度开始调整，然后根据当时大盘的强弱状态以及是否处于热点板块来综合判断。

追涨失败后的止损策略

设置止损点是短线操作最基础的内容，但在实际操作中能够严格执行的人并不多。短线交易之所以叫投机，说明它有很大的风险，止损点则是严格控制亏损幅度的重要交易工具。追涨失败后设立止损点，一般有以下几种方法。

一、根据技术指标的支撑位设置止损点

如以 5 日、10 日、30 日移动平均线为止损点，MACD 第一次出现绿色柱状线时设为止损点，五日线不破就坚持住，收盘跌破卖出走人即可。如图7-12所示。这种处理方法不关注企业基本面，是很纯粹的投机行为。

图 7-12　5 日均线止损点

　　对于连续涨停或大幅拉升的强势股，跌破 10 日操盘线无条件出局。对于那些连续涨停或大幅拉升的股票，一旦跌破特别是放量跌破 10 日线的股票，一定要谨慎对待。对于连续大幅拉升或连续涨停的强势股，收盘跌破 5 日线即无条件卖出或止损（图 7-12）。

二、根据 K 线形态设置止损点

　　主要有趋势线的切线、头肩顶或圆弧顶等头部形态的颈线位、上升通道的下轨、缺口的边缘等。

三、根据经验设置止损

　　有时还可根据自己的经验设置一个心理价位作为止损位。当投资者长期进行短线操作时，根据心理价位设置的止损位往往非常有效。

四、跌破买点止损

股价跌破买点、亏损超过 5% 时，无条件卖出。这个标准是个硬性标准，当然投资者也可以把亏损超过 2% 或 3% 时作为卖出的标准，这决定于投资者自己的风险承受度。执行这个止损标准要求对买点十分讲究，或是趋势最佳买点，或是均线最佳买点，或是突破某一平台、三角形等阻力位后的买点，这样精准的买点才能设立此等标准，胡乱买或是追高买而以此标准止损是无意义的。

短线点金

设立止损点就好像企业买财产综合保险，一旦企业财产出险了，虽然不一定能够得到足额赔付，但一定能挽回大部分损失。止损点一旦制订了，就必须严格执行，如果在盘中抱有侥幸心理，一等再等，价格就有可能脱离控制，止损点的意义也就不存在了。

规避追涨操作的认识误区

很多投资者喜欢做短线，但短线操作的要求很高，尤其是对纪律和心态的要求更为严格，短线操作应当规避以下一些误区。

一、什么人都可以成为短线高手

短线操作的核心就是追涨杀跌，而追涨杀跌容易让人买在高位、卖在低位，如果不能准确地判断低位和高位，杀伤力会相当大。其实下列投资者是不适合做短线的。如图 7-13 所示。

```
┌─────────────────────────┐
│      不适合做短线的人      │
└─────────────────────────┘
     │
     │   ┌──────────────────────────────┐
     ├───┤   害怕个股大涨、不敢追龙头股的人   │
     │   └──────────────────────────────┘
     │   ┌──────────────────────────────┐
     ├───┤        年龄大的投资者            │
     │   └──────────────────────────────┘
     │   ┌──────────────────────────────┐
     ├───┤        性格优柔寡断者            │
     │   └──────────────────────────────┘
     │   ┌──────────────────────────────┐
     └───┤        不能遵守纪律者            │
         └──────────────────────────────┘
```

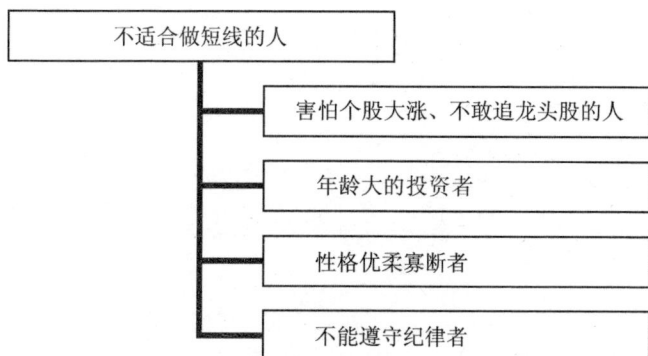

图 7-13　不适合做短线的人

二、赚钱很容易

炒股票追求的是一种成功的概率，没有人能百分之百赚钱，没有人敢断言自己每一次操作都能赚钱，尤其是在做短线时，全世界没有任何人敢说自己每次短线操作都赚到了钱。只要能把握住大概的热点和方向，即使是追涨杀跌，也能有很高的成功概率，尤其在行情较好的时候，赚钱的机会非常多。但是短线的风险还是很大的，不可能每次都赚钱。

三、任何时候都可以操作

有的投资者认为，市场每天都充满机会。但在实际中，真正有短线机会的行情并不多，往往存在着较大的风险。投资者要注意在大盘主升浪时不做短线。因为主升浪阶段相对回调的时间很少，还有在大盘筑底的时候，尽量不要做短线，而且在单边下跌趋势中不做短线。

四、选股误区

股市中有句老话："新手看价，老手看量，高手看势。"短线选股一定重视趋势，做到顺势而为，而不能过于重视基本面的分析。要敢于追龙头股。龙头股往往是主力重兵驻扎的地方，强者恒强，只要趋势没被破坏，仍然会有上冲的动力。

第八章
短线跟庄技巧

短线操作是股场高手的游戏，要求股市知识功底深厚，熟谙庄家操盘手法，心理素质上佳，更重要的一点，要有时间时刻关注庄家的一举一动。庄家是隐身在股票市场中的一支中坚力量，不管散户如何使出浑身解数，都很难看清他们的真面孔。庄家进入个股绝不是随随便便的，大多都是有组织、有计划、有目的地系统实施，并且多数主力都会于运作过程中在盘面上表现出十分清晰的技术流程。

第一节　庄股是怎样炼成的

辨识庄家

股市庄家最大的特点就是资金实力雄厚，有集中操作并左右股票价格走势的能力，他们通常都坐拥十几亿、数十亿，甚至上百亿、千亿资金。资金是推动股市筹码流动的根本原因，也是这些庄家左右股票价格走势的基本工具。

庄家和散户只是现代股票市场中的一个相对概念。但是，庄家和散户并不是完全敌对的。因为庄家在拉升股票价格的时候是需要散户"配合"的，所以在一些特殊时期庄家非常乐意看到散户跟自己站在同一条"战线"上——共同推高股票的价格，从而影响股票走势。但是，在股票市场上，庄家和散户的利益常常对立，也就是说庄家赚钱的时候就是散户赔钱的时候，反之亦然。

一些由庄家频繁进出并持有相当筹码的个股，通常被广大投资者称为"庄股"。一般来说，根据庄家实力及目的的不同，其持股比例大多分布在30%～80%，持股比例越高，庄家控制盘面的能力就越强，股价未来的涨跌幅度也就越大。

庄股是庄家有意识地利用大量现金及筹码对股票实施集中操控所形成的，其最大的特点就是股性活跃，在特定的情况下容易形成暴涨暴跌的局面，并且涨、跌幅巨大。在牛市或熊市中选择庄股是财富增值与缩水的最快途径，比如说，庄股的拉升、出货阶段都是极具威力的。

计算庄家的持仓量

股价的涨跌，在一定程度上是由该股筹码的分布状况以及介入资金量的大小决定的：动用的资金量越大、筹码越集中，走势便较为稳定，不易受大盘所左右。庄家的持仓量是散户在跟庄过程中必须关注的一个数据。

庄家吸筹一般分为两个阶段，低位吸货和拉高吸货。初级吸货阶段的持仓量比较容易计算，一般认为吸筹量大约占全部成交量的15%~30%。

拉升阶段有两种形式，一种是急升走势，这是庄家的主动收集筹码的方法，一般考虑全部成交量的50%为庄家吸筹量；一种是缓升走势，这个时候，庄家往往是进货和出货同时进行，不断地赚取差价降低成本，可以认为庄家的吸筹量大约占全部成交量的25%~35%。

一、吸货时间

对于一些吸货期非常明显的个股，大致测算庄家持仓量较为简单，其公式为：持仓量=（吸货期×吸货期每天平均成交量÷2）－（吸货期×吸货期每天平均成交量÷2×50%）。从公式中可以看出，吸货期越长，庄家持仓量越大；每天成交量越大，庄家的吸货也就越多。

二、换手率

在许多情况下，如果股价处于低价位区域时，成交相当活跃、换手率很高、但股价的涨幅却很小，一般都属于庄家的吸筹行为，换手率=吸货期成交量总和÷流通盘×100%。股价在低位区域换手率越大，表明庄家吸筹越充分，因此投资者应该重点关注那些股价在低位落后于成交量变化的个股，它们将是下一阶段机会较多的一批个股。

计算庄家的持仓成本

散户在选择庄股前应该先替庄家算算账，核算一下庄家在目前的价位是否有获利空间。如果在目前价位庄家获利较少，甚至股价低于庄家的坐庄成本，如果散户此时买入，获利前景则较为可观。

用换手率来计算庄家的持仓成本是最直接、最有效的方法。对于老股，在出现明显的大底部区域放量时，可作为庄家持仓的成本区，具体计算方法是：计算每日的换手率，直到统计至换手率达到100%为止，以此时的市场平均价为庄家持仓成本区。对于新股，很多庄家选择在上市首日就大举介入，一般可将上市首日的均价或上市第一周的均价作为庄家的成本区。

换手率的计算公式为：换手率 = 成交量/流通盘 × 100%。

通常，中线庄家建仓时间大约在40～60天，即8～12周，取其平均值为10周，则从周K线图上，可以认为10周均价线是庄家的成本区。这种算法有一定的误差，但不会偏差10%。作为庄家，其操盘的个股升幅最少应在50%，多数为100%。通常，一只股票从一波行情的最低点到最高点的升幅若为100%，则庄家的正常利润是40%。把庄家的成本算出以后，在这价位上乘以150%，即为庄家的最低目标位。

判断庄家的利润率

庄家在操作过程中要获得可观的利润后才会出场，如果能及时洞察庄家现有的利润率，便可以及时地了解庄家是否准备出货，散户是否应该及时出场。

一般来说，一只股票上涨100%，也就是股价翻了一倍，庄家的利润率在30%～40%。这里的100%是指股价从一段行情的最低价到最高价的幅度，40%为净利润，如包括10%的资金成本，毛利润在50%，且为庄家的正常收益。

长线庄家坐庄时间一般要经历一年以上的时间，利息成本消耗10%。坐庄过程中要经历的吸筹、洗盘、震仓、拉升出货等工作都要耗去各种成本，一般在10%～20%，并且庄家不可能完全在高位派发手中的筹码。各种成本累计高达60%～70%，这就是庄家坐庄的"行业平均成本"，即目标个股上升100%的幅度，庄家实际只能获利30%～40%。

当然如果操盘手的水平较高，融资能力强，庄家的公关和消息发布比较到位，这个利润率将可以上升5%～10%，但毛利润绝不超过60%。如果这个庄家做得较差，融资能力弱，市场环境差，这个利润率将下降5%～10%，但毛利润绝不低于30%。30%～40%的利润区域是庄家坐庄的行业平均利润，如果低于这个利润，则很多庄家将会退出这个高风险的行业。

追踪庄家控盘的个股

所谓控盘庄股，就是庄家凭借自己的资金实力，把流通盘中的绝大部分筹码控制在自己手中的股票。要发现控盘庄股，就要了解控盘庄股的特征。一般具备了下述特征之一就可初步判断庄家筹码锁定，建仓已进入尾声：

（1）走势独立。即使大盘上涨很多，它也一般不会涨停；即使大盘下跌很多，它也不会跌停。但当大盘横盘或交易清淡时，它会比较活跃。而且往往是一根大阳线后，第二天不会高开，一般是低开震荡，待收盘时又恢复到涨的状态，好似其走势完全被控制一样。

（2）K线走势起伏不定，而分时走势图剧烈震荡，成交量极度萎缩。庄家到了收集末期，为了洗掉短线获利盘，消磨散户持股信心，便用少量筹码作图。从日K线上看，股价起伏不定，而当日分时走势图上更是大幅震荡。委买、委卖之间价格差距非常大，成交量也极不规则。分时走势图画出横线或竖线，形成矩形，成交量也极度萎缩。上档抛压极轻，下档支撑有力，浮动筹码极少。

（3）放很小的量就能拉出长阳或封死涨停。相中新股的庄家进场吸货，经过一段时间的收集，如果庄家用很少的资金就能轻松地拉出涨停，说明庄家的筹码收集工作已近尾声，具备了控盘能力，可以随心所欲地控制盘面。

第二节　跟踪庄家的坐庄过程

庄家操盘的全过程

任何一个庄家的操作过程都包括以下几个阶段。

一、低吸筹码建仓

在这一阶段，庄家往往极耐心地、静悄悄地、不动声色地收集低价位筹码。这一阶段的成交量每日量极少，且变化不大，均匀分布。在吸筹阶段末期，成交量有所放大，但并不很大，股价呈现为不跌或即使下跌，也会很快被拉回，但上涨行情并不立刻到来。因此，此阶段散户投资者应观望为好，不要轻易杀入。

二、试盘

庄家在大幅拉升之前，一般先要进行试盘，将股价小幅拉升数日，看看市场跟风盘多不多，持股者心态如何。随后，便是持续数日的打压，震出意志不稳的浮码，为即将开始的大幅拉升扫清障碍。此时，成交量呈递减状况且比前几日急剧萎缩，表明持股者心态稳定，看好后市，普遍有惜售心理。因此，在打压震仓末期，趁 K 线为阴线时，在跌势最凶猛时进货，通常可买在下影线部分，从而抄得牛股大底。

三、拉升

拉升是坐庄的关键环节，它直接关系到庄家最终获利空间的大小。如果拉升的幅度较大，那么未来庄家获利也较大；反之，如果拉升的空间有限，则庄家的收益也就较小。

这一阶段初期的典型特征是成交量稳步放大，股价稳步攀升，K线平均线系统处于完全多头排列状态，或即将处于完全多头排列状态，阳线出现数多于阴线出现次数。如果是大牛股则股价的收盘价一般在5日K线平均线之上，K线的平均线托着股价以流线型向上延伸。此阶段后期的交易策略是坚决不进货，如果持筹在手，则应时刻伺机出货。

四、洗盘

伴随着大幅拉升阶段，同步进行，每当股价上一个台阶之后，庄家一般都洗一洗盘，一则可以使前期持筹者下车，将筹码换手，提高平均持仓成本，防止前期持筹者获利太多，中途抛货砸盘，从而使庄家付出太多的拉升成本。此阶段的交易策略应灵活掌握，如是短暂洗盘，投资者可持股不动，如发现庄家进行高位旗形整理洗盘，则洗盘过程一般要持续11~14个交易日，最好先逢高出货，洗盘快结束时再逢低进场不迟。

五、出货

此阶段K线图上阴线出现次数增多，股价正在构筑头部，买盘虽仍旺盛，但已露疲弱之态，成交量连日放大，显示庄家已在派发离场。因此，此时果断出仓，就成为投资者离场的最佳时机。

图8-1反映了庄家建仓的三个步骤：建仓、拉升和出货。

庄家如何建仓

庄家一旦完成前期的准备工作，就开始建仓，即购买一定数量的股票。只

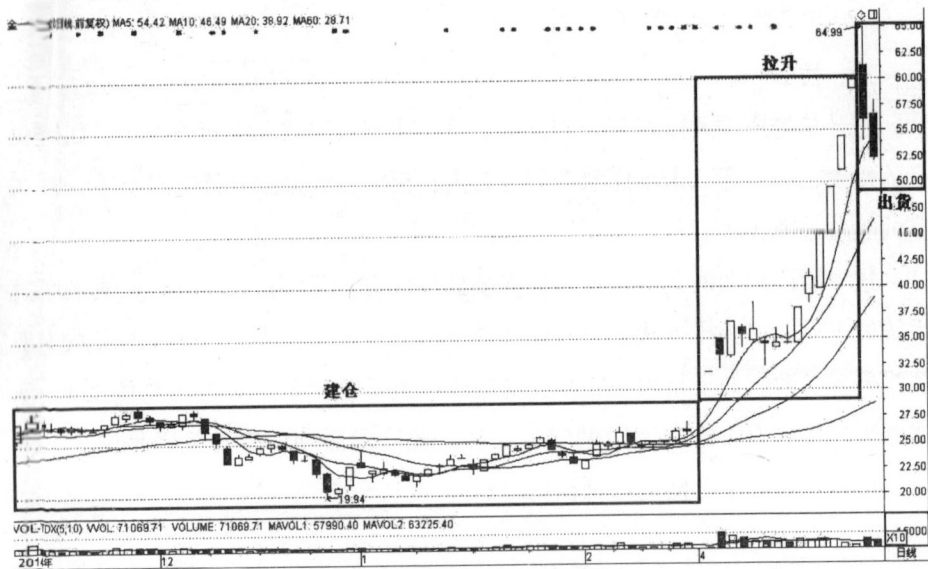

图 8-1　庄家坐庄的三个核心步骤：建仓、拉升和出货

有建仓完毕，才代表庄家真正步入坐庄的阶段。庄家建仓的过程实质上是一个收集股票的过程。庄家建仓一般都会在私下里进行操作，多以主动震荡作为基本手法。建仓有多种方式，常用的有以下几种。

一、单边下跌的建仓方式

单边下跌这种建仓方式，一般都是庄家在目标股持续下跌的过程中进行的。最终，庄家在股价止跌时完成建仓。有时，庄家多通过不断打压股票价格的方式来吸纳市场上的股票。如图 8-2 所示。当庄家采用这种方式建仓时，散户如果想在庄家建仓阶段参与操作的话，就必须准确地判断出庄家建仓的进展情况，并且最好在其建仓接近尾声时入场参与操作。做短线的散户等到庄家进入拉升阶段再入场也是可以的。

二、单边上涨的建仓方式

庄家建仓时，股价呈上涨态势，庄家在拉升过程中完成建仓作业。在这个过程中，庄家在刚开始时由于股价相对较低，便及时吸收很多的筹码。跟着股

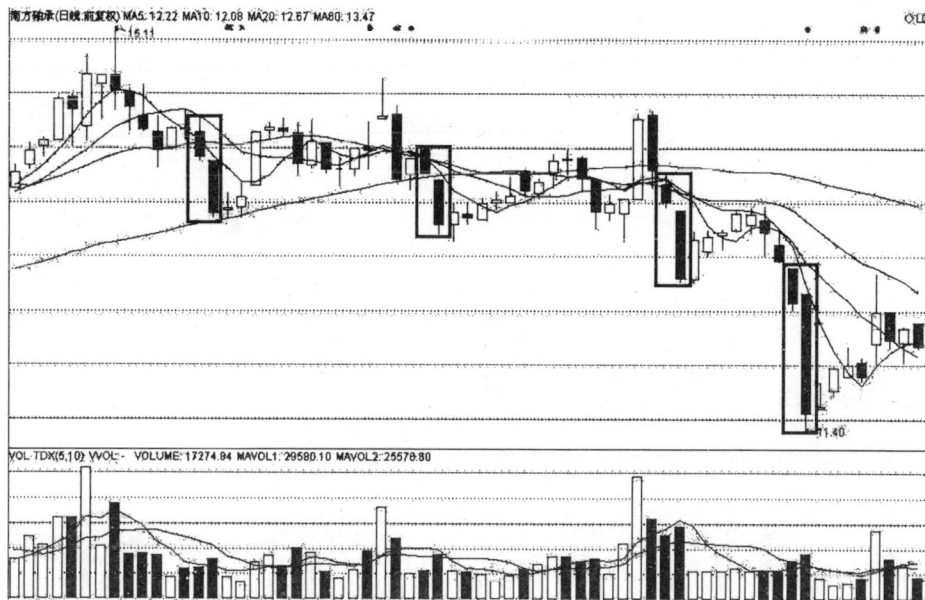

图8-2 单边下跌的建仓方式

价不断上升，庄家的吸货速度变慢。有时若是遇到大盘突然由跌转升，或板块轮动受到龙头股拉动，或突发利好消息，庄家在这三种情况下将会采用逼空式单边上涨的建仓方法。在这种情况下，股价往往涨停。这种建仓方法的图形表现为均价线多头摆放，日K线收阳K线多于阴K线，成交量由大到小呈规律性改变。做短线的散户应该密切关注股价接下来的动态，一旦发现股价再次启动，就应该及时跟进。

三、横盘震荡建仓方式

庄家有时看到某一只股票价格从高位一直降到相对低的价位，便会对此股票进行投资——开始建仓。庄家一般先是卖出很多高位股票，然后又买进很多低位股票。虽然这种行为可以使股价在一个框架内走向平稳，但是对于市场上的散户尤其是经验不足的新投资者来说，很长一段时间看不到上涨的迹象，心中便会不踏实，难免经不住长时间的等待，抛出手中的筹码，而庄家则会趁此机会完成建仓。由此可以看出，横盘的时间越长，将来股票上涨的空间也就越

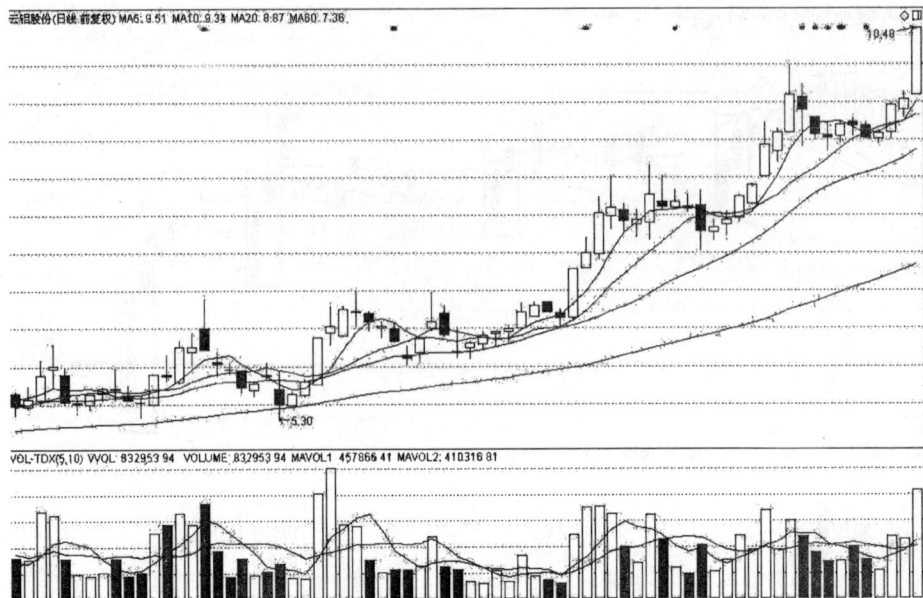

图 8-3 单边上涨的建仓方式

大。如图 8-4 所示。

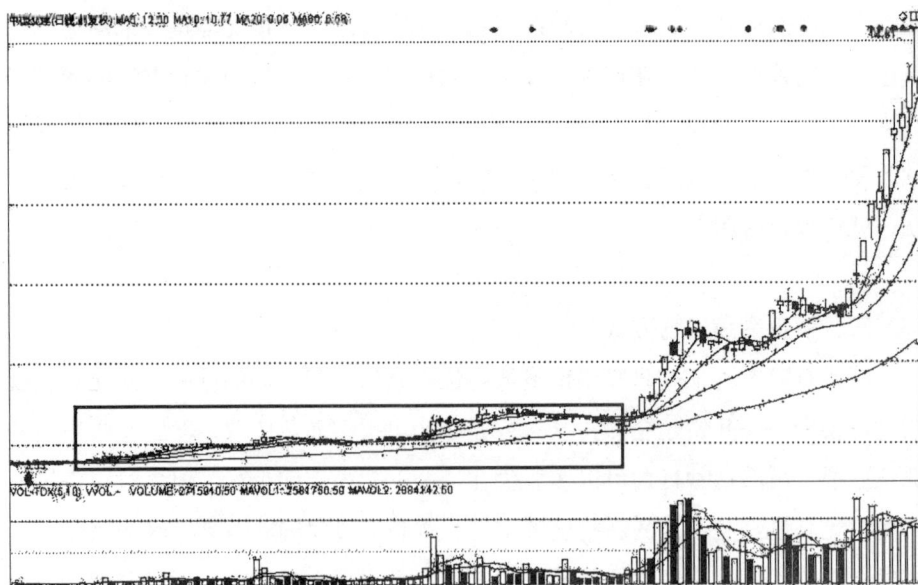

图 8-4 横盘震荡建仓方式

揭秘主力试盘手法

主力吸货完毕之后，并不是马上进入拉升状态，而是经常会最后一次对盘口进行全面的试验，称作"试盘"。试盘，是主力测试上档压力大小的一种手段，往往会结合大势的状况和其他一些基本面的变化情况来实行。如图8-5所示。

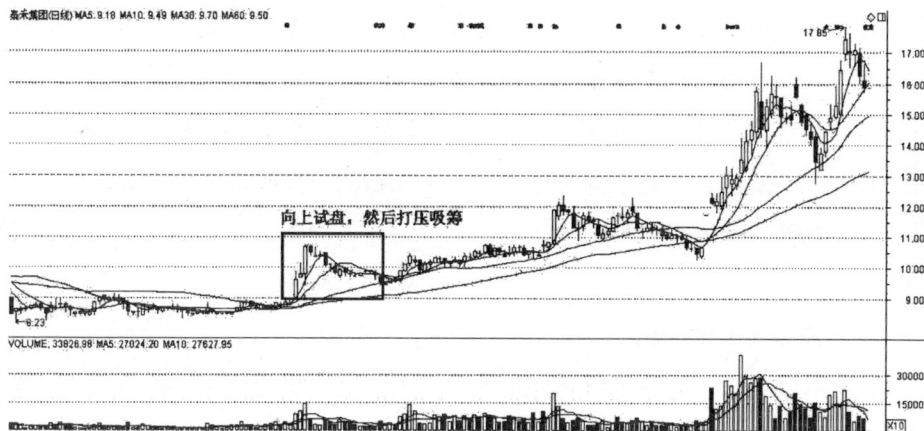

图 8-5　试盘

庄家为了了解该股的筹码锁定度，测试盘中抛压大小，主力往往会用几笔大买单，出其不意地把股价推高或降低，然后让其自然反弹，以便测试盘中筹码的抛压情况。具体的K线图表现就是在风平浪静中猛然出现一根长长的上影线；目的是测试盘中抛压大小，辨明建仓或拉升难易。

向上试盘时，主力先将大买单放在买二或买三上，看看有没有人在买一上抢货，如果无人抢盘，就说明股性较差，试盘失败；如果有人抢盘，就成功了一半。紧接着主力继续拉升，当拉升到一定的价位时，忽然撤掉买单，让股价突然回落。然后，主力再在卖一上压下一个大卖单，这时如果股价轻易下挫，就说明无其他主力吃货。在拉升过程中，如果盘中有较大的抛压，主力大多先将买盘托至阻力价位之前，然后忽然撤掉托盘买单，使股价下挫。如此往复，操纵股价不断降低，直至该股的持有者误以为反弹即将结束。主力在拉出一个新高之后，股价又急转直下，一直打到接近原来的低点，眼看很快要跌回原地，持仓散户便不得不减仓了，于是集中的筹码转移到了庄家手中。

庄家通过试盘的种种方式探明了市场中的持仓情况。股性死板没有关系，在大盘弱势中逞强，强势中压盘就能使股性很快地活跃起来。

如何判断庄家拉升与突破

庄家坐庄归根结底是要赢利，在建仓完成后，必然会快速拉升股价，使价格区间增大，才有可能在未来的出货阶段将账面上的利润获取到手。拉升阶段不但可以给庄家带来庞大的利润，同时也可为庄家将来的出货提供方便。所以，庄家机关算尽，就是在为自己创造一个成熟的拉升时机。一般来说，庄家拉升股价的操作具有以下特征。

一、庄家拉升的时机

庄家在拉升阶段操作的好坏在很大程度上将决定出货阶段的难易。一般来说，庄家会选择合适的时机拉升股价。如果庄家选择的时机合适，股价能够比较轻松地被拉抬上去，而不用花费太多的资金；但是，如果庄家选择的时机不是很好，不但不能把股价拉上去，还有可能会付出相当大的代价。短线庄家拉升时间可能仅仅几个交易日，中线庄家可能在两周到一个月之间，而长线庄家则可能选择两三个月的拉升时间。

二、庄家拉升的幅度

庄家拉升的幅度会受到种种因素的制约，尤其是资金量在很大程度上会影响拉升的幅度。如果庄家的资金量小，必然会持有较少的仓位，在推升股价的过程中也会有一定的难度。因此，往往在拉升较小的幅度后就出场了，这也是短线庄家常有的行为。但一般来说，短线庄家获利点在 30% 的上涨幅度左右，当股价达到这个区域内，庄家会考虑是否继续拉升股价，而且此时通常会有一次明显的洗盘。打压幅度一般在 5% 左右，有时也可达到 10%。

三、庄家拉升的手法

庄家拉升股价通常采用如下手法。

1. 快速式拉升

快速式拉升是指庄家在极短的时间内将股价拉升到目标位，其间基本没有调整。快速式拉升主要应用于大盘走势良好的时候，当然其走势完全独立于大盘。快速式拉升常采用连续大阳线或者涨停阳线推高股价，突出快、准、狠的特点，刻意制造井喷式行情，从而吸引跟风盘。图 8-6 为 2015 年 5 月 15 日上海电力尾盘一小时突然拉升的成交量情况。

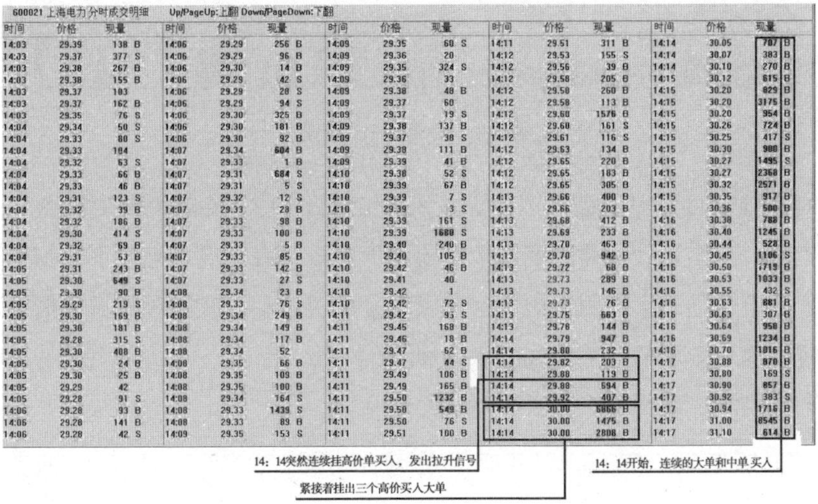
600021 上海电力分时成交明细 Up/PageUp:上翻 Down/PageDown:下翻

时间	价格	现量	时间	价格	现量	时间	价格	现量	时间	价格	现量	时间	价格	现量
14:03	29.39	138 B	14:06	29.29	256 B	14:09	29.35	60 S	14:11	29.51	311 B	14:14	30.05	707 B
14:03	29.37	377 S	14:06	29.29	96 B	14:09	29.36	20	14:12	29.53	155 S	14:14	30.07	383 B
14:03	29.38	267 B	14:06	29.30	14 B	14:09	29.35	324 S	14:12	29.56	39 B	14:14	30.10	270 B
14:03	29.38	155 B	14:06	29.29	42 S	14:09	29.36	33	14:12	29.58	205 B	14:15	30.12	615 B
14:03	29.37	103	14:06	29.29	28 S	14:09	29.38	48 B	14:12	29.50	260 B	14:15	30.20	829 B
14:03	29.37	162 B	14:06	29.29	94 S	14:09	29.37	60	14:12	29.58	113 B	14:15	30.20	3175 B
14:03	29.35	76 S	14:06	29.30	325 B	14:09	29.37	19 S	14:12	29.60	1576 B	14:15	30.20	954 B
14:04	29.34	50 S	14:06	29.30	181 B	14:09	29.38	137 B	14:12	29.60	161 S	14:15	30.26	724 B
14:04	29.33	80 S	14:06	29.30	92 B	14:09	29.37	38 S	14:12	29.61	116 S	14:15	30.25	417 S
14:04	29.33	104	14:07	29.34	604 B	14:09	29.38	111 B	14:12	29.63	134 B	14:15	30.30	908 B
14:04	29.32	63 S	14:07	29.33	1 B	14:09	29.39	41 B	14:12	29.65	220 B	14:15	30.27	1495 S
14:04	29.33	66 B	14:07	29.31	684 S	14:10	29.38	52 S	14:12	29.65	183 B	14:15	30.27	2368 B
14:04	29.33	46 B	14:07	29.31	5 S	14:10	29.39	67 B	14:12	29.65	305 B	14:15	30.32	2571 B
14:04	29.31	123 S	14:07	29.32	12 S	14:10	29.39	7 S	14:13	29.66	400 B	14:15	30.35	917 B
14:04	29.32	39 B	14:07	29.33	28 B	14:10	29.39	3 S	14:13	29.66	203 B	14:15	30.36	500 B
14:04	29.32	186 B	14:07	29.33	98 B	14:10	29.39	161 S	14:13	29.68	412 B	14:16	30.38	788 B
14:04	29.30	414 S	14:07	29.33	100 B	14:10	29.39	1688 S	14:13	29.69	233 B	14:16	30.40	1245 B
14:04	29.32	69 B	14:07	29.33	5 B	14:10	29.40	240 B	14:13	29.70	463 B	14:16	30.44	528 B
14:04	29.31	53 B	14:07	29.33	85 B	14:10	29.40	105 B	14:13	29.70	942 B	14:16	30.45	1106 S
14:05	29.31	243 B	14:07	29.33	142 B	14:10	29.42	46 B	14:13	29.72	68 B	14:16	30.50	1719 B
14:05	29.30	649 S	14:07	29.33	27 S	14:10	29.41	40	14:13	29.73	289 B	14:16	30.53	1033 B
14:05	29.30	90 B	14:08	29.34	23 B	14:10	29.42	1	14:13	29.73	146 B	14:16	30.55	432 S
14:05	29.29	219 S	14:08	29.33	76 S	14:10	29.42	72 S	14:13	29.73	76 B	14:16	30.63	881 B
14:05	29.30	169 B	14:08	29.34	249 B	14:11	29.42	95 S	14:13	29.75	663 B	14:16	30.63	307 B
14:05	29.30	181 B	14:08	29.34	149 B	14:11	29.45	168 B	14:13	29.78	144 B	14:16	30.64	958 B
14:05	29.28	315 S	14:08	29.34	117 B	14:11	29.46	18 B	14:14	29.79	947 B	14:16	30.69	1234 B
14:05	29.30	408 B	14:08	29.34	52	14:11	29.47	62 B	14:14	29.80	232 B	14:16	30.70	1016 B
14:05	29.30	24 B	14:08	29.35	66 B	14:11	29.47	44 S	14:14	29.82	203 B	14:17	30.88	870 B
14:05	29.30	25 B	14:08	29.35	109 B	14:11	29.49	106 B	14:14	29.88	119 B	14:17	30.80	169 S
14:05	29.29	42	14:08	29.35	100 B	14:11	29.49	165 B	14:14	29.88	594 B	14:17	30.90	857 B
14:05	29.28	91 S	14:08	29.34	164 S	14:11	29.50	1232 B	14:14	29.92	407 B	14:17	30.92	383 S
14:06	29.28	93 B	14:08	29.33	1439 S	14:11	29.50	549 B	14:14	30.00	6866 B	14:17	30.94	1716 B
14:06	29.28	141 B	14:08	29.33	89 B	14:11	29.50	76 S	14:14	30.00	1475 B	14:17	31.00	8545 B
14:06	29.28	42 S	14:09	29.35	153 S	14:11	29.51	100 B	14:14	30.00	2808 B	14:17	31.10	614 B

图 8-6　快速拉升的成交量特征

2. 台阶式拉升

台阶式拉升指在股价上涨了一定幅度后，采取平台或强势整理的方式调整，待清洗掉浮筹后再度拉升，拉升到一定价位再次整理……如此反复，直至将股价拉升至目标价。从 K 线走势图上看，股价呈现出台阶式的步步高升形态。如图 8-7 所示。

3. 震荡式拉升

震荡式拉升主要采取低吸高抛的方法，以波段操作获取利润差价为目的，

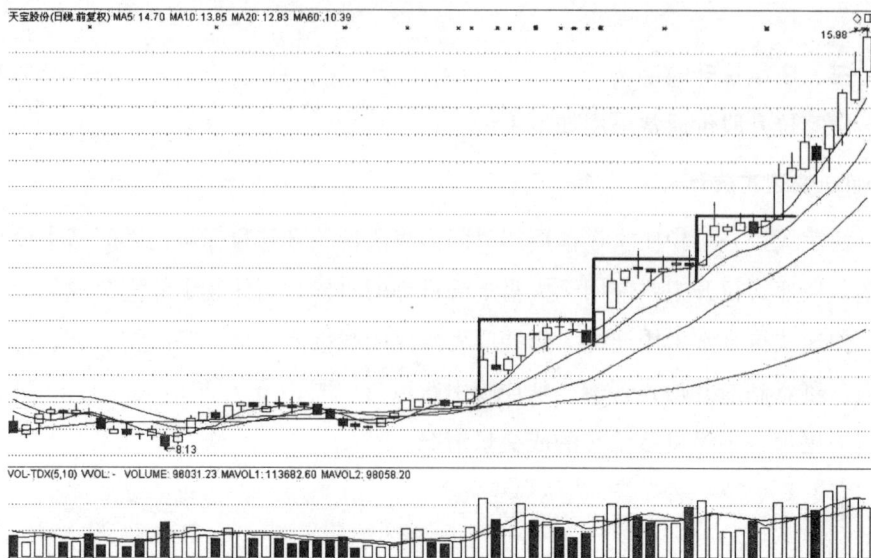

图 8-7　台阶式拉升

以时间换取空间为手段进行运作。在 K 线走势图上，经常表现为低点和高点逐步上移，走出比较规律的宽幅上升通道。庄家可在上升通道的下轨积极吸纳筹码，在上升通道上轨附近抛售。庄家正是通过这种反复低吸高抛的措施从二级市场上获取丰厚的利润。如图 8-8 所示。

图 8-8　震荡式拉升

4. 边拉边洗式拉升

边拉边洗式拉升是指拉升过程一气呵成，中间没有比较明显的大幅度洗盘动作。边拉边洗式拉升绝大多数采用依托均线的方式进行，股价在上涨过程中始终不过度远离均线。

庄家洗盘早知道

洗盘是庄家操纵股票市场，并用一些技术手段故意压低股价的一种方式，是庄家为了让低价买进股票者快速卖出股票，然后庄家再拉升股票价格，以谋取更高盈利的做市手法。庄家洗盘一是为减轻拉升压力，二是为了获取后市的暴利。一般情况下，庄家洗盘主要采用以下几种手法。

一、打压式洗盘

向下打压洗盘最能达到洗筹目的。由于股价下跌，跟风盘害怕到手的利润失去，甚至因此反遭套牢，所以常会恐慌抛出筹码。这种洗盘方式要求庄家实力雄厚，拥有足够的控盘能力，而且打压的必须是流通盘较小的绩差股。

这种情况一般出现在主力初次拉高后，或者控盘能力较强、后续拉升时间比较充足的情况下，打压洗盘在图形上表现为三角形。如图 8-9 所示。

二、边拉边洗

如果庄家控盘不足，或者实力较强，或者发动行情的时间比较紧迫的话，便有可能采取边拉边洗的方式洗盘。

主力每天采取盘中大幅震荡的方式，吓出胆小的跟风者，同时做出阴阳相间的 K 线组合形态不断抬高底部，吓出胆子较大的跟风者，从而边拉边洗或边增仓。其图形表现为均线系统多头发散，K 线阴阳交错，成交量有规则缩放。如图 8-10 所示。

图 8-9　打压式洗盘

图 8-10　边拉边洗

三、震荡式洗盘

主力将股价拉到一定高度后展开横盘震荡而不再拉升。由于跟风盘害怕失去到手的利润，再加上对股价后市运行方向无法把握，已经盈利的投资者采取

落袋为安的策略，没有获利的投资者微亏出局不想浪费时间而抛出筹码。如图
8-11 所示。

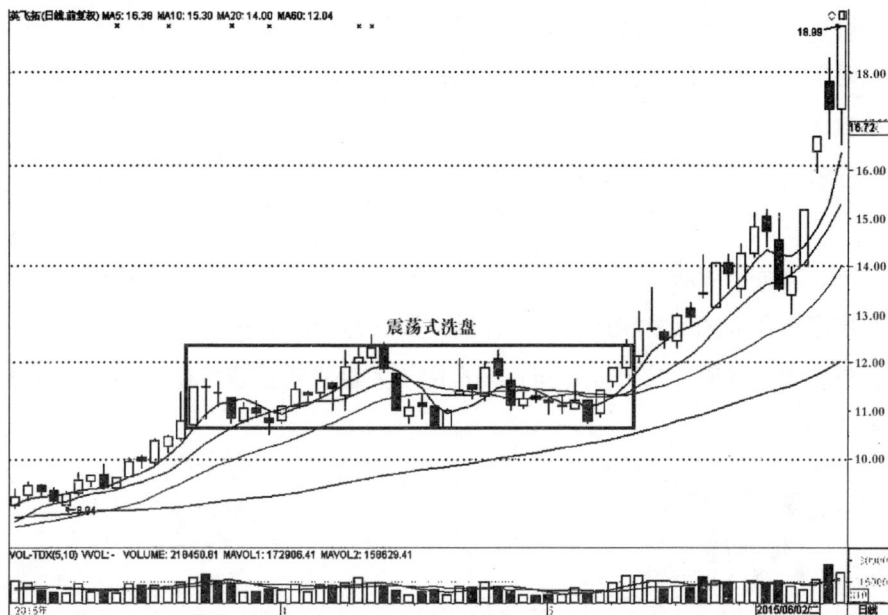

图 8-11　震荡式洗盘

短线点金

洗盘结束的标志，是日 K 线上成交量大幅萎缩，分时交投较前面走势明
显不活跃，这说明短线获利盘或者套牢盘已基本出局，留下的都是对该股后市
坚定看好的投资者，他们不为前期的涨幅而满足，也不为股价的震荡而恐慌。

如何回避庄家出货的风险

出货就是庄家要卖出手中的大部分或者全部筹码，从而兑现利润。出货是
整个坐庄过程的最后一步，也是至关重要的一步，直接关系到坐庄的成败。即
使庄家把股价拉得较高，如果出货环节出现了纰漏，同样可以满盘皆输。

庄家出货一般可以选择在顶部出货和中上部出货两种方式。在顶部出货是指庄家在快速拉升股价至最高点附近时，开始一次性或者多次分批出货，但是每次出货的价位都在最高点附近。这种情况对散户来说是比较有利的，只要散户及时发现庄家的出货行为，完全可以也在此时出货，因此在很大程度上可以避免被深度套牢。

庄家出货时常用的手法有以下几种。

一、震荡出货法

庄家在高价区反复制造震荡，让散户误以为只是在整理而已，于震荡中慢慢分批出货。这种方式出货时间长，常用于大盘股或重要指标股的出货操作。如图 8 - 12 所示。

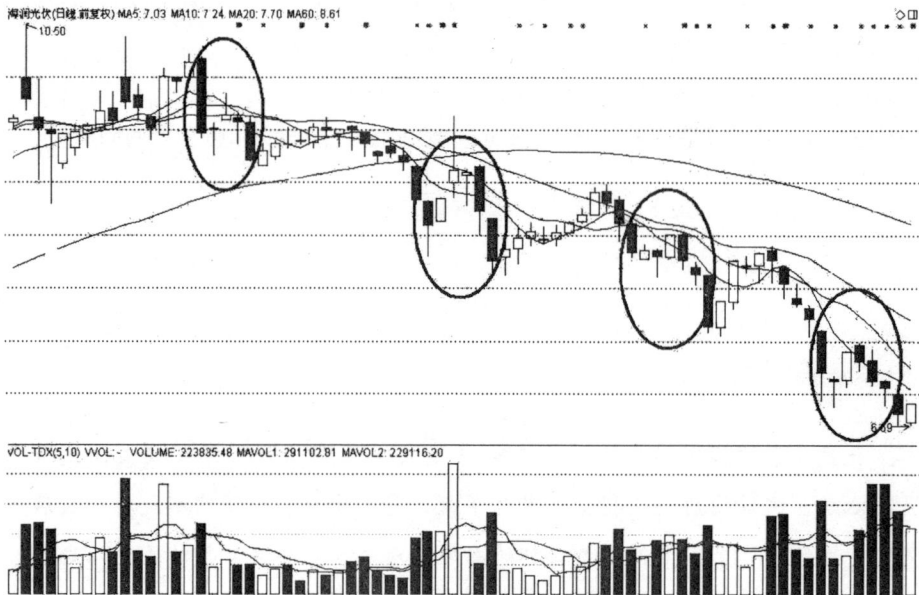

图 8-12　震荡出货

二、拉高出货法

发布突发性的重大利好消息，之后巨幅高开，吸引散户全面跟进，这时一边放量对倒，一边出货，往往一两天就完成出货操作。这种出货方式要求人气旺盛，消息刺激性强，适合中小盘股操作。但这种出货方式庄家风险很大，只能在行情较为火爆时才有把握成功出货。如图 8 – 13 所示。

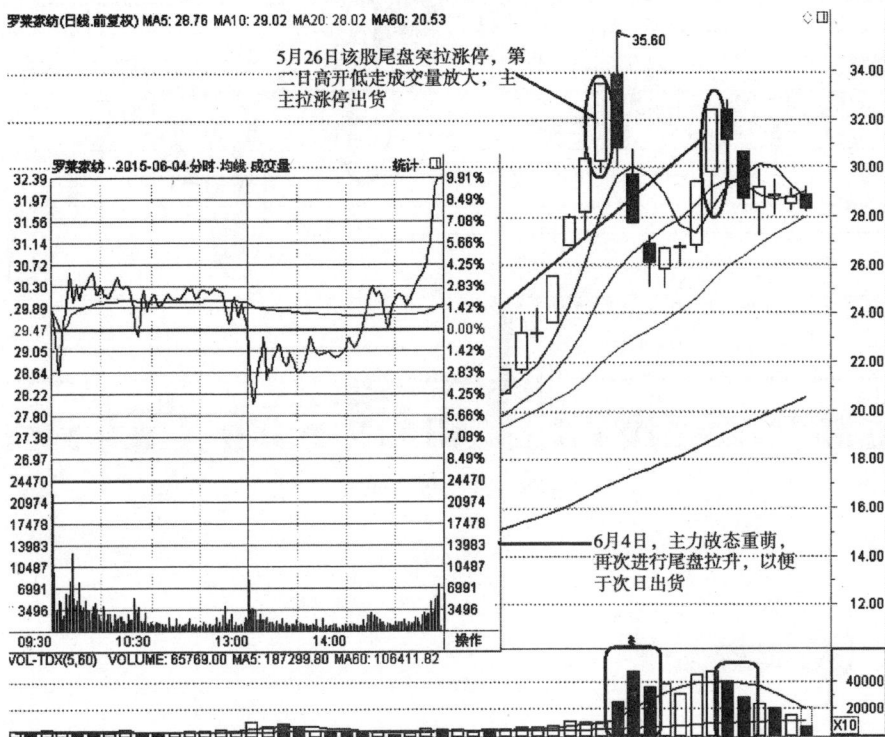

图 8－13　拉高出货

三、打压出货法

直接打压股价出货。这种情况的出现，往往是因为庄家发现了突发性的利空，或者某种原因迫使庄家迅速撤庄。如图 8 – 14 所示。投资者千万别以为庄家只有拉高股价才能出货，事实上庄家持股成本远远低于大众持股水平，即使打压出货也有丰厚利润。这种出货方式阴险毒辣，容易将股性搞坏，一般庄家不愿采用。

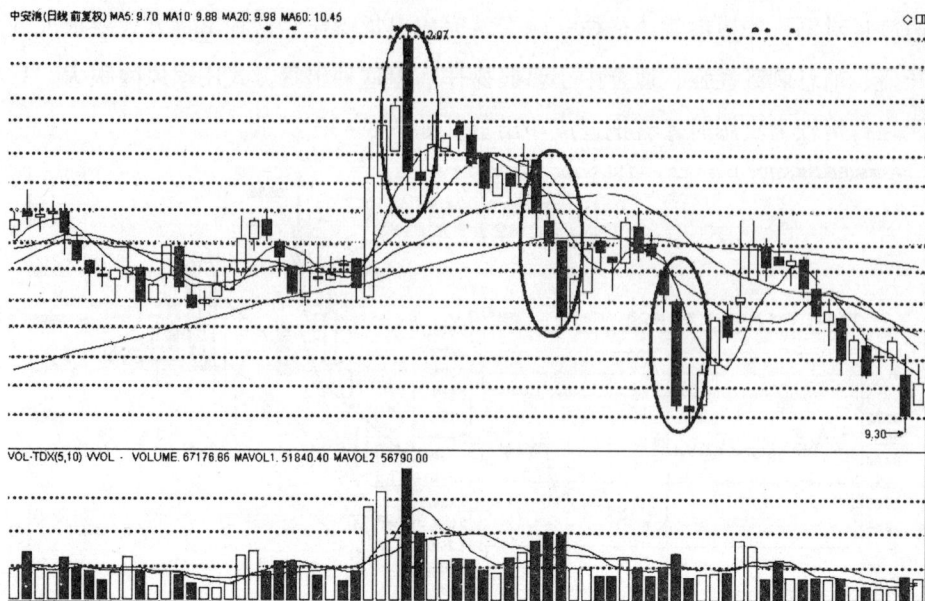

图8-14　打压出货

短线点金

在市场操作中，投资者不要轻易被主力欺骗，越恐慌的时候，越要看到希望；越感觉有希望的时候，越要意识到庄家在引诱。看待问题绝对不要想当然，更不能一根筋到底，而应该从不同的角度、用不同的思维方式去推断和求证。

第三节 避开庄家的陷阱

识破主力的"骗线"手法

所谓骗线，就是庄家利用散户经常运用的一些分析方法，进行反向操作。所以，要想在股市中获利，就一定要明白庄家是如何骗线的。主力常用的骗线手法有以下几种。

一、假突破

一个整理形态的向上突破，常能吸引技术派人士纷纷跟进，如有效突破三角形、旗形、箱形时常会出现一定的升幅，主力往往利用人们抢突破的心理制造假突破骗线。投资者一旦发现为假突破宜及时止损。

如图 8-15 所示的国金证券，2014 年 12 月 8 日前后，股价在高位震荡后突然放量向上突破，但从图中可以看到，成交量的有效放大并没有与股价的上涨形成正比，而是出现了放量滞涨的形态，可见主力的突破确实有可疑之处。聪明的投资者一定不会错过这种出局的机会。

二、拉尾市

有些个股整个交易日内都风平浪静，而邻近收市的几分钟主力却突然袭击，连续数笔大单将股价迅速推高，此类拔苗助长式的拉抬，通常表明主力并无打持久战的决心，而是刻意在日线图上制造出完美的技术图形。有时则是该股已进入派发阶段，主力在盘中减仓之后，尾市再将股价拉高，一是可避免走势图出现恶化，二是将股价推高，为次日继续派发腾出空间。这些股票大都是

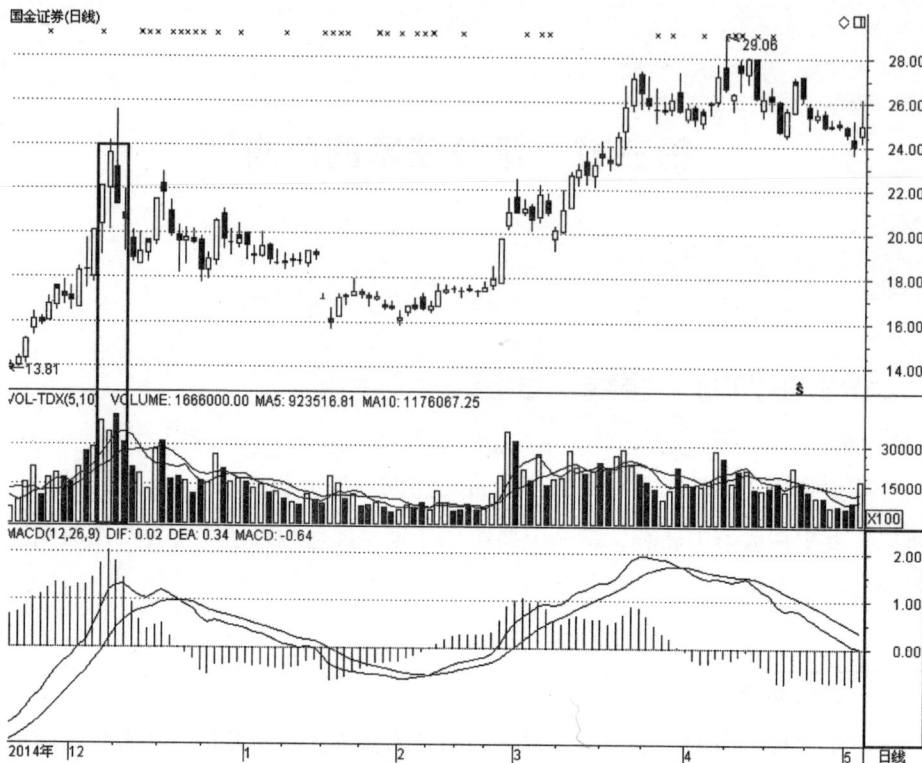

图 8-15　假突破

在高位，当天走势平稳，基本在上日收盘价之下运行，尾市主力迅速出击，将股价迅速上拉，有的甚至拉至涨停，收一带长长下影线的长阳，如此刻意做盘，反而说明主力去意已决，第二天大都是冲高后快速回调。如图 8-16 中，2015 年 5 月 27 日华东重机尾盘急速拉升，涨幅由 1.12% 变成 7.85% 。

三、假填权

这类不少个股摆出填权的架式，股价在除权后亦短暂走强数天，但很快便会一蹶不振。对待除权类个股能否填权，投资者首先要把握大盘的走势，一般来说，大盘处于牛市时，主力多会顺势填权；而大盘走弱时，填权走势十有九假，此时的"假货"极多，投资者买股时宜特别小心。

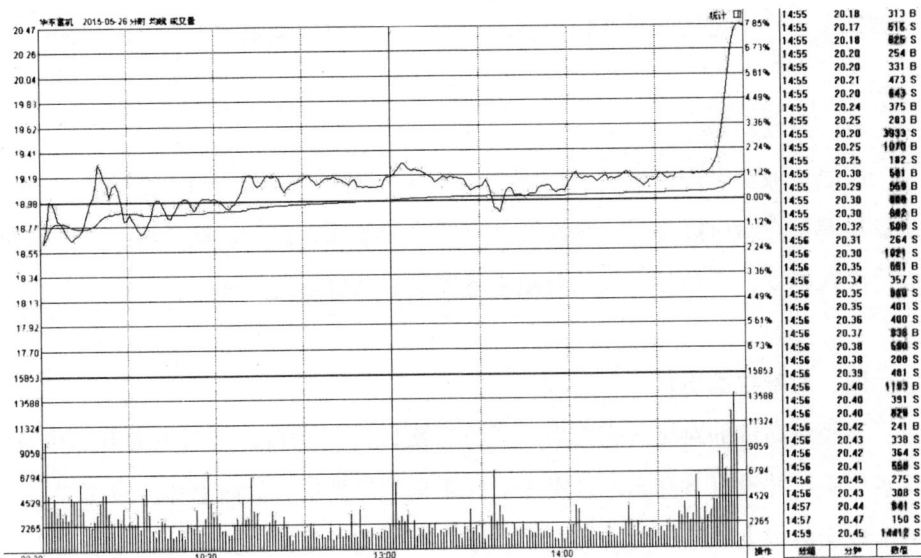

图 8-16　尾盘拉升

琢磨主力的对敲

对敲，主要是利用成交量制造有利于主力的股票价位，吸引散户跟进或卖出。对敲的方式主要有以下种。

一、建仓对敲

建仓通过对敲手法来打压股票价格，以便在低价位买到更多、更便宜的筹码。在个股 K 线图上表现为股票处于低位时，股价往往以小阴小阳沿 10 日线持续上扬。这说明有庄家在拉高建仓，然后出现成交量放大，并且股价连续阴线下跌，而股价下跌就是庄家利用大手笔对敲来打压股价。

二、拉升对敲

主力利用较大的手笔大量对敲，制造该股票被市场看好的假象，提升股民的期望值，减少日后该股票在高位盘整时的抛盘压力（散户跟他抢着出货）。

从盘口看，小手笔的买单往往不容易成交，而每笔成交量明显有节奏放大。

三、震仓对敲

庄家一般会采用大幅度对敲震仓的手法，使一些不够坚定的投资者出局。从盘口看，在盘中震荡时，高点和低点的成交量明显放大，这是庄家为了控制股价涨跌幅度，而用相当大的对敲手笔控制股票价格造成的。

四、对敲拉高出货

当经过高位的对敲震仓之后，股价再次以巨量上攻，这时主力开始出货。从盘口看，并没有看到卖二、卖三上有非常大的卖单，盘面上却出现卖二、卖五上成交的较大手笔，而成交之后，原来买一或者是买二甚至是买五上的买单已经不见了，或者减小了，这往往是主力运用比较微妙的时间差报单的方法对一些经验不足的投资者布下的陷阱，散户吃进的往往是庄家事先挂好的卖单，而接庄家抛单的往往是跟风的散户。

五、反弹对敲

主力出货之后，股票价格下跌，许多跟风买进的中小散户已经被套牢，成交量明显萎缩，庄家会找机会用较大的手笔连续对敲拉抬股价。这时庄家不会像以前那样卖力了，较大的买卖盘总是突然出现又突然消失，因为庄家此时对敲拉抬的目的只是适当拉高股价，以便能够把手中最后的筹码卖个好价钱。

规避主力的消息陷阱

庄家出货和吃货，通常的手段就是诱多和诱空。不是在交易形态上给散户造成错误的判断，就是在消息面上给散户挖许多陷阱。而这两种手段一定是配合使用的，真真假假，对一个普通的股民来说，比较不易判断，也没有一定的规则可以遵循。除了口口相传的消息渠道之外，目前互联网是一个经常被利用来布置消息陷阱的有效工具。投资者该如何规避主力的这些消息陷阱呢？

　　股民的共同特点是喜欢听牛市的故事，不喜欢听风险警告，这是消息陷阱能够得逞的关键。由于庄家在筹划消息陷阱方面的经验与细密布置，即便散户中招也完全意识不到，还可能反过来感谢某些人。股市上大鱼吃小鱼，通常在无形之间，更多是借别人之手，或借势吃掉小鱼。股民提高自己的风险意识是最主要的防御武器，不要轻信别人的消息，不要仅看了某个股评就做决定。

参考文献

[1] （美）库珀. 赚了就跑：短线交易圣经 [M]. 沈阳：万卷出版公司，2011.

[2] （美）杰克·伯恩斯坦. 短线交易大师精准买卖点 [M]. 太原：山西人民出版社，2011.

[3] 富家益. 低买高卖——炒股就这一招 [M]. 北京：中国电力出版社，2015.

[4] 孙国荣. 跟着大师学炒股 [M]. 北京：经济管理出版社，2015.

[5] 李幛喆. 炒股就这几招 [M]. 北京：经济管理出版社，2015.

[6] 康凯彬. 从零开始学操盘 [M]. 北京：中国纺织出版社，2015.

[7] 肖国荣. 新股民实战操练快速入门 [M]. 北京：中国纺织出版社，2015.

[8] 肖晓. 每天10分钟学点短线操盘技法 [M]. 北京：中国铁道出版社，2014.

[9] 刘柯. 操盘高手教你短线炒股 [M]. 北京：中国铁道出版社，2014.

[10] 拉里·威廉斯. 短线交易秘诀 [M]. 北京：机械工业出版社，2013.

[11] 郭志荣. 看盘口做短线 [M]. 北京：机械工业出版社，2013.

[12] 范江京. 短线高手实战金典 [M]. 北京：机械工业出版社，2013.

[13] 李郑伟. 短线操盘买卖点大全 [M]. 北京：化学工业出版社，2012.

[14] 张凌. 短线炒股300招 [M]. 广州：广东经济出版社，2014.

[15] 陈盛. 超短线获利秘籍第2版 [M]. 北京：经济管理出版

社，2011.

[16] 范江京. 短线高手实战金典3 [M]. 北京：机械工业出版社，2013.

[17] 徐文明. 短线点金（之一）：揭开市场的底牌 [M]. 上海：上海财经大学出版社，2011.

[18] 康凯彬. 短线看盘快速入门必读 [M]. 北京：中国纺织出版社，2015.

[19] 康成福. 短线炒股就这几招 [M]. 北京：立信会计出版社，2010.

[20] 李凤雷. 趋势追踪 [M]. 北京：经济管理出版社，2013.

[21] 宋建文. 波段炒股才赚钱 [M]. 杭州：浙江大学，2013.

[22] 付刚. 短线高手实战精要 [M]. 北京：机械工业出版社，2010.

[23] 杨平. 从零开始学短线炒股 [M]. 北京：机械工业出版社，2012.